# VOU LÁ VISITAR PASTORES

*As imagens fotográficas que ilustram o texto e o mapa apenso
no fim do livro provêm de registos do autor*

Título: *Vou lá visitar pastores – exploração epistolar
de um percurso angolano em território Kuvale (1992-1997)*
© Ruy Duarte de Carvalho e
Edições Cotovia, Lda., Lisboa, 1999
1.ª edição: Maio de 1999
2.ª edição: Abril de 2000

Concepção da capa de João Botelho
Coordenação e execução gráfica de Jorge Silva

ISBN 972-8423-40-3

Ruy Duarte de Carvalho

# Vou lá visitar pastores
*exploração epistolar de um percurso angolano*
*em território Kuvale (1992-1997)*

Cotovia

# Índice

MEMÓRIAS, COLOCAÇÕES      *p.* 13

    Namibe (Moçâmedes): onde há uns que dão nas vistas    15
    Bero: onde a história nos confunde (colocação histórica)    35
    Kuroka: onde se entende a viagem (colocação étnica)    55
    Giraul: onde se aprende a ouvir (autocolocação kuvale)    73

VIAGENS E ENCONTROS: FIGURAS      97

    Pico do Azevedo: onde dá para olhar à volta…    99
    Paralelos: e ver luz de noite ao longe    112
    Virei: onde se cruzam figuras…    129
    Vitetehombo: e se entra no sistema    151

ETNOGRAFIAS, TORRENTES      181

    Vitivi: pelo avesso do olhar    183
    Sayona: onde num óbito se fala de bois…    200
    Pikona: e num enterro se revelam coisas    220
    Bumbo: onde o assunto é casar...    227
    Lute: e se fala é de mulheres    243
    Evau: vou lá visitar pastores    260

# DECIFRAÇÕES, DESAFIOS  *p.* 287

    Kahandya: do outro lado da idade    289
    Malola: onde se joga ao sistema e o sistema se joga…    310
    Tyihelo: e se resume…    332
    Muhunda: e se desgasta e o futuro vem aí    350

*Post scriptum*    360
*Glossário*    366
*Mapa da Região*    em anexo

*A minha frequência do terreno kuvale, entre 1992 e 1997, foi possível porque beneficiei de apoios que já referi em publicações anteriores. A possibilidade de trabalhar neste livro fico a devê-la à amizade e ao empenho de Rui Minguéns de Oliveira e de Luís Filipe Castro Mendes e a uma bolsa do Instituto da Cooperação Portuguesa. João Bernardino de Sá, Ildeberto Madeira, Filipe Correia de Sá e Ruth Magalhães leram e comentaram o manuscrito. A todos agradeço reconhecido.*

*Em Agosto de 1997 fiz mais uma ronda pela Província do Namibe, sudoeste de Angola, onde desde 1992 mantenho um contacto frequente com alguns pastores kuvale. Estava previsto acompanhar-me, para se inteirar da terra e das gentes, e olhar para Angola a partir dali, um amigo meu, fixado em Londres e repórter da BBC. Acabei por fazer a viagem sem ele. Tardava e eu não podia adiar a partida. Admiti no entanto que talvez pudesse chegar ainda nos próximos dias, a tempo de alcançar-me. Fui-lhe por isso deixando cassetes com a gravação do que contava dizer-lhe pelo caminho. Era a maneira de tentar ajudá-lo, mesmo assim, a alargar o contacto com o que buscava. Não chegou a aparecer e mais tarde transcrevi essas cassetes. Divulgo agora os salvados, são a viagem do texto.*

*k7s 1, 2, 3, 4 ...*
*gravadas em Luanda, dia 0 da viagem*

# MEMÓRIAS, COLOCAÇÕES

# Namibe (Moçâmedes)
*onde há uns que dão nas vistas*

Hei-de mostrar-te depois um mapa dos terrenos que vais explorar. Corresponde a uma vista aérea que abrangeria todo o território kuvale. Desenhei-o assim porque foi essa a imagem que colhi um dia, ou retive, a voar a baixa altitude do Namibe para Luanda. Vinha distraído e quando espreitei pela janela do pequeno avião já se alcançava a Serra da Neve, a muhunda do Wambo. Olhei primeiro para a distância onde se recortava a serra da Chela com os promontórios que tem da Bibala ao Bruco, e ao Hoke cá de baixo e, já meio confundido com a bruma, o do Cahinde, e daí depois sempre a rodar para a direita e para trás até ver Moçâmedes e adivinhar o Kuroka e Porto Alexandre à retaguarda. Tinha aberto, à frente e exposto, o teatro da minha aplicação. Fui reconhecendo, do ar, debruçado sobre o painel da paisagem, os lugares onde acampei, desde lá longe, no Maihawa, no Virei, na Muhunda e no Candi, mais longe ainda, Pediva e Yona, até mesmo ali por debaixo de mim, na posição em que agora estava, a Mahandya e o Xingo, a norte da zona. Abrangia assim, numa panorâmica, os núcleos de concentração kuvale e das suas periferias, zonas de transição com territórios tyilengue, mwila, gambwe, himba, urbano. A Namíbia a sul e à volta a Angola restante. O sentido da colocação geográfica, pois, para fazer sentido.

\*

O avião aterra no deserto e seria excelente que te aguardasse um daqueles dias de luminosidade franca como os que podem ocorrer no tempo das chuvas, depois da tempestade, quando chove até na costa e dói de ver tão perto, a distância dada só pela escala das formas, dos volumes, não há qualquer bruma a interpor-se às cores, a confundir o recorte das coisas. Mas chegando em Agosto encontrarás por certo uma manhã brumosa. Imensas massas de humidade densa avançam do lado do mar, aguardam na costa que o sol as aqueça, e se projectam logo pela escadaria da placa sedimentar até esbarrar na serra e condensar-se lá, velando a luz de um sol distante como há-de ser talvez o que acharás agora. Algumas vezes, saindo cedo da cidade, pela manhã, para ir acampar a 180 Km, no Vitivi, as ultrapassei no caminho, indo pelo Caraculo, para aguardá-las sentado já à beira do fogo a ferver o café. É essa a hora em que o chapéu faz jeito e o casaco ajuda. Depois a nuvem passa e volta a vigorar o sol discreto que é o deste tempo.

Não precisas levar nada, nem agasalho nem equipamento. Filmar não te deixo, para fotografar há a minha máquina, papel e material de gravação tenho o que basta. Ou... só se trouxeres um gravador capaz... pode convir para registar a voz do Mwantanina, se estiver por perto e afim. É ele quem canta ali e leva a coisa a sério. Mas com o frio e abrigo não te preocupes, tenho ainda sobras de um fardo de malhas que me deram o ano passado para distribuir por lá, e uma tenda a mais, nova, que podes estrear. Traz botas para andar e o tabaco que fumas, caso contrário terás que contentar-te com a ração de *Jucas* que eu te der. Muni-me do bastante para repartir à vontade e chega também para ti, se fôr preciso. O gozo das provisões, das previsões de consumos, da gestão da água para beber, da comida, do que é preciso levar para oferecer ou eventualmente trocar por um cabrito, para garantir conduto, é privilégio meu e do Paulino, auxiliar que a delegação provincial da Cultura me dispensa e me acompanha já faz muito tempo. Juntos aprendemos a prever os gastos e a arrumar o jipe. Uma viagem depende de tais coisas e não tolera falhas. Deixa connosco. Traz a atenção e o coração abertos. A Angola que eu sei espera só por ti.

O mar ainda, quando saíres do aeroporto e chegares à cidade. Entre o deserto e o mar, assim, impressiona. Vais encontrar talvez o que é hoje a cidade mais preservada de Angola. A guerra, propriamente dita, não passou por lá. As chagas que lhe encontras são casas de adobe que perderam o tecto e que a chuva, rara mas forte quando chega aqui, vai diluindo, estação após estação. São casas antigas de traça algarvia, e a parte baixa da topografia urbana pode lembrar ainda alguma vila da costa portuguesa. Foram numerosas e muito activas, as colónias pesqueiras portuguesas que vieram cá instalar-se, e muitas pequenas embarcações saíram directas de Portugal, carregando famílias e artes de pesca pelo Atlântico fora, quando o comércio e a agricultura dos vales do Bero e do Giraul, das primeiras ocupações europeias, deram conta do manancial de peixe que a corrente fria de Benguela lhes garantia. Aproxima-te da praia, segue pelo que é hoje a marginal (e foi antes a falésia da Torre do Tombo), chega-te ao porto-comercial, encostado à ponta do Polo Sul (já lhe ouvi chamar do Pau do Sul e as cartas geográficas da costa assinalam o local como Ponta do Noronha), e detém-te no porto-pesqueiro. Sentirás o cheiro, sobretudo, do peixe seco que é vendido ao lado, e é esse o cheiro omnipresente e grato que guardo daqui, na infância. Peixe seco cheira bem, quando ele é bom, dizem os naturais do Namibe.

Olha para a falésia à esquerda. Preserva grutas que são habitadas. Também os primeiros navegantes ou exploradores poderão ter encontrado gente instalada ali. Seriam então Kwisi da praia, de que mais para a frente terei que falar-te, vivendo do peixe que a maré "cuspia". São deslocados hoje, famílias que se fazem e desfazem, bandos de crianças que vivem também do peixe, gravitam à volta das capturas e do pequeno comércio, expressão local de quadros de miséria e de luta pela sobrevivência que ocorrem por todo o país. Acima do desnível que a falésia apruma ocorre o platô que inaugura o deserto. Para o lado do Sul é hoje um extenso bairro onde habitam, e governam a vida, populações sobretudo do Norte do país, ligadas ao comércio informal.

Regressa agora ao centro da cidade, pela Torre do Tombo. Chama-se assim porque na altura em que aquela parte da urbe começou a construir-se estava a ser feita também a Torre do Tombo de Lisboa. Passa pela igreja de St. Adrião. Pelo Palácio do Governador. Pela Fortaleza de S. Fernando. São referências de que irás precisar. Mas atravessa tudo directo até à Aguada, para irmos de pronto ao que nos interessa. De um lado o Forte, do outro a Nação. Periferias também, mas bairros antigos.

\*

Do lado do Forte há o que contar. Algumas das pessoas com quem poderás contactar na cidade no caso de precisares de ajuda, e que constam de uma lista que vou deixar junto, têm nomes ligados à história de Moçâmedes e muito particularmente à história do Forte. São Kimbares, como se diz mais na cidade, ou se preferires Tyimbari, como é sobretudo dito pelas populações não urbanas. A forma mais adequada de te falar deles, num roteiro sucinto de viagem como este, será talvez prevenir-te logo à partida de que não se trata de uma "etnia", mas antes talvez daquilo a que poderei chamar uma categoria, categoria sociológica, para o caso, situada em relação a um passado relativamente recente mas despojada hoje, em grande medida, de sentido, embora a designação continue a vigorar aqui, e talvez só aqui. Mas em toda a Angola, e durante os séculos em que a expansão portuguesa ganhou terreno, a categoria de Kimbares foi-se aplicando a todos os que adoptavam o modelo ocidental de cultura material e de prática económica e, de alguma forma, social. Depois o processo de ocidentalização, ou de integração num modelo tornado universal, foi-se tornando inexorável por toda a parte e é por isso que nos dias de hoje, em meu entender, a imputação perde o sentido. Toca a todos, não cria categorias à parte, quando muito permite reconhecer níveis de integração. Mas aqui, de facto, continua a falar-se de Kimbares e de Tyimbari e, muito provavelmente, no que toca ao uso urbano da designação, porque à reprodução da categoria antiga correspondem em grande medida as elites locais do presente, inquestionáveis "patrícios" do lugar.

Talvez porque foi fundada e desenvolvida entre o deserto e o mar e praticamente à margem da efectiva participação dinamizadora das escassas populações verdadeiramente indígenas, Moçâmedes sempre foi terreno propício a afirmações identitárias fundamentadas na anterioridade da chegada. É esse hoje o caso dos descendentes de Kimbares e era até à independência o dos Portugueses de quem os antepassados tinham constituído as duas primeiras colónias de comerciantes chegados do Brasil, de Pernambuco, em 1849 e 1850, na sequência de uma agitação nacionalista conhecida na história brasileira como "Revolta Praieira", que os perseguiu e acabou por expulsar. Se fores ao pequeno museu da delegação local do ministério da cultura podes ver material iconográfico a eles ligado e até uma magnífica mesa de jacarandá que pertenceu a uma dessas famílias. Estou a referir-tos porque a história local dos Kimbares está ligada à deles. A agricultura foi a actividade dominante dos primeiros tempos desses *Brasileiros*, que se investiram nos vales dos rios de enxurrada desta costa, do Bentiaba ao Kuroca e passando pelo Carunjamba, pelo Giraul junto à foz e no Bumbo, e pelo Bero, e o governo de então, perante a confirmada dificuldade de envolver as populações locais nas iniciativas agrícolas, fez vir trabalhadores do resto de Angola para entregá-los aos colonos. O tempo e a interacção fizeram com que daí emergisse o grupo dos Tyimbari, com especificidades de expressão identificáveis, como a língua de relação interna, por exemplo, tributária do Português, do Kimbundo, do Umbundo e das línguas locais, principalmente, e a sua tão celebrada estatuária tumular, presente em cemitérios espalhados por toda a Província.

Neste lugar antigo do bairro do Forte existiu no princípio uma fortaleza e foi-me assinalado por um velho e respeitável Kimbar, hoje falecido, o que resta dela. Segundo o testemunho dessa magnífica personagem, quando "rebentou a República", e ele estava a nascer na altura, o governo decidiu *que cada qual já não ficava na casa dos patrões*, e então destinou-lhes este lugar do Forte, onde havia já uma cacimba donde aquele povo poderia extrair a água necessária. Apareceu então a sanzala do Forte de Sta. Rita. Rita era uma senhora que aqui habitava já e de cuja casa, de paredes brancas, também permanecem ruínas. Ela tinha terrenos, *era aquela baixa toda onde estiveram os Cubanos, tudo algodão, e falavam que aquela senhora virou Santa, e já lhe estavam a chamar assim mesmo antes de morrer porque vestia toda de branco e era assim tão boa, e grande. Por isso,* dizia-me o mais-velho, *é que esse forte ficou a chamar-se Forte de Sta. Rita. E depois a Senhora faleceu e veio o Sr. António, do Cuanhama, e ficou a ser o Sr. António do Forte, e por aí fora, etc...*

Mas eu estou é a tentar situar-te no presente e não no passado, e sobretudo no presente de outra gente...

\*

Do lado da Nação e à esquerda, para lá da linha do caminho de ferro, encontras um mercado. Mercado é mercado, e acharás por lá pessoas de toda a qualidade e feitio, uns a pé e outros de carro, e entre estes poderás cruzar com figuras altamente colocadas na vida da cidade que vão até lá talvez não tanto para comprar quanto para manter sob controle as vendas de comércio informal que ali discretamente detêm e mantêm. Há lá de tudo, evidentemente, como em todos os mercados populares de Angola, ou de África, desde peças para automóvel a cigarros à unidade ou a xarope à colher, de roupa de fardo a pedras de isqueiro, de destilados locais a whisky escocês de 15 anos, de farinha e *lombis* a peixe seco e a carne verde. Carne, precisamente. Ela provém de gado que chega ali transportado do resto da Província por comerciantes que vão trocá-lo no mato ou por transportadores fretados pelos pastores que o produzem, ou então pelo seu próprio pé, conduzido pelos próprios pastores. Estes são homens quase sempre novos e vais encontrá-los em grupos, passeando muitas vezes de mão dada, frequentemente embriagados e seguidos por mulheres igualmente jovens, gente que dificilmente verás andar com pressa. A passada firme e larga, mas nunca acelerada, está reservada para as impressionantes jornadas que cumprem quando viajam. É gente que facilmente reconhecerás pelo porte e pelo atavio. Tanto homens como mulheres usam um pano à frente e outro atrás, e sandálias de couro ou, e mais recentemente, de pneu, no caso dos homens. Como concessão ao circuito urbano os homens podem enrolar um pano à cintura, *peleko*, e as mulheres cobrem o peito com um lenço, ou então enfiam blusas ou camisolas que lhes assentam sempre mal e mal respondem à sua função, se esta é a de ocultar-lhes o peito. Todos usam ainda outro pano que serve de agasalho e é enrolado à volta dos ombros quando faz frio ou, quando não, as mulheres suspendem em torno das ancas e os homens ao ombro. Os homens sobretudo são de uma maneira geral mais altos e mais robustos que o cidadão comum que vês à volta, e a estatura e a indumentária, e também o porte, como já te disse, vão produzir-te a inevitável impressão que ocorre a quem co-

mo nós se ilustrou pela letra e pela imagem dos livros que lemos e dos filmes que vimos: estamos perante gente muito parecida com outros pastores de África, nomeadamente os tão celebrados Maasai da costa oriental (lembras-te das magníficas páginas que Hemingway escreveu sobre os Maasai, em *As Verdes Colinas de África*?) e os Peul do Sahel. A viagem que vamos fazer vai de facto revelar-te que os Kuvale constituem uma sociedade pastoril accionada por instituições comuns a muitas outras sociedades pastoris africanas, dispostas a sul e a sudeste das nossas, depois largamente a leste e pela costa oriental acima até às Etiópias, daí pelas bordaduras do Sahara até à costa ocidental do Senegal e interiores adjacentes e vastos que implicam um grande número de países modernos onde circulam os Peul, com os seus zebuínos de pelagem encarnada e grandes e lindos cornos projectados para trás, em forma de lira.

\*

Cumpri a minha missão. Conduzi-te ao mercado da Nação e coloquei-te perante o sujeito de quase tudo o que quero dizer-te: os Kuvale, pastores, os Mucubais do imaginário angolano. Mas, antes de entrar no vivo da matéria, sugeria-te que passasses ainda por outro mercado, o Municipal, no centro da cidade. Aí encontrarás mais mulheres kuvale, sentadas ou deitadas no passeio, a vender óleo de *mupeke*. Do óleo de *mupeke* voltarei a falar-te, e há outros detalhes interessantes que poderão estar ligados à presença destas mulheres aqui. Mas por enquanto capta apenas, de relance, o porte delas e sobretudo o das meninas a que nenhuma estratégia de resguardo consegue disfarçar as graças. Faz bem à alma.

\*

Gente singular, portanto. Singularidade, aliás, que acaba por ser insularidade, atribuída e assumida. Sem querer plagiar-me a mim mesmo, sempre que quero introduzir essa insularidade acabo por apontar para a maneira como um historiador da craveira de Joseph Miller se refere a eles, e a outros pastores do Sudoeste angolano, quando os identifica muito sucintamente como *pequenas e distintas comunidades encravadas nos vales de algumas torrentes que descem das montanhas e que aí combinam, para se manter, a pastorícia e as culturas que a aridez e as areias lhes permitem praticar*. Não deixa de ser verdade, mas é extremamente redutor, a dar sinal dessa insularidade atribuída que sugeri atrás. Da mesma forma que é, evidentemente, redutor e leviano quase tudo o que vais ouvir acerca deles da parte das pessoas com quem contactarás na cidade.

E no entanto as opiniões variam. Há sem dúvida, e talvez predominantemente, quem os refira com desprezo, com temor, com medo, mas também há quem discorra sobre eles com respeito, admiração e até ternura. Por exemplo: são loucos por melancia, roubam-na ainda verde e quando chega o tempo dela vêm invocar que os terrenos eram seus. Ouvi isto dito por alguém que lidou de muito perto com os Mucubais da parte Norte, enquanto comerciante, no meio de uma conversa que acabou por declinar obviamente para a questão do roubo. Porque acerca de roubo todo o mundo está de acordo: Mucubal é ladrão. Há sobretudo o roubo de gado, e isso é matéria grave e havemos de referi-la abundantemente. Mas nas entrevistas que fui fazendo, e muitas com quem não tem gado nenhum para ser roubado, os testemunhos incidem também sobre roubos menores associados sempre, é verdade, à denúncia de falta de dispositivos de controle por parte do Estado e a uma impunidade geral e nacional que dá cobertura a toda a sorte de desmandos. Para três velhos kimbares que encontrei no Tyaku-tu, uma antiga fazenda mais tarde transformada em estabelecimento escolar do Estado, hoje todavia praticamente desafectado, tinha sido uma manta, um cabrito. E agora quem ia saber quem roubou? Mesmo se você um dia vais a passar e vês o teu cabrito junto com os dele, vais fazer mais como? Agora chegam até mesmo no interior da fazenda, vêm comer o mantimento do Governo, dizem que eles é que são os donos da terra, têm direito a tudo, vêm só e não respeitam nada, tiram fruta de qualquer maneira, Mucubal só o que lhes pode controlar é o medo, só pensa em roubar e mais nada, juntam-se a beber e depois só pensam em roubar, trabalhar nada. Mas vai aparecer quem diga que também isso do chamado roubo é mais é um exercício da juventude. Mucubal mais velho não rouba, rouba aquele que é moço para arranjar um boi saído do seu esforço e juntá-lo aos outros que constituem a prestação matrimonial, está a dar prova da sua coragem e da sua virilidade. E quanto à bebida, ao *desiquilíbrio da bebida*, bebem sim, e de atacado, até acabar o vinho que trocaram pelo garrote ou pelos cabritos que destinaram a isso, podem fazer uma semana sempre a beber, mas isso já era assim no tempo colonial. Trabalho? Sempre que é preciso trabalham pois, mas a seguir voltam ao seu destino, que é os bois, e agora estão cheios de bois. O que precisam para gastar é daí que sai. E quem é que dispensa força muscular para benefício exclusivo dos outros, que é esse o trabalho que lhes pediriam, quando a satisfação das suas necessidades, se não se vê garantida não é porque lhes faltem os meios para satisfazê-las, é porque a mercadoria que haveriam de trocar não comparece para ser transaccionada? E depois tudo quanto é gente com um pano à frente e outro atrás passa a ser tida como Mucubal e não é assim, de facto. Tem aí muito vadio, e até grupos armados, que para roubar se disfarçam de Mucubal e em assaltos no escuro usam a língua deles para imputar-lhes a acção.

\*

Muitas destas imputações desabonatórias dirigidas aos Mucubais são afinal as que, por todo o mundo e desde a Bíblia, estigmatizam as sociedades pastoris e todas aquelas que fundamentam na mobilidade as suas estratégias de vida. Percorre a bibliografia e verifica. É uma antinomia que remonta a Caim e Abel e muitos dos lances mais decisivos e marcantes da história universal estão ligados a fluxos e a refluxos territoriais e culturais, invasões e expansões, recuos e dissoluções de grupos originariamente móveis e pastores. Pensa nos Mongóis e no Islão, por exemplo. Mas sobre isso, e sobre ilustrações mais recentes e próximas do fenómeno, tu dispões, de facto, de uma imensa bibliografia capaz de satisfazer sem dificuldade qualquer curiosidade histórica ou geográfica inscrita nas perspectivas da longa--duração. Ou, se os teus interesses apontarem a razões do presente, não te faltarão materiais que tratam os aspectos ideológicos, económicos e técnicos que traduzem os termos do conflito entre os nómadas e os sedentários de hoje. Há ainda na actualidade muitos milhões de seres humanos que extraem da sua mobilidade e dos seus recursos vivos e móveis as razões e as dinâmicas da sua vida económica e cultural, entendida a cultura, aqui, como a totalidade dos comportamentos, das expressões, das interpretações e dos conceitos que correspondem e assistem à prática de determinada sociedade. A maioria deles são pastores. Os outros serão caçadores, como os esquimós e algumas populações remanescentes encravadas pelos cinco continentes, ou comerciantes de aventura como os ciganos. Mas a maioria são de facto pastores de renas, de bois, de ovelhas, de yaks, de lamas e de camelos que se deslocam com os seus rebanhos. Ora os pastores são unanimemente acusados de independentes, pouco controláveis, pouco dóceis, pouco respeitadores das autoridades, turbulentos, bandidos, preguiçosos, avessos tanto aos trabalhos agrícolas como ao trabalho assalariado e público, rebeldes à escolarização, vítimas de arcaísmo cultural, de estagnação e de imobilismo, e, sobretudo, estão sempre prontos para roubar gado. De facto, onde quer que existam, eles encostam a vizinhos e acham-se sempre mais ou menos integrados em configurações político-administrativas que de uma maneira geral tendem a contrariá-los, a deplorar a sua existência e, inevitavelmente, a pressioná-los no sentido da alteração do seu modo de vida, da sua mobilidade, da sua fluidez, da sua inapreensibilidade, enfim. Esta atitude por parte da sociedade moderna e sedentarizada é facilmente compreensível. Ela inscreve-se no curso das complexificações e das expansões civilizacionais que dominam e accionam a aventura humana voltada em toda a parte para a intensificação localizada do aproveitamento de recursos, naturais ou tecnológicos. Dirigindo a atenção para os contextos específicos em que esses embates ocorrem no quadro do mundo actual, a mobilidade pode facilmente ser entendida como um factor de perturbação para os interesses das comunidades fixadas, agricultores na sua maioria legitimamente ciosos do controle absoluto sobre a terra que os mantém e justifica. Acresce que os pastores de animais de grande porte, e é esse o caso de grande parte dos pastores de África que mais de perto nos podem interessar, são de uma maneira geral, embora em maior ou menor grau, também povos mais ou menos guerreiros ou que preservam traços culturais, logo comportamentais, de uma vocação e de uma capacidade guerreiras. São traços, de facto, implícitos às modalidades produtivas que os definem como gestores de um meio de produção móvel, o gado, e de recursos dispersos por territórios vastos e naturalmente pouco povoados. O gado é fácil de roubar e quem se apetrecha e treina para defender os seus rebanhos e muitas vezes, quase sempre, tem que agir e deslocar-se rapidamente se os quer recuperar, está também apetrechado para se apropriar do gado alheio com que depara nessas distâncias. O seu gado desaparecido, se não fôr recuperado, tenderá sempre a ser substituído por outro. Na cabeça de um pastor, assim culturalmente modelado, esta circulação de animais corresponde a uma razão, a uma racionalidade, a uma lógica que não a situa tanto como uma articulação de roubos quanto como uma dinâmica de equilíbrio, ou até de reciprocidade, se quiseres. E é isto, sobretudo, esta lógica pastoril, que os sedentarizados temem, porque a lei institucional em que se amparam e a que recorrem não é afinal nem cultural nem factualmente aceite, respeitada e digerida pelos pastores, e se vêem com frequência em desvantagem perante os seus móveis vizinhos, que tanto podem estar aqui agora como a muitas léguas de distância amanhã, mesmo conduzindo a pé o gado que transviam. E é a consciência e o temor disso que inquieta as polícias e as administrações. Não custa a entender. Sociedades pastoris como as do Kuvale, e são muitas e com muitos pontos em comum as que prevalecem em África e é nesse universo que te estou a introduzir, atestam a evidência, pouco cómoda, desconfortável, de que mesmo ali à mão existem outros tempos, outras idades, que em si mesmo constituem uma afronta para a ordem que se pretende dominante e para a afirmação do progresso, da adopção dos sinais do progresso. Por isso também, sociedades como essa são por todo o Mundo estrategicamente ignoradas, olhadas de longe, apenas porque assim talvez se revelem mais inócuas enquanto aberrações, anacronismos, descuidos da história que a história se encarregará de resolver, integrando, na melhor das hipóteses e se não houver resistência, ou aniquilando, dominando, dissolvendo, igualizando e anulando, por fim.

\*

As críticas ou, para ser mais exacto, os julgamentos que localmente ouvires em relação aos Mucubais podem fundamentar-se, é verdade, em ocorrências do concreto. Mas não deixam por isso de revelar-se como a expressão local de uma série de lugares comuns praticamente universais. Para escutá-los não precisavas de vir tão longe. Mas enquanto não saíres da cidade é a este tipo de testemunhos que vais estar sujeito, e a outros tantos clichés mais ou menos etnográficos. Vão falar-te da aversão dos Mucubais ao peixe e contar anedotas ligadas a situações em que o comeram sem o saber, porque disfarçado; vão aludir, enojados, a que eles trocam as mulheres entre si, e todos discorrerão, por exemplo, sobre as pulseiras que usam e que, na versão que sempre ouvi correr, correspondem ao número de bois que cada um tem. Nas minhas notas de terreno o inventário dos tipos de pulseiras mais comuns usadas pelos Kuvale ascende a mais de dez, e se é verdade que quem é mais rico usa de facto mais adornos, as extensas espirais de metal amarelo que as mulheres, sobretudo, usam nas pernas e nos braços, têm apenas a função de adornar embora a sua transmissão por herança esteja estritamente codificada e a interrupção do seu uso, por razões de luto, de um lado ou do outro do corpo, esteja relacionada com a parte da família a que se reporta o óbito. Só conheço, na realidade, um tipo de pulseira que pode traduzir bois em número, e essa ainda assim não fala de bois vivos, fala de bois abatidos.

\*

Portanto, para já, os Mucubais são gatunos, e tudo se passa, assim, dentro dos parâmetros da distância, da abominação, do temor, do medo, da fascinação e do espanto. Algo entre a estigmatização, o desprezo e o fascínio do exótico. Por isso vão ainda assim servindo para ilustrar algumas festividades na capital da Província ou mesmo em Luanda e de vez em quando chega ordem para constituir um grupo folclórico de Mucubais que, accionados a vinho, se irão exibir perante públicos desdenhosos e complacentes. A televisão filma e é essa a imagem que os Kuvale candidamente permitem que a seu respeito seja divulgada por todo o país. Felizmente, talvez, são no entanto grupos que se desfazem imediatamente e já era assim no tempo do carnaval político da década e meia de hipótese leninista, quando os *quintais* (já lá iremos...) batiam o seu pleno. E ainda bem, em meu entender. Isto de voluntarismos folclóricos passa a ser também uma violência quando, a coberto de necessidades de *afirmação cultural* e de cultos políticos que recorrem à *tradição*, se propõe a reabilitação de um passado quando o que afinal se exibe é antes a representacão viciada a que o presente reduz esse passado. Resulta quase sempre em mascarada. Do ponto de vista da investigação será matéria sem dúvida interessante, este processo de produção folclórica, e um estudo aplicado a dinâmicas da mudança pode até partir daí. Mas o que de facto se passa não pode deixar de ser encarado como a projecção de um equívoco, quando não de manifesta má-fé.

\*
\* \*

O melhor, assim, é procurar partir do factual, e podemos tentar fazê-lo deitando um olhar para o lado dos tais *quintais,* quintais vulgares, pátios cercados por construções antigas. Uma meia dúzia deles, espalhada pela cidade, veio a constituir-se como terreno de concentrações urbanas de gente kuvale.

Antigamente, ouvi dizer ao velho Kimbar que referi atrás, os Mucubais só se chegavam ali para baixo, onde tem a central eléctrica, aqui só chegavam se queriam comprar alguma coisa, vinham, depois voltavam. Isso de viver aqui na cidade só começou com a independência, com essa fase a partir de 75 da nossa velha guerra que começou em 61 e não há meio de acabar, agora são muitos pelos quintais, ocuparam tudo. Isto foi-me dito em 93, quando outra nova fase desta exaustiva guerra, aquela que se seguiu às eleições, batia o seu pleno. Hoje já não é exactamente assim, esses quintais estão muito mais vazios. A sua dimensão de então era dinamizada pela presença de numerosos jovens kuvale na tropa, e a maior parte deles regressaram entretanto aos seus contextos de origem, onde se reintegraram facilmente, conforme te hei-de contar quando chegar a altura. Mas nesse tempo, de facto, acabava por haver uma considerável população kuvale temporariamente fixada na cidade, militares nalguns casos com a família próxima ao seu lado, e depois contingentes permanentes de transitários, alguns beneficiando da hospitalidade dos residentes, e explorando-a, mas a maioria trazidos ali pelas diligências do negócio ou das deambulações vulgares, estadias de quinze dias, vinte no máximo, os homens com bois e cabritos, as senhoras com *mahungu* seco, lagarta que durante as chuvas sai das folhas dos *mutiatis*, ou *mukwa* de embondeiro, para além de *mupeke*. E toda esta gente dormia, e comia e bebia, e activava a brincadeira de forma excessiva aos olhos dos residentes urbanos, era no interior dessa meia dúzia de quintais espalhados pela cidade, dois deles bem no centro, onde haveria desde logo muita etnografia para fazer, porque em cada um dominavam grupos provenientes de vários pontos do território kuvale: Virei, Xingo, Munhino, Bentiaba... Hoje, a gente mucubal que demanda a cidade espalha-se mais, já não é aquela concentração dos quintais, como era dantes.

\*

Um dantes, porém, que não está assim tão longínquo. Ainda ocorrem acidentes com armas. E voltam as acusações. Há quem não hesite em declarar que os Mucubais entraram para as Fapla, que foi a sigla do exército do Mpla-movimento, e depois do da República até há meia-dúzia de anos, quando formalmente acabou a era do partido-único, foi para receber armas, e em sublinhar o erro que foi ter-lhas entregue, porque agora, recuperá-las, vai custar. Quanto a este último ponto até eu estou de acordo e não duvido que algumas situações têm escapado ao controle seja de quem for. É o caso de ajustes de contas, verdadeiros saques e ocorrências ainda mais graves que tiveram lugar em 93. Eu andava por perto e fui estando ao corrente. Mas quanto à explicação da sua adesão, indesmentível, incondicional e continuada ao Mpla, ao movimento pró-independência de ontem e ao partido que até agora se mantém no poder, capaz ainda hoje de desencadear mobilizações massivas, depois de tanto inquirir tenho, evidentemente, a minha versão dos factos e do fenómeno. E se te arrasto desde já para as minhas especulações a tal respeito é para tentar situá-los de imediato na Angola dos últimos vinte e tal anos, num presente que nos interessa a todos e em que comparecem, aos olhos perplexos de muitos, como relíquias de um passado que é como se nos fosse alheio, e eles com ele.

Em Abril de 75, julgo, filmei no Munhino um monumental comício de apoio ao Mpla para o qual, por mais que puxasse pela cabeça, não conseguia encontrar explicação que se apoiasse nalguma racionalidade de fundamentação ideológica, ainda que ela comportasse a percepção de um elementar e legítimo entusiasmo pelo próximo e já indetenível acesso de Angola à independência. Eu via os Mucubais em pé de guerra, sim, mas tanto do Mpla como dos outros movimentos de libertação, a Fnla e a Unita, todos já na altura presentes no terreno, a maioria estava, foi a minha impressão do momento e ela ainda prevalece, a ouvir falar pela primeira vez. Meses depois da independência, em Fevereiro de 76, já os Sul-Africanos tinham retirado depois do avanço que fizeram até ao Kwanza-Sul nas vésperas da independência, voltei a filmar ali perto, de novo. Entrevistei até um comandante e guerrilheiros que para aqueles lados da serra tinham formado, e mantido em actividade, um núcleo de resistência à invasão e à ocupação. A partir dessa altura as Fapla locais passaram a regurgitar de jovens Mucubais. Depois foram integrar outras unidades lá onde se combatia de verdade, já fora da província do Namibe. Dos seus méritos de combate e eficiência guerreira haverá certamente muitos generais prontos a testemunhar.

Para a articulação entre os Kuvale e o Mpla teria havido acerto de cativação e captivação, mobilização e envolvimento políticos por parte de activistas do movimento, sem dúvida. Já escrevi sobre o assunto aquilo que tinha a dizer a esse respeito e se ainda não leste poderás fazê-lo quando te apetecer. Em meu entender houve razões menos imediatas para o fenómeno, razões que, embora accionadas pelo presente então em curso, iam no entanto nutrir-se de uma substância histórica que pouco ou nada tinha a ver com a luta de libertação e não era de molde a suscitar o embaraço de quaisquer opções políticas. Talvez não

se tratasse exactamente de uma adesão ao Mpla mas antes de uma aliança com o Mpla contra outras forças em presença, a qual por sua vez, e talvez também, fosse beber a uma história mais profunda, a da própria formação do grupo Kuvale como ele é hoje. É por aí que talvez possa entender-se de que forma uma pequena sociedade como esta passa assim a ver-se implicada na disputa interna pelo poder num jovem Estado confronta-

do com a sua própria fragilidade e aproveitado ainda hoje como terreno de confronto armado por interesses que o excedem e respondem a razões de estratégia universal e de domínio à escala do mundo inteiro.

Mas é de facto preciso recuar no tempo para entender a expressão actual de processos implacáveis e escusos que raramente são tidos em conta na consideração do imediato. E é ao passado que te conduzirei na cassete seguinte, depois de ter ido num instante à fábrica do tabaco na estrada de Catete ver se arranjo mais cigarros *Hermínios* para levar. Vai-te preparando, entretanto, para dar um salto ao vale do Bero, encostado à cidade.

# Bero
*onde a história nos confunde (colocação histórica)*

Antes de partir para o deserto, e para além dele, à procura dos Kuvale, comigo se entretanto ainda me apanhares na cidade, ao meu encontro se eu já tiver partido, proponho-te o programa que já tinha pensado para ti: dar uma volta pelos três rios que, quando trazem água, desaguam perto.

Eles constituem, em meu parecer, um roteiro excelente para ensaiar uma colocação dos Kuvale tanto do ponto de vista histórico, um passado que ajude a situá-los no nosso presente, como étnico, se quisermos dizer assim, e isso é o que posso muito bem tentar a partir do Bero e do Kuroka. Ao Giraul reservo-o para uma tentativa mais ousada, e arriscada também. Ensaiarei, a partir daí, uma interpretação – minha, claro, com o apoio de materiais inéditos de terreno – sobre o que poderá ser, em síntese, uma autocolocação kuvale no que diz respeito ao território em que se inscrevem a si mesmos, aos seus vizinhos, próximos e distantes, e à própria história, enfim.

Para começar irás ao Bero, é o que te proponho. Procura na cidade a rua que se chama hoje Nzinga Mbandi. No tempo colonial chamava-se Luz Soriano. Antes ainda, à data da sua implantação segundo o traçado do governador Fernando Leal, que tomou posse em 1854, chamava-se rua do Alferes. Depois foi a Rua das Hortas e muita gente ainda usa hoje este nome para referi-la. Invoca as hortas do Bero, naturalmente, e é para lá que aponta. Seguindo-lhe o curso é lá que vais dar à surpresa de olivais, de campos de oliveiras, sim, donde saem azeitonas. É uma surpresa apenas a juntar a outras. Só corre água ali quando chove na serra, a mais de duzentos quilómetros de distância. Mas este trecho do curso inferior do Bero é, todo o ano, um vale, verde e extenso, aberto no deserto. Aberto no deserto porque de um lado e outro é falésia de grês. Quando enche alaga tudo, em volta, e o chão é fértil. E quando seca retém as águas debaixo da areia, basta cavar, regar, cultivar mesmo na areia, vai ver vai dar. Olivais e vinha. O clima aqui é mediterrânico, dizem os livros, como na área da Cidade do Cabo, na África do Sul. As "hortas" podem dar-te uma ideia do grande potencial produtivo do Vale do Bero. Mas a paisagem do cultivo não é hoje a mesma dos tempos mais remotos.

No princípio da colonização e durante muito tempo foi a cana de açúcar que dominou ali, para destilar aguardente, e foi talvez principalmente a mira de tal negócio que a partir de 1841 terá despertado para estes rios as atenções de Luanda. Grandes e pequenos nomes da praça local, como D. Ana Uberthal, D. Ana Joaquina dos Santos Silva, Francisco de Assis Pereira, Clemente Eleutério Freire e Augusto Garrido, decidiram investir na zona. Foram criadas feitorias. Em 1849 havia oito centros de actividade agrícola, de pesca e de comércio com os povos da zona e do interior: bebidas, tecidos e missangas contra cera, marfim, gado e couros. Era a cana do açúcar que imperava ainda quando chegaram os primeiros *Brasileiros* e foi nisso que se investiram. Um dos três engenhos para o fabrico de aguardente que tinham trazido das paragens do Recife foi aqui instalado num terreno demarcado pelo chefe da primeira colónia, Bernardino Freire de Figueiredo Abreu e Castro, dando assim início à exploração da fazenda de St. António dos Cavaleiros, que ainda existe. Passa por lá e já agora, no caminho, deita uma olhada para a casa que foi dos Torres, onde a miudagem da minha geração saltou os muros para ir cumprir o obrigatório roubo iniciático de mangas, comum a qualquer infância angolana. Foi de lá que saiu a enorme mesa de jacarandá que te recomendei ver, poupada ao descalabro nacional, na delegação da Cultura.

O tempo do algodão foi depois, em resposta ao mercado favorável que entretanto se abriu, quando, com a Guerra da Secessão, os Estados Unidos deixaram de dominar a oferta no mercado internacional. Para o caso de interessar-te, em 1859 existiam no vale do Bero oitenta explorações agrícolas a funcionar e a produzir algodão e aguardente, açúcar e hortícolas, tabaco e vinho, trigo e mandioca, milho e cevada, e a exportar sobretudo algodão em caroço, batata *rena*, batata doce e aguardente. Mas não, fica tranquilo, não foi para falar disto que te introduzi no Bero. Trouxe-te aqui porque toda a ocupação e penetração europeias destas remotas costas se estabelece e desenvolve, de facto, a partir da embocadura desse rio, onde agora exacto estás.

\* \* \*

Tudo começa a partir daqui e o mínimo que posso dizer-te é que começa mal. O primeiro nome que os Portugueses deram ao Bero foi o de Rio das Mortes, e as mortes a que esta pesada imputação se refere ocorreram aquando da primeira expedição ali enviada para explorar o Sul a partir daquela Angra do Negro, ou Little Fish Bay das cartas inglesas, que era como se chamava então a baía onde o Bero desemboca. Depois passa a constar como *Baía de Mossâmedes*, em homenagem ao então capitão-general de Angola, José de Almeida Vasconcelos Soveral de Carvalho, Barão de *Mossâmedes*, precisamente, que ordenara a expedição e assim homenageado legou à toponímia angolana um nome de raiz árabe que se tem revelado tenaz a ponto de, apesar de substituído pelo poder da pós-independência, continuar a insinuar-se nas referências actuais e a ser, numa larga medida, preferido ao de Namibe, sobretudo pelos naturais do lugar.

Mortos ali, por "34 negros do país", foram-no um tenente da artilharia portuguesa, de nome Sepúlveda, mais um cirurgião de bordo e dois marinheiros, tripulantes da fragata *Loanda,* ancorada na Angra do Negro à espera do comandante da expedição, o tenente-coronel de engenharia Pinheiro Furtado, que vinha atrás de escaler, desde Benguela. Quando Furtado ali chega é posto ao corrente da ocorrência, que na realidade, parece, se tratava de um quase inevitável ajuste de contas, na sequência das proezas do referido tenente. Por duas vezes, e aparentemente sem razão nenhuma para isso, tinha andado a queimar as cubatas dos habitantes do lugar, gente "tratável", aliás, segundo o testemunho do próprio Furtado, apesar de, na altura, constata o coronel com desânimo, não terem mostrado muito apetite pela aguardente que lhes deu a provar, nem lhe terem trazido nenhum escravo, como lhes pediu. Conforme as instruções do Barão de Mossâmedes, os resultados mais imediatos a alcançar deveriam ser os de aliciar os "selvagens" para o comércio com Portugal antes que os Franceses viessem a ocupar aquelas paragens, como já acontecera em áreas da sua jurisdição ao Norte. Aos indígenas da região era preciso "fazer-lhes amar as comodidades do comércio, provendo-os do necessário e apetecido em troco dos seus géneros". E desses géneros haveria que indagar se não poderiam também constar escravos. Mas não. Pedro Alexandrino da Cunha, que comandou uma segunda expedição, cerca de cinquenta anos depois, viria mesmo a dizer, nessa altura, que "todas as informações dão por certo que entre o Gentio do sul, só o falar em escravos é um crime".

\*

Mas quem dá o nome de Rio das Mortes ao Bero é um outro elemento da expedição de Furtado, comerciante sertanejo assentado em Benguela e muito experiente das coisas do mato, homem rico que Furtado ali convida para explorar a costa mas por caminhos de pé firme, hipótese que ele acolhe reconhecido e com um entusiasmo ao que parece frenético, ao ponto de, por um lado, suscitar obstruções por parte dos seus pares e das autoridades de Benguela, que o obrigam a retardar a partida, e pelo outro levar o próprio Barão de Mossâmedes a rir-se-lhe pelas costas, sublinhado-lhe "a vaidade e o capricho". Mas Gregório José Mendes, era este o nome do homem, está disposto a largar tudo, a sua vida de negócios e os seis navios que na altura estão no porto de Benguela a seu cargo, para se investir na empresa, e organiza uma coluna com mais de mil homens, auxiliares, subalternos, porta-bandeiras, guias e carregadores, um contingente a consumir 10 bois e 30 carneiros por dia, tudo sob sua responsabilidade e encargo. Ele parte com a alma inflamada e quando escreve ao Governador é para dizer-lhe que, deixa ir ver, tem que ser literal... ele, o Governador, não poderia "descobrir em perspectiva um vôo mais rápido para a sua opulência do que conseguir pelas minhas mãos rasgar o denso véu que há séculos tinha coberto uma região extensa, em que vive um tão grande número de consumidores próprios ao aumento da navegação, da cultura brasílica e melhoramento do estado". Alma de bandeirante, portanto, e como paga quase só quer honras. Figura interessante, a deste Gregório. Encontraremos outras a seguir.

Gregório leva mais de um mês a chegar de Benguela, donde saiu com dois meses de atraso, à já então Baía de *Mossâmedes*. Mas quando lá chega pouca ou nenhuma gente encontra. Os habitantes do lugar, tendo por certo sido alcançados, e há muito tempo já, pela notícia do avanço de tão populosa coluna, associam-na sem dúvida a intenções de represália pela morte dos marinheiros portugueses e tomam as suas medidas, deixando-lhe o campo livre. Só fica para trás um velho. Desse, Gregório faz o seu guia e interna-se pelo Bero acima. Depois adopta o curso do Sayona, que é afluente do Bero. E deste passa ao curso superior do Giraul, onde encontra populações a quem designa "Mucuanhangues", porque habitam uma serra chamada Cuanhangue, que ainda hoje consta das cartas em uso, podes verificar na *reservada* 1: 100 000, folha 354, e onde é hoje, e se calhar já era nessa altura, a Vinganjanganja, por onde hás-de passar, e por isso te estou a contar a estória desta maneira. É aí que Gregório vem a saber que por pouco não esbarrava com o chefe dos executores do tenente Sepúlveda e dos seus companheiros, um tal Mochuro, habitante da foz do Bero, que ali se tinha refugiado. O Mochuro acoita-se numa furna, resiste, luta e escapa, mas deixa atrás de si um saco de couro com uma marmita de cobre, duas facas de mesa e uma colher de prata marcadas com o anagrama do Sepúlveda. O que andava o Sepúlveda a fazer, quando foi morto, com talheres de família no bolso, pelas praias do Bero, é o que fica por saber.

Esta expedição passou-se em 1785. Antes disso há pouca coisa escrita sobre aquelas paragens, embora a região suscitasse curiosidades, sobretudo à volta do curso do Kunene e da sua foz, de que ninguém sabia nada de concreto. Havia a viagem de um Pilarte da Silva, que tinha chegado àquelas costas em 1770 à procura de náufragos, mas ele descera pelo Kuroka. Da costa do actual Namibe só ficou a saber-se o que escreveram os da expedição de Pinheiro Furtado, mapas seus e o relatório de Gregório Mendes, e o que viria a ser dito cinquenta e tal anos depois, com a segunda expedição, comandada essa por Pedro Alexandrino da Cunha e ordenada por António Manuel de Noronha, Governador Geral de então.

*

A exploração de 1839 repete o modelo da de 1785: Pedro Alexandrino da Cunha, que a chefia (o mesmo que mais tarde virá a ser Governador Geral) segue por mar e deverá fazer-se também assistir por um sertanejo que o coadjuve viajando por terra. Este acabará por vir a ser não um sertanejo qualquer mas alguém que é ao mesmo tempo tenente de artilharia da guarnição de Benguela, de seu nome João Francisco Garcia Moreira.

Quando Pedro Alexandrino, depois de o ter contratado em Benguela, volta a encontrar o tenente Garcia na foz do Bero, como tinha ficado combinado, este traz sob sua protecção, da Huíla por onde entretanto fez caminho, um sobeta chamado Loquengo, por ele, julgo que sei de cor, "salvo das garras do soba do Jau, onde se achava preso por supostos crimes de feitiçarias". Esse sobeta é da mesma gente com quem da Cunha já tinha ali mesmo entrado em contacto enquanto aguardava a chegada do tenente, povos que possuíam muito gado vacum, a ponto de folgadamente lhe terem fornecido o suficiente para prover ao consumo da sua corveta Isabel Maria, na qual chegara até ali e que naquele porto permaneceu durante trinta dias. A gente a que pertence o sobeta Loquengo está instalada no vale do Bero, na Quipola, que é onde ainda vais encontrar uma capela antiga, dedicada a Nossa Senhora da Quipola, precisamente, à beira da estrada, quando se curva para o Lubango, e no Kisongo, do Giraul. E já antes o comandante da expedição tinha encontrado gente dessa, no Kuroka, também recentemente chegada ali.

A segunda exploração vem assim encontrar novidades. Há movimentações na zona, embora não exactamente aquelas que eram mais temidas e tinham determinado a urgência, por parte dos Portugueses, em voltar àquele lugar. Esta nova investida exploratória a Sul de Benguela, que tem lugar em 1839, responde de novo, pelo menos em certa medida, à ameaça que a administração portuguesa continua a pressentir por parte da atenção que os Franceses lhe dedicam. A zona é assinalada então como "muito cobiçada", e treze anos depois da expedição, referindo-se ao que se terá passado a seguir, nomeadamente a fundação do presídio do porto de Mossâmedes, o Marquês de Sá da Bandeira, em Lisboa, donde governou as colónias durante todo esse período, dirá que talvez assim se tenha obstado a que a ocupação, ali, tivesse sido francesa, com a criação de uma colónia penal que chegou a ser, em devido tempo, sugerida ao governo da França. Ele está a aludir, certamente, à publicação, em Paris e no ano de 1833, de um livro com as notas de viagem de um tal J. B. Douville que, para além de adiantar a ideia dessa colónia penal, sonha que a França poderia fazer por ali o que a Inglaterra andava a fazer na Índia e nega a efectiva soberania portuguesa tanto a Norte como a Sul de Luanda, e muito menos a Sul de Benguela. Mas o homem produz também informações tão delirantes como a da navegabilidade do rio Bero, que de facto só traz água na época das chuvas, e às vezes nem isso. Na verdade, até entre os seus compatriotas Douville era tido, parece, como alguém que se fundamentava mais no que tinha ouvido de raspão do que no que efectivamente tinha visto, vivido ou comprovado, que é o que acontece hoje a muito boa gente, nomeadamente no seio dessa diligente e expedita classe profissional que é a tua, a dos jornalistas.

Pinheiro Furtado e Gregório José Mendes, da primeira exploração, encontram na embocadura do Bero, segundo dizem, populações que viviam sobretudo dos "excelentes carneiros", que ali eram abundantes, mas escasso o gado bovino, e do peixe das praias. Esses criadores de carneiros do vale inferior do Bero seriam, quanto a mim, populações não muito diferentes daquelas que Gregório vai encontrar depois de passar pelos 'Mucuanhangues", no Bumbo, as quais, por sua vez, talvez também não se distingam muito das que Pilarte da Silva assinalara antes no vale do Kuroka. Isso explicaria de algum modo que nas cartas geográficas que Pinheiro Furtado elaborou a partir das suas observações e das do Gregório, uma de 1786 e outra de 1790, gravada mais tarde em Paris no ano de 1825, sejam assinalados "Mucorocas" a Norte do Bero, quando o etnónimo é manifestamente tributário do topónimo Kuroka, a Sul. Mas atenção, porque aqui entramos deliberadamente no labirinto local das identificações etnonímicas. Na verdade, tanto Gregório como as cartas de Furtado se referem igualmente a "Coandos", ou "Mucuandos", que também criam carneiros e praticam alguma agricultura a nível da actual Serra da Neve, a Norte. Até onde procurei esclarecer-me, quer dizer, até onde cheguei até agora, os Kwando, os Kuroka, as populações do Bumbo e até muitas do Dombe, mas isso seria complicar excessivamente a questão e não será para aqui, podem ser hoje, de acordo com os testemunhos disponíveis, com as especulações que suscitam e com o senso comum que prevalece entre os informantes a que recorri, populações originariamente pré-bantas também, para utilizar a terminologia mais ou menos científica em uso, e parentes dos Kwisi, os tais caçadores-recolectores absolutos de que ainda hoje subsistem, dizem, que eu nunca vi, alguns núcleos a praticar o mesmo exacto género de vida. Gregório assinala-os desde que sai de Benguela. Usavam uma "língua de estalo", quer dizer, uma língua que introduz cliques na sua dicção, como acontece nos idiomas Khoi e San dos nossos tempos, dos Hotentotes e dos Bosquímanos da referência corrente, que são os verdadeiros "aborígenes"de toda esta África a Leste e a Sul da bacia do Zaire.

Esboçam-se assim três caracterizações possíveis para as populações encontradas ao longo da costa, até à Angra do Negro, e no imediato interland: uma de caçadores-recolectores, outra de criadores de carneiros que praticam alguma agricultura, e uma terceira de criadores de bovinos, uns mais antigos no litoral como aqueles a quem no caminho Gregório diz ter raziado quantidades impressionantes de bois para prover ao sustento da sua coluna, que seriam, quanto a mim, gente de língua banta, tal como os "Mucuanhangues" que ele encontra na Vinganjanganja, pois falam "um jargão composto do particular da costa e do da Auyla [Huíla], facilmente percebível aos que conhecem a língua mais universal do continente", como é o seu caso (estando a referir-se, é de presumir imediatamente, à língua banta dos povos com quem tem lidado ao longo da sua vida de comerciante), e outros de migração recente.

Esses movimentos migratórios recentes são sugeridos por testemunhos escritos e por informações que eu e outros antes de mim recolheram junto das populações, e nesse aspecto o que me foi dito não colide muito com as informações transmitidas pelo P.ᶜ Carlos Estermann. A hipótese de tais movimentos, que eu aceito e adopto, foi um dos eixos de uma comunicação que apresentei há pouco tempo a um seminário sobre história de Angola, podes consultá-la. Ela é colocada pela primeira vez, que eu saiba, e de qualquer maneira foi daí que parti, por Albuquerque Felner no primeiro volume dos *Apontamentos sobre a Colonização...* Mas o seu desenvolvimento é de alguma forma perturbado, em meu entender, pela alusão a outras hipóteses que situa, tanto no tempo como no espaço, muito fora daquele contexto, e de uma problemática articulação ao que se estará a passar ali aquando da presença em tais paragens dos elementos que integraram a segunda exploração. Terás que ler Felner, evidentemente, se vieres de facto a interessar-te por estas questões, mas julgo melhor, neste roteiro abreviado, conduzir-te através da minha própria indagação.

Para os Portugueses, depois da segunda expedição, os pastores de bovinos da Quipola e do Kisongo passam a ser os "Mondombe", e eis assim instaurado um daqueles equívocos de que muitas vezes se faz a história. É que os próprios talvez a si mesmos nunca se tenham chamado assim, embora de facto, parece, procedessem da região do Dombe, a Sul de Benguela, e evidenciassem aos olhos dos Europeus traços de semelhança, incluindo práticas produtivas e mesmo até o atavio, com populações a que chamavam Mondombes, suas conhecidas por muito terem ali praticado já com elas. Isto é matéria que suscita comentários acerca do que vê quem vê e a partir daí classifica, mas acho que falei o bastante na tal comunicação, e se quiseres saber mais é para ela que te remeto. Se aí sugiro, com alguma convicção, que a apelação é equívoca, é porque, para os próprios, os Mondombes eram outros, mesmo tendo habitado o Dombe antes de chegar ali e passado pela Huíla, é porque a opinião corrente entre os Kuvale é essa e inquiri junto de pessoas que se dizem descendentes directos dos sobas e sobetas da Quipola e do Giraul, e se reconhecem hoje "Mucubais" constituindo dentro destes um sub-grupo, o dos Tyiheia, como havemos de ver, que negam terminante e agastadamente qualquer imputação que possa remetê-los a uma identidade mondombe: "Mondombe é como Mukwando e Mukwando é como Mukwiso". A decifração deste imbróglio fica, como já te disse, para depois. Por agora retém apenas que antepassados de Mucubais de hoje foram durante muito tempo referidos como "Mondombe" por parte da população urbana de Moçâmedes, mesmo ainda, até, nos tempos da minha infância, em meios de gente antiga do lugar. Perguntarás talvez: e referências a "cubaes", os exploradores não fazem? São assinalados "cubaes", sim senhor, mas, tal como no tempo de Furtado e de Gregório, igualmente lá longe, para o interior, onde o Bero se chama Cubal. Para se saber deles com alguma exactidão foi necessário constituir missões de reconhecimento, muito mais tarde, em 1881 e 1886. O interessante é que a partir de determinada altura todas as populações exclusivamente pastoris da região, e predominantemente afectas à exploração de bovinos, passam a ser referidas como "Mucubais". Estaremos assim perante um ou vários *processos*, como não poderia deixar de ser, e é disso que terei de falar a seguir.

*
\* \*

    Há de facto em curso, na altura, um processo histórico muito evidente, alterações profundas nas sociedades em presença, não só com a intervenção directa europeia que temos estado a acompanhar, mas também com estas últimas expressões, talvez, de processos migratórios decorrentes de dinâmicas bem mais remotas e que transportaram as culturas pastoris do Leste africano até estas paragens e ao momento crítico de um embate que, também no decurso do séc. XIX, há-de dar-se mais abaixo, na actual Namíbia, com outra cultura pastoril, proveniente esta do Sul, as dos chamados Hotentotes.

    Há, por outro lado, um processo de construções e de desconstruções identitárias, ou étnicas, se quiseres, ao sabor de acidentes, contingências, contiguidades territoriais, mas também de conveniência, de estratégias, de interesses e de razões pragmáticas vividas pelos próprios sujeitos. E paralelo a ele decorre um processo de apelação desenvolvido da parte de quem os observa e identifica para seu uso pessoal ou de grupo. Ambos estes processos se inscrevem, por sua vez, num outro processo mais amplo, de relação vital, aquele que dispõe no tabuleiro do xadrez local a colocação, física e representacional, dos vizinhos, dos aliados, dos intrusos, dos estranhos, dos amigos e dos inimigos.

É no contexto deste processo de relação que posso tentar colocar os dados que em meu entender serão capazes de ajudar a situar-te num presente kuvale, que é até onde quero trazer-te de novo.

\*

Durante todo o resto do séc. XIX e pelo séc. XX fora até à catástrofe que há-de abater-se sobre a região, em 1940/41, que dará pelo nome de "guerra dos Mucubais" e culmina praticamente cem anos de agitação guerreira, os Mondombe da apelação europeia, primeiro, depois todos os "Mucubais" de uma maneira geral, constituem matéria de ofícios, cartas, relatórios e outras informações que incidem particularmente sobre dois traços: a sua aversão a qualquer trabalho que os desvie da actividade pastoril e o roubo, também este ligado à sua condição de pastores.

Desde muito cedo se assinala o facto, que ao longo dos tempos, até mesmo aos trabalhos mais recentes do período colonial, nunca foi deixado cair no olvido, de a implantação dos primeiros colonos europeus nos vales dos rios da zona, como agricultores, ter sido feita sem poder contar com a mão-de-obra dos indígenas Mondombe, rebeldes a qualquer trabalho, à sujeição, à escravidão, permanentemente refractários ao seu emprego no arroteamento das terras e no transporte, como carregadores... Estou a utilizar os termos em que são referidos na bibliografia disponível. Até um naturalista suíço, de nome Lang, que o governo faz vir àqueles sertões depois da fundação do presídio de *Mossâmedes*, em 1840, para informar do potencial dos recursos da região, se revela pessimista perante a indolência das gentes daquelas terras. Não será desinteressante, mantendo o interesse e com tempo e paciência, dares uma volta pelas fontes historográficas para te inteirares verdadeiramente das muitas acusações que, se por um lado são imediatamente imputadas aos Mondombe pelo facto de se furtarem a envolver-se num trabalho que afinal só aproveitava aos colonos, também não poupam muitas vezes esses mesmos colonos. Abreu e Castro, que como já te disse foi chefe dos *Brasileiros*, de uma elite, portanto, ciosa da sua hegemonia burguesa e confrontada com o constante desembarque de contingentes de Europeus condenados e desvalidos, muitos vindos também do Brasil, reconhece que embora ser bêbedo e ladrão constitua honra e sinal de nobreza para o gentio, nada de bom lhe têm ensinado os Brancos, "antes comunicando os nossos vícios". Mas, de facto, quem tenha lidado com pastores sabe que certamente não há-de ser fácil transformá-los em agricultores e muito menos em trabalhadores rurais. Um governador que vai aparecer mais tarde procurará mesmo redimir-lhes a imagem. Mas não vai lograr qualquer sucesso imediato. As indagações a que procede junto de fazendeiros do Bero a propósito do carácter dos seus trabalhadores Mondombe, que afinal existem às dezenas, homens e mulheres apanhadores de lenha para os fornos de cal, e de urzela e algodão, confirmam que para além de muito exigentes na remuneração do serviço que prestam e sempre prontos a exigir aumento de vencimento, eles resguardam-se para qualquer serviço nas horas de maior calor, e convidá-los a amanhar as terras equivale a fazer-lhes um convite que taxam de aviltante, pois consideram serviço de tal natureza como só próprio de escravos. Ou então trabalham uma semana e descansam a outra, e o melhor é não lhes fornecer aguardente.

Mas Ferreira de Almeida, é o nome do Governador em questão, insiste em pôr os pontos nos *is* e lamenta a sorte de cinquenta pessoas que trabalham para um agricultor francês, chamado Eugénio Wherllin, que são o que resta dos outrora numerosos Mondombe do vale do Bero (ele publica isto em 1880), desbaratados e espoliados, fugidos para o interior todos os homens influentes com medo de serem deportados como outros o têm sido, vítimas de acusações por crimes imaginários, confundidos "com todos os Mondombe, desde o Dombe até aos 'cubaes' (área talvez de 300 léguas), sem ligação nem parentesco, nem, sobretudo, responsabilidade nos roubos que uns praticam sem a cumplicidade dos outros".

O singular governador está aí a bater na verdadeira tecla, que é a do roubo de gado, e também aí ele toma a defesa dos pastores locais, interpretando as suas efectivas acções como a resposta de quem se via por sua vez roubado pelos Europeus, perseguido e desatendido pelo governo. O alto funcionário acabará afinal demitido a breve trecho e disso pouco terá aproveitado aos Mondombe. A sua fama de gatunos, e a pressão a que sempre foram estando sujeitos sobretudo a pretexto dela, já vinha de muito longe e havia de prolongar-se por muito tempo ainda, até hoje mesmo, já o constatámos.

Desde o princípio da instalação europeia circulavam de facto queixas contra os *nómadas* Mondombe que "vagueando com o seu gado, sempre insubmissos, praticavam continuamente roubos". Mas é de 1848, por exemplo, o registo de uma investida de guerreiros vindos do Norte, de cima, do Nano, que levam as populações das redondezas a procurar refúgio junto da Fortaleza de S. Fernando, e sobre a qual se ficará imediatamente a saber, pela boca de um prisioneiro que entretanto é agarrado, que os atacantes estão a trabalhar por conta de Brancos a quem deveriam entregar o gado que roubassem a esses mesmos Mondombe, não era nada contra os Brancos do lugar. Acções deste tipo podem, em meu parecer, ser entendidas como expressões locais das famosas guerras do Nano, desencadeadas por grupos vindos do planalto central ou de território com ele confinante, e que durante muito tempo assolam sobretudo o planalto interior, nomeadamente a Huíla e os Gambos, e às vezes descem a serra.

Mas os sobas da região continuarão a ser, ao longo das décadas de 50 e de 60 do séc. XIX, objecto de acusações que denunciam as suas actividades guerreiras, sempre associadas a razias. É nessa altura que o Governador Fernando Leal – outro que acabará por ser deposto, não por defender o "indígena", antes devido a outras colisões de interesses com as forças vivas da cidade, que ali sempre se revelaram capazes de depor governadores – perante a exiguidade das suas tropas regulares, monta uma "guerra gentílica", ou "guerra preta", composta, rezam as crónicas, por 30 000 homens de Caconda, Galangue e Quilengues (Quilengues, toma nota) para "castigar o régulo dos Gambos", e já agora para dar uma batida aos povos da região, "esses ladrões de gado", garantindo que voltaria a recorrer a esse expediente tantas vezes quantas fosse necessário para acabar de vez com o terrível flagelo. Em Julho de 1863, assim, "estava tudo em paz". Mas em 1867 os Mondombe estavam de novo insubmissos em Campangombe, que é o Bumbo, e em 1874/75 foram de novo organizadas, aí, forças tanto regulares como "primitivas", para dar-lhes caça. Mais tarde, em 1887, os moradores de *Mossâmedes* enviavam um requerimento ao Ministro da Marinha e Ultramar em que lhe solicitavam protecção contra desmandos dos Mondombe, no Kuroka e no Bumbo outra vez. Queriam soldados a guardar-lhes o gado. E insistiram logo a seguir junto do Governador Geral exigindo-se uma nova guerra contra tão danosos gatunos. O Governador não atende. Em sua opinião, os moradores eram "os primeiros a praticar abusos contra os negros".

\*

Desde o princípio, também, há mais Europeus a ter essa opinião. Já em 1858 um médico instalado em *Mossâmedes* e que legou para a crónica do seu tempo a fama de um chalé que mandou construir na Aguada, por onde terás passado há bocado, Lopes de Faro de seu nome, regista de que forma o surpreende que a gente mondombe consiga viver em harmonia com os colonos, depois de por eles terem sido espoliados dos seus melhores terrenos... Mas é a um Goês, vigário da paróquia de St. Adrião, que se deve um testemunho perfeitamente esclarecedor, debitado em Lisboa perante a Sociedade de Geografia, em 1887. Não resisto a transmitir-te intacto pelo menos um extracto... Diz o padre: "Um colono Europeu, se o roubarem, tem a certeza, maior ou menor, de ser indemnizado até com lucro e sem despesas; mas se porventura sucede o contrário, não é fácil prever-se o que pode dar-se, e frequentemente sucede haver conflitos (alguns bem desastrosos para as nossas armas) com as nossas autoridades, que procuram proteger um colono que cometeu uma falta tão grave que não confessa. Mas não vale a pena...".

É certamente ciente disto que está o governador que em 1887 se recusa a prestar aos moradores de *Mossâmedes* a radical ajuda que eles lhe exigem, a de pôr soldados a pastar bois. E a mesma visão corrigida das coisas é que terá levado o Ferreira de Almeida, de que te falei atrás, a procurar, desde o início do seu mandato, acarinhar os Mondombe (para usar a sua expressão) por todos os meios ao seu alcance e a trocar presentes com os "cubaes", garantindo-lhes, nomeadamente, que ia tratar de ver se fazia com que as guerras de Quilengues não fossem mais lá para guerreá-los. Porquê as guerras de Quilengues? É aí que é preciso chegar, porque ajuda a entender o presente. O próprio Ferreira de Almeida conta saborosas estórias a respeito das guerras de Quilengues. Ao chefe do Concelho de Campangombe chegou a ser enviado, pelo governador anterior a Ferreira de Almeida, um ofício que o instruía no sentido de não se opor à passagem de uma dessas "guerras", que havia de vir do sertão de Benguela para guerrear os "cubaes". O chefe revela logo que se trata de facto de uma guerra de Quilengues convocada por Brancos para atacar os Mondombe, então sossegados, e que a intenção desses mesmos Brancos não pode ser senão a de tomarem parte nos roubos de gado que a guerra fizesse. Algo portanto muito semelhante ao que já tinha sido revelado antes, quando a razia tinha chegado às portas de *Mossâmedes*. Num outro ofício, cinco meses depois, confirma que se passou exactamente o que ele previra, e avisara: o soba de Quilengues, que tinha comandado a guerra, entregara aos Europeus residentes no Bumbo todo o gado que tinha apreendido, levando apenas consigo, para as suas terras, os prisioneiros feitos. E num relatório de Janeiro de 1880 dá conta da situação que passa a prevalecer: abandono de locais por parte de habitantes antigos, incêndio de cubatas e habitações, gente queimada dentro dos refúgios, roubos directos aos Mondombe que, depois, quando chamados para virem receber os bois que lhes foram roubados, são presos e enviados a *Mossâmedes*, e daí a Luanda, sendo o espólio repartido entre moradores, fazendeiros e autoridades. Não sei qual terá sido o destino do tenente Fontoura, Chefe de Campangombe, mas presumo que não terá tido uma carreira muito brilhante, talvez tenha acompanhado o governador Ferreira de Almeida na sua devolução a Lisboa.

*
* *

Esta estória, revelada por um quixotesco governador empenhado em colocar as suas cartas sobre a mesa, há-de ser uma entre muitas ao longo de toda a história do Sul de Angola. Um outro ex-administrativo com uma larga e remota experiência angolana, Serra Frazão, que na sua juventude fez parte da equipa de Norton de Matos – a quem aliás pede autorização para dedicar o livro que edita em Lisboa no ano de 1946 – assegura a existência de uma grande soma de documentos capazes de lançar luz sobre o que terá sido toda a época dos capitães-mores, a partir de 1850. Ele é sobretudo implacável em relação a esses capitães-mores, muito particularmente os de Quilengues, que quando já escasseava na sua jurisdição gado que bastasse à sua ganância, e sede de pilhagem, transformaram os próprios Tyilengue em seus auxiliares nas acções que passaram a desenvolver contra os Kuvale, garantindo-lhes para isso participação nos despojos. E daqui, diz ele, um ódio profundo dos Kuvale contra os Tyilengue, e o envolvimento de ambas as partes em permanentes ciclos viciosos de apropriação e tentativas de recuperação de gados. Como ainda hoje, acrescento eu.

Este livro foi publicado em 1946. No que se refere à questão Kuvale, porque fala de outras coisas, ele é de alguma forma um comentário à "guerra dos Mucubais", ocorrida então recentemente ainda. Esta "guerra" foi a expressão final e definitiva de rusgas e batidas desenvolvidas contra os Kuvale ao longo de toda a primeira metade do séc. XX e até aí. Dela resultou o quase completo aniquilamento do grupo kuvale por inteiro. Prefiro vir a falar-te dessa guerra a partir da memória que os próprios Kuvale guardam da punição que sofreram, em perda de vidas, em espoliação de gado e em deportações, mas não te surpreenderá, certamente, que nela tenham de novo também participado, integrados nas forças portuguesas quer como soldados quer como auxiliares, apreciáveis contingentes recrutados junto de populações mais ou menos situadas a Norte ou a Nordeste do território kuvale, e entre eles, obrigatoriamente, homens Tyilengue, sempre aliciados pela partilha do espólio a haver. Numa outra publicação minha anterior, o *Aviso à Navegação,* detenho-me neste aspecto com um certo detalhe e o que digo está lá à tua disposição. Farás leituras pelo caminho, se para aí estiveres virado. Mas para já podes reter, para tua inteligência do presente kuvale, inclusive no que diz respeito à pronta e continuada, desde 1974 e até hoje, colocação deles ao lado do Mpla, que durante cem anos, de 1840 a 1940, as populações que hoje se entendem como Kuvale viveram sob uma pressão contínua, que incidia directamente sobre a sua forma de subsistência, a sua prática de vida, a sua relação com o meio. E que todo este processo implicou sempre a intervenção de outros povos, a agir por conta própria ou mobilizados pelos Portugueses, ou deles aliados. Foram as espoliações por parte dos Brancos, foram as razias locais e comuns entre vizinhos pastores, foram as guerras do Nano, de que mal te falei, foram mais tarde as incursões dos "Hotentotes" (sobre as quais fiz recolhas que revelam uma incidência devastadora e desestabilizadora que é preciso também ter em conta, e por isso a seguir te virei a falar dela), terão sido as epizotias que iriam assolar toda

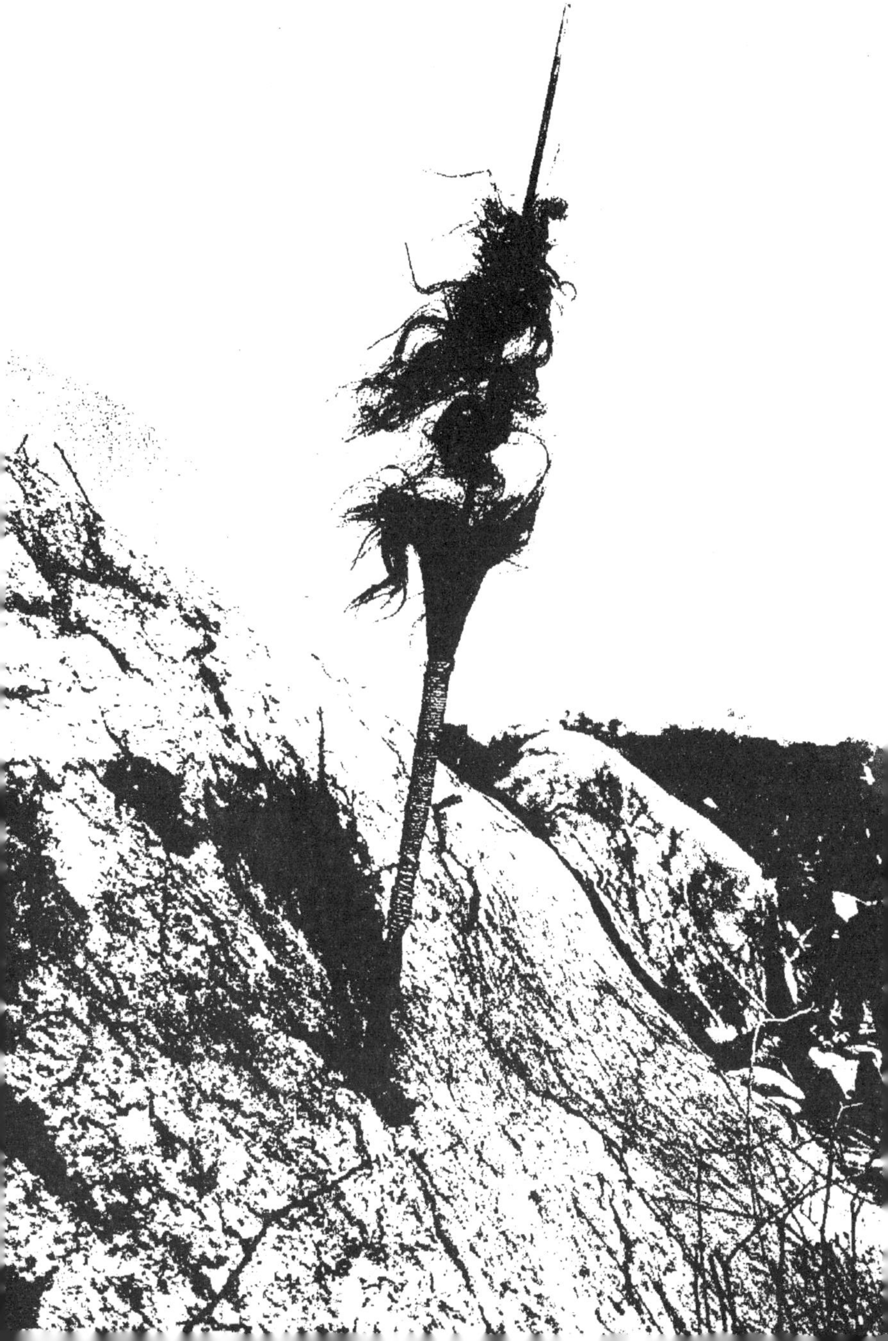

a região pastoril austral e das quais a febre aftosa também sem dúvida os terá seriamente afectado no fim do séc. XIX, e foram finalmente as rusgas e batidas coloniais até à acção final, a de 1941. Cem anos em que a sua sobrevivência os terá constantemente obrigado a lutar, no sentido literal do termo, e a resistir para tentar recuperar ou repor os seus rebanhos, permanentemente atingidos. Guerra, nestas paragens, é sempre algo associado a gado. Se a passagem de gado de umas mãos para outras, em contexto de conflito, é roubo ou é acção de guerra, vai depender, naturalmente, da colocação e dos critérios de quem emite o juízo. Os Kuvale entraram na independência de Angola com uma fama de ladrões impenitentes e essa imputação mantém-se até hoje. Mas entraram também nela com um contencioso de relações conflituais que a retirada dos Portugueses não liquidou, da mesma forma que não terá sido inaugurado com a entrada destes na cena local, mais de cem anos atrás. Por isso, quando os termos do jogo se alteraram e os "movimentos" de 1974/75 intervieram e se prepararam para a independência mobilizando e armando as populações locais e da vizinhança, os Kuvale talvez não pudessem ter hesitado, só havia uma lógica, uma coerência, que era a de aliarem-se ao "movimento" que, no quadro da própria dinâmica do panorama político-militar já então definido, estava contra esse outro "movimento" que mobilizava e armava os seus imemoriais adversários – os do alto, os Munanos, de que eles entendem que os Tyilengue já fazem parte.

# Kuroka
*onde se entende a viagem (colocação étnica)*

Para o Kuroka convém-te ir cedo e já agora arranja um guia. Alguém se prestará a levar-te até lá e é melhor assim porque é mesmo ali, é verdade, mas depois complica-se. É mesmo ali, pelo km 65 da estrada para o Tombwa, para Porto Alexandre, depois das ruínas da casa que lá está e é dessas que foram feitas para cantoneiros na altura da asfaltagem, não sei mesmo se no tempo colonial terão chegado a ser ocupadas. O que vais encontrar hoje de 10 em 10 quilómetros é o que resta, as irredutíveis paredes de alvenaria, porque todo o madeirame foi embora, serviu para lenha. Aliás, a propósito de lenha, depois, no regresso, se puderes dá boleia a uma ou duas dessas mulheres que vais encontrar na estrada, também de regresso a Moçâmedes, carregando enormes molhos de lenha que chegam a ir colher tão longe quanto o Buraco, por exemplo, a 50 quilómetros da cidade, para depois vendê-la nos mercados. Saem de madrugada ou mesmo de véspera, e pelo meio da tarde podes encontrá-las, embora agora se estejam a ver menos, formando por vezes extensas colunas e algumas em passo de corrida travada, com a lenha à cabeça. São na sua grande maioria mães de família deslocadas pela guerra aqui para a Província. Como pelo resto do país, o negócio da lenha e do carvão constitui, no quadro desta indigência total e generalizada, a hipótese de sobrevivência económica mais imediata que encontram. Quando oiço a conversa do Ministério do Ambiente, que como país moderno e modernizado, com elites na crista da onda ideológica universal, também haveríamos de ter, claro, a debitar versões banalizadas e empobrecidas de discursos alheios, não posso deixar de interrogar-me sobre o que pensam os seus qualificados quadros do "crime" destas mulheres que *delapidam* assim a flora nacional porque, desta *bárbara maneira*, tentam obstar a que a fome as dizime a elas mesmas e aos filhos, que se amanhã não comerem a magra margem do produto desta lenha talvez não venham a comer mesmo nada, a não ser que roubem, e de uma forma ou de outra acabarão por ter que roubar na mesma, são sempre muitos, mas nunca demais, uns a nascer e os outros a morrer.

Mas leva um guia. Sais da estrada de asfalto e rumas à esquerda, a Leste, entras numa plataforma de chão deserto mesmo, os trilhos multiplicam-se, cruzados, e, se não fores com quem saiba, sempre acabarás por chegar à falésia, que é já uma das paredes do vale do Kuroka, mas não vais é saber se desces para o S. João ou o S. Pedro ou o Púlpito do Sul, para os Arcos, Kamilunga, Carvalhão ou Ungwaia.

Do rendimento "turístico" que souberes extrair dir-me-ás depois, porque o local é bonito. Mas se estou a apontar-te para o Kuroka é que no meio daqueles "canyons", lagoas, ruínas de fazendas, assentamentos habitacionais antigos e mais recentes, pequenos pântanos secos onde o sal aflora, cemitérios, dunas do outro lado, umas sobreviventes palmeiras das que há ali e que pela costa inteira de Angola têm sido dizimadas porque da sua seiva se produz bebida, no meio de tudo isto pode ser que o Kuroka te garanta o efeito que a mim me atinge sempre que lá vou, e quando posso vou lá, que é o de sentir, muito sedimentado sob as marcas do presente, um passado de que mesmo sem saber muito exactamente os factos poderás talvez apreender o clima. E apreender o clima dos tempos, de certos tempos em certos lugares, é para alguns de nós uma maneira muito válida e rigorosa de experimentar idades.

*<br>* *

Na cassete anterior aludi-te às investidas dos "Hotentotes" e ao papel que terão jogado na agitação regional durante toda a segunda metade do séc. XX. Pois bem, estiveram aqui também e acerca disso guardo referências e testemunhos que me ocorrem sempre que desço ao Kuroka. E dá-me gosto poder utilizá--los agora.

Até aqui vim escrevendo "Hotentotes" entre aspas. É como tal que eles são de uma maneira geral referidos na bibliografia portuguesa e é a ela que me tenho vindo a reportar. Mas trata-se de uma designação que, tal como a de "Bosquímanos" para as outras populações aceites de forma mais ou menos pacífica como aborígenes da África sub-equatorial, corresponde a uma adjectivação menos lisonjeira adoptada pelos Holandeses que a pós-Reforma afugentava da Europa ou empurrava para alguma *terra-de-ninguém* onde ainda assim pudessem ser aproveitados, e disso se terá encarregado a Companhia das Índias a partir da Colónia do Cabo, dando asssim origem aos *Afrikaners* ou *Boers* da África do Sul. Mas a terra era de alguém, dos Khoi-Khoi e dos San, os *Hütentüt* e os *Bushman*, quer dizer, os homens *estúpidos* e os *do mato*, li em qualquer parte. Porém a atribuição de designações ao *Outro,* extraídas de interpretações arbitrárias e estratégica ou tacticamente empregues, não é nem privilégio nem tara exclusiva de Europeus. É modo universal que acontece quase sempre que um *Nós* se confronta a um *Outro.* Está cheio de exemplos. Em Angola os grupos dessa gente de tez clara que durante parte da segunda metade do séc. XIX raziam extensa e intensamente o Sul, são hoje referidos, pelas populações que guardam desse passado uma memória colectiva, como os *Kambari kongolo.* Não me sinto exactamente em condições de desmontar a expressão, alguém que trabalhe estas questões das línguas o terá que fazer por mim, mas não te espantes se tiver alguma coisa a ver com as riscas da pelagem da zebra e com as estrias que a poeira e o suor fazem nos flancos de pessoas claras vivendo em meios aonde a água é tão escassa que mal dá para matar a sede das pessoas e dos animais (havendo mesmo algumas espécies que lhe dispensam o uso enquanto não chove, como as gazelas e os orixes, os nossos guelengues do deserto, por exemplo). Para mais, os Toopnaar e os Swartboois, populações ditas Nama que trouxeram a sua acção até à fazenda de Abreu de Castro no Vale do Bero, vinham a cavalo, e os linguistas também terão que ter isso em conta. Aliás, sempre que recolhi informações que referiam os *Kambari kongolo*, as guerras dos *Kambari kongolo*, tanto no Namibe como na Huíla, a utilização de cavalos por esses grupos raziadores nunca deixou de ser sublinhada, e entre os Kuvale, o gado mocho, sem cornos, cuja cabeça pode por isso lembrar a de cavalos, não é admitido, constitui mesmo um interdito ligado a alguns Fogos, e mais lá para a frente entenderás a importância disso, porque é conotado com os cavalos utilizados nas guerras dos *Kambari kongolo*. Ou dos Ingleses. Tenho boas razões para crer que a guerra dos Ingleses que várias vezes me foi referida por informantes Kuvale nas listas das guerras que precedem a rusga total que foi a sua guerra de 40/41, corresponde a essas mesmas guerras. Consta, tanto da tradição oral como da bibliografia geral, que Ingleses e mestiços integravam, e por vezes enquadravam, tais grupos de guerreiros, da mesma forma que contra eles foram utlizados Boers recentemente acolhidos e fixados em Angola, provenientes dos *trecks* migratórios ligados à instabilidade sul-africana do tempo. Parece que já nessa altura havia guerras dos outros que vinham fazer-se em Angola.

De qualquer maneira a história Kuvale ressentiu-se destas incursões ao longo de dezenas de anos e em vários pontos de território kuvale, como o Bero, o Kuroka, o Tyakutu, o Munhino e o Bumbo. Já em 1881 o relatório da viagem de reconhecimento aos "cubaes", que visava sobretudo a margem da região que encosta aos Gambos, refere que os "Hotentotes" têm guerreado os "cubaes" com êxito evidente, porque possuem cavalos, a ponto de estarem então em curso deslocações e fugas de populações atacadas. Em 1886 outra viagem de reconhecimento, esta ao rio Bero e seus afluentes e que acaba por também atravessar a região até à serra que delimita o planalto interior, assinala zonas abandonadas na sequência das mesmas razias, no Bero superior, ou Cubal, nomeadamente o Kavelokamo, referência fundadora para o próprio povo kuvale. Convivi, por outro lado, com mais-velhos que nasceram "lá em cima", no planalto, e reportam a instalação aí dos seus avós às guerras dos *Kambari kongolo*.

\*
\* \*

Mas eu estou a levar-te ao Kuroka. E se aproveitei para te falar das guerras dos *Kambari kongolo*, é porque me pareceu necessário conferir alguma substância a uma alusão que te fiz na cassete anterior e que situa neste exacto vale do Kuroka uma das referências que mais prezo dentre as que recolhi a propósito de tais guerras. Devo-a a um outro Kimbar hoje também falecido e que encontrei no Virei, carpinteiro de profissão, embora a revolução o tivesse transformado em comerciante de bebida, como tem acontecido a muito boa a gente. Eu procurava sobretudo inteirar-me das gentes do Kuroka, mas na conversa insinuaram-se a dada altura os *Kambari kongolo*: vinham em cima de cavalos, andavam a caçar gado, agarravam e tornavam a voltar. Contra eles o soba Mulukwa, dos Kuroka, grande mestre do Fogo, levantou um vendaval, de vento do Sul carregado com metade de brita, que acabou por matar aquela gente toda. Sobrou um chamado Miguel Karote. O velho soba é que disse: aí onde eles ficaram vocês já não mexam mais, amanhã vão lá buscar o homem que ficou vivo, esse homem não morre, vamos deixar connosco para nos ensinar a língua deles. E ficou, chegou até a amigar, fez um filho, esse parece que andava aí no Lubango, o velho já morreu faz muito tempo. Era um homem que tinha só beata assim de cabelo, e era fulo.

Segundo o subscritor desta informação, o finado José Augusto (e se encontrares o seu filho Caçador ou um outro que me serviu circunstancialmente de intérprete no Mayhawa e depois prosseguiu na sua deambulação galante de janota bem parecido, impecável nos seus panos limpos e garridos, dá-lhes cumprimentos meus), quando os Brancos chegaram ao Vale do Kuroka encontraram aí esse povo a quem hoje chamamos Kurokas, saídos dos antigos Kwepe. Para ocupar esses terrenos, os Brancos pediram ao soba deles, o Mulukwa, se podiam cultivar umas plantinhas aí, um terrenozito assim. O Mulukwa disse está bem, experimenta. E o Branco plantou o algodoeiro, pitanga e não sei mais quais os outros paus, foi embora, ficou só o empregado a tomar conta, o patrão foi buscar a guareta de aguardente. O Mulukwa, o patrão quando vinha era amigo dele, trazia-lhe as coisas, faz de conta era o troco, e ia afastando o terreno e plantando sempre à frente e de cada vez paga era aquela guareta de aguardente e uns panos de fazenda, o Mulukwa foi deixando o homem alargar e assim o Branco chegou de receber já a metade do terreno todo, bastante mesmo. Até que chegou essa doença, tossiam muito, parece que é a tuberculose, e acabou com eles quase todos. Esses eram os Kwepe próprios, a língua deles a gente não conseguia compreender, nem os nossos pais, era uma língua assim com estalos. E ainda tem um resto desses povos que fala dessa maneira. Mas a maioria geral dos filhos desses Kwepe são os Kuroka de hoje, não acompanharam esse caminho, agora estão mais tipo mucubal. Esses Kwepe vieram, parece, lá do Dombe, passaram no morro do Wambo, a Serra da Neve, alguns ficaram aí, são os Kwando. Os que desceram, para chegar aqui encontraram no caminho esses outros, os Vakwambundo, esses *Ksisi*, *Twa*, os que comiam peixe cru, ficavam na beira da praia, apanhavam aquilo que a maré cuspia, uma série de peixes, a co-

mer o peixe cru que o mar vomitava. E ficaram amigos. Mas esse povo era pouco, encostou nos Kwepe, ficaram todos Kuroka. Os Kuroka, hoje ? Vai encontrar mais é para os lados da Bomba, dos Paralelos, Mayhawa, Candi, Tyi-pumbo, aí encosta ao rio Kuroka mas já é na parte de cima. Aumentaram muito, casaram-se com os Kimbares que a colonização criou, muitos Kuroka viraram Kimbares, muitos Kimbares viraram Kuroka, os que continuam pastores adoptaram a língua e a prática kuvale. Isto o que gravei do que disse o mais-velho José Augusto quando o entrevistei no Virei.

Eu próprio conheci o Mukuroka mais afamado e talvez mais importante destes tempos em que andei inquirindo. Deu-se o caso de eu estar precisamente aqui, no ano passado, à procura das lagoas de sal, na Ungwaia, quando ele faleceu. Vi que havia um funeral no alto de uma elevação e quando alguém se aproximou do carro e perguntei pelo mais-velho Miguel, Miguel Firmino, filho de Maria do Rosário, neto de Ngangula, "o único de quem a gente pode falar", grande *tyimbanda*, responderam-me que era a ele que enterravam, precisamente. Eu tinha privado com o mais-velho Miguel durante alguns dias num local não muito afastado da estrada que liga o Virei ao Caraculo, quando cruza com o Bero. Ele estava ali na qualidade de "mestre"do Fogo, e ao serviço de uma das linhas de sucessão patrilinear mais destacadas entre os Kuvale. A seu tempo saberás com o detalhe suficiente do lugar que o Fogo – *o murilu* – ocupa no seu sistema religioso e político. Para já ficas sabendo que alguns desses Fogos estão ligados ao rio Kuroka e aos Kuroka povo, o que leva à evocação de uma figura mítica, a de um tal Kavolovolo, saído da Hanya da Província de Benguela, aí na parte do Chongorói, há um muitíssimo tempo, mais que avô ou bisavô. A arte do *tyimbanda* Miguel decorria directa da transmissão dos poderes legados à sua descendência por esse remoto Kavolovolo.

\*
\* \*

Fui-te debitando quase textualmente as informações que recolhi junto do finado José Augusto e articulei-as a algumas escassas outras, porque fornecem uma versão preliminar das movimentações migratórias da zona capaz de te trazer com suavidade ao presente observável. Depois de ter dado a volta a toda a considerável bibliografia ligada ao assunto, e a outras informações que recolhi, foi esta a versão que urdi e adopto a tal respeito. Expu-la já no tal texto sobre a história local de que te falei atrás, quando estávamos no Vale do Bero, e segundo ela estabeleço a hipótese de ter havido de facto uma corrente migratória, accionada talvez pela expansão dos *Ovimbundo* que tantos reinos estabeleceu em todo o planalto central e que poderá ter dado origem à deslocação de populações praticantes de alguma pastorícia e de alguma agricultura desde precisamente a região da Hanha, na actual Província de Benguela, até ao Kuroka, passando primeiro pelo vale do Cavaco e do Coporolo, pela Muhunda do Wambo depois, e a seguir pelos valores dos rios que se sucedem a Sul. Para a tradição local, nomeadamente a partir de informantes Kuvale, não há dúvidas: todas essas populações, embora pratiquem hoje línguas bantas, *umbundo* e *olukuvale* – esta última pertencendo ao grupo *tyihelelo*, das que praticam todos os grupos herero de que os Kuvale também fazem parte – provêm do Norte e falavam, antes, línguas de estalo da família das que usam ainda hoje os descendentes dos Khoi-Khoi e dos San de antigamente. Seriam assim as populações que a literatura refere como pré-Bantos, chegadas aqui muito antes de quaisquer povos bantos, como os Kuvale. Da sua língua original pouco se sabe. Tê-la-iam perdido e adoptado sucessivamente, e ao longo dos séculos, primeiro as das populações aborígenes, San, os tais *Bosquímanos* e depois as dos Bantos, quando estes passaram a dominar.

Mas estas populações, que poderão estar na origem dos Dombe, dos Kwando e dos Kuroka de hoje, aparecem, nos testemunhos, explicitamente diferenciadas de outras igualmente negras mas também "não-bantas", já presentes no litoral quando as primeiras desceram das regiões de Benguela. Estes seriam os Vakwambundo de ontem e os Kwisi de hoje, povos Twa, e tem em conta que povos também referidos como Twa são assinalados na intrincada e explosiva configuração étnica da região dos Grandes-Lagos, no Rwanda e no Burundi da inquietante actualidade africana. Também sobre esses Vakwambundo existe uma de certo modo abundante e interessante bibliografia referida a quadros locais mais ou menos recentes, e poderás por essa via ver-te mesmo remetido a populações de além-Kunene, aquelas que as fontes mais antigas assinalam no território da actual Namíbia como "Berg-Dâmaras".

Fazendo fé nas notícias que ao longo do séc. XIX se sucedem acerca dos Vakwambundo, e que vêm adiccionar-se àquelas que remontam ao séc. XVII e chegam a nós através de Cadornega, como julgo que já te aludi atrás, e também nas tradições orais que tenho andado a recolher, o peixe que pescavam ou apanhavam nas praias era consumido imediatamente após o terem rudimentarmente exposto durante algum tempo ao sol. A utilização do fogo e a ciência da sua produção e da sua aplicação no preparo dos alimentos ter-lhe-iam sido transmitidas pelos Kwepe, aqueles, precisamente, que a expansão ovimbundo teria empurrado para cima deles.

Os Kwisi do nosso tempo atribuem-se a si mesmos a designação de Vakwambundo, preferindo-a à de Kwisi, de conotação cada vez mais pejorativa ao longo dos tempos, a ponto de actualmente, em meu entender e apoiado em constatações de terreno, corresponder mais a uma imputação estatutária do que "étnica". Indivíduos Kuvale socialmente banidos do grupo ou estigmatizados dentro dele na decorrência de comportamentos poluentes, são-me referidos como passando à condição de Kwisi. Atenho-me a materiais que recolhi e que poderás articular às referências que, se te dispuseres a tanto, estarão ao teu fácil alcance através da bibliografia disponível. A maioria dos Kwisi de ontem ter-se-á integrado, tanto genética como culturalmente, nas populações vizinhas, e tanto os das praias como os do *interland*, também abundantemente assinalados, ou acabaram por ocidentalizar-se, virando Kimbares, ou de especialistas caçadores até de grandes espécies como o elefante e o rinoceronte, servidos de instrumentos da tecnologia do ferro, de que se foram também tornando especialistas, passaram a ver-se progressivamente implicados na pastorícia, quer ao serviço de unidades de exploração kuvale quer acabando por entrar também na posse de gado, e esse é um processo que vai interferir na própria auto-colocação kuvale, como verás noutra das cassetes que te vou deixar ainda aqui em Luanda. Assim, creio, dificilmente darás conta dos Kwisi com quem cruzares, a muitos tomá-los-ás por Kuvale e outros farão parte das populações urbanizadas e etnicamente indiferenciadas. Na cidade do Namibe falar-te-ão quase infalivelmente de Kwisi hoje folgadamente situados na sociedade moderna na sequência de carreiras desenvolvidas nas forças armadas, por exemplo, ou na educação, como professores. O que parece muito interessante do ponto de vista antropológico é a adopção paralela de dois modelos culturais, o mercantil ocidental e o pastoril dos Kuvale, por parte de sujeitos, ou grupos, conscientes da sua marginalidade e da necessidade de se distanciarem da condição de Kwisi, de "negros das pedras".

\*
\* \*

O que tenho vindo a dizer-te até aqui remeteria agora a especulações sobre movimentos migratórios capazes de se projectarem no passado até alguns milhares de anos antes da nossa era. Não é matéria para tratar desta maneira e se quiseres ter inteiro acesso à minha interpretação, ou à minha versão desses dados, haverá que esperar pelo tratamento escrito que lhes hei-de certamente dar num qualquer futuro próximo, havendo tempo e oportunidade para isso. O que a tal respeito poderei referir-te de imediato, e assim de viva-voz, é que tanto aqueles que te tenho vindo a identificar como Kwepe, Kurokas, Kwando, etc., como os Kwambundo meio legendários, os homens do cacimbo, e os Kwisi de ainda hoje, poderão corresponder a correntes migratórias diferentes, embora todas muito remotas, procedentes do nordeste do continente africano, de regiões nilóticas. As chamadas evidências arqueológicas, liguísticas, etnográficas e históricas apontam nessa direcção. Os Bantos Orientais, cujas movimentações parecem desenvolver-se a partir do início da era cristã, quando projectaram até à nossa costa ocidental, através das savanas sub-equatoriais do nível médio africano, a cultura pastoril que ainda hoje prevalece entre os Herero, de que os Kuvale fazem parte, tê-lo-ão feito sobre culturas diferentes, de caçadores recolectores absolutos ou de praticantes de alguma agricultura e de uma pastorícia sobretudo de pequenos animais, caprinos e ovinos, populações inequivocamente negras, mas não bantas, que por sua vez já se teriam instalado sobre outras populações australes muito provavelmente aborígenes, de tez clara, antepassadas dos San e dos Khoi-Khoi de hoje. Aquilo a que eu costumo chamar o imbróglio das migrações é matéria apaixonante, e embora eu não seja nem arqueólogo, nem historiógrafo, nem linguista, investi muitas horas de leitura na produção de tais especialistas, e confrontei-a com a minha experiência de terreno. Lembro-me frequentemente do estremecimento que senti quando, folheando perante uma assembleia kuvale uma edição dos *Nuer* de Evans-Pritchard ilustrada com fotografias, me foi imediata e decididamente afirmado que se tratava de gente Kwisi. Neguei tal hipótese na altura mas depois do que entretanto li e consultei, e articulei, a ideia deixou de me parecer tão espúria e arbitrária. A este respeito, e espero não estar a induzir-te em erro embora me veja forçado a esquematizar e a reduzir de uma forma que me parece sempre mais ou menos abusiva, retém apenas que populações sub-saharianas terão alargado a sua cultura pastoril para oriente, até ao Nordeste da África, onde é hoje o sul do Egipto, o Sudão, a Eritreia, a Etiópia, numa época que pode remontar a 4000 anos a.C.. Eram os Cuxitas, a quem a desertificação da zona sahariana empurrava. Populações actuais como os Galla, são povos pastores de língua cuxita. Expandiram-se sobre populações nilóticas que lhes adoptaram os animais e as práticas pastoris, e destas serão hoje descendentes directos os famosos Nuer, por exemplo, e os Dinka. Povos desses poderão entretanto ter-se movimentado para Sul já antes de terem absorvido incidências dos Cuxitas. Outras tê-lo-ão feito depois. Ambas as movimentações poderão estar na origem da presença dos nossos compatriotas descendentes dos Kwisi e dos Kwepe de ontem, respectivamente. Sobre estes, por sua vez, terão vindo instalar-se os Bantos que da bacia do Zaire migram para Leste, aí adoptam também a cultura pastoril de origem cuxita e depois, tudo isto ao longo de centenas e de milhares de anos, de muitas gerações, de muitas populações sucessivamente implicadas no processo da expansão pastoril, se alongam para Sul primeiro, depois para Oeste, atingem a costa atlântica ao nível de Benguela e entretanto, já em épocas que a historiografia documenta, rumam de novo ao Sul. Esses serão os Herero que nos nossos dias aparecem implantados ao lado de outros grandes grupos bantos e pastoris, ou agro-pastoris, como os Nyaneka e os Ovambo, incluindo os nossos Kwanyama.

\*
\* \*

É no Kuroka, onde te estou a levar, que tudo isto me desfila à frente como uma super-produção desenrolada num décor que é o de uma paisagem entre todas imemorial. Mas eu quis transportar-te ao Kuroka, insisto, para te situar no presente e, não o vamos perder de vista, num presente kuvale. Ora um presente kuvale não deixa de ser um presente herero, se bem que a maioria das populações actuais de língua e de cultura herero habitem território que é hoje namibiano, com extensões no Botswana, e tenham vivido processos históricos diferentes do nosso. E no entanto julgo que também a ti, no Kuroka, se tornará evidente que as especificidades históricas não anulam as contiguidades geográficas, que estas determinam equivalentes relações com o meio, e que destas relações resultam ou emergem, a par da incidência de outros factores, evidentemente, contiguidades culturais que por sua vez confirmam ou estabelecem processos de identificação étnica. A partir do rio Catumbela, já o escrevi um dia, estamos numa África Austral perfeitamente reconhecível dos pontos de vista ecológico, económico, social e cultural, que se alarga, que eu saiba, até ao rio Orange e ao Kalahari, e dessa forma ignora ainda em grande medida as fronteiras estabelecidas pelos desenvolvimentos históricos dos últimos séculos.

\*

Neste próprio vale da foz do Kuroka, e pelo seu curso acima até aos Gambos, é possível encontrar hoje gente herero do grupo Himba, por exemplo, que podem estar aqui trazidos circunstancialmente por razões da vida do comum, vindos de além-Kunene, onde habitam regularmente. Outros no entanto serão talvez descendentes de grupos que inverteram os sentidos migratórios de um passado que é afinal mais ou menos recente, em termos de longa-duração, e demandado de novo o Norte, território angolano, portanto, no fim do séc. XIX, empurrados pela expansão dos Nama, dos tais Hotentotes já suficientemente falados nestas cassetes. E também encontrarás Mundimbas, um outro grupo herero. Alguns deles habitam o planalto interior pelo menos desde a guerra dos Herero da actual Namíbia contra os Alemães, conduzidos por figuras como a daquele herói mercenário conhecido entre nós como Orlog, nome que significa guerra em holandês mas na documentação não portuguesa, e na tradição oral do Sul, é identificado como Tom Vita, sendo *o vita* guerra também nas línguas bantas da região.

Essa figura, nascida em território hoje namibiano, terá vindo ainda criança para território angolano e aqui constituído grupos de guerreiros com contingentes saídos principalmente de populações fugidas primeiro dos "Hotentotes" e fixadas nos Gambos em 1870, e mais tarde, 1906, da tal guerra contra os Alemães. Durante algumas décadas é figura dominante na cena regional liderando as suas forças e empregando os seus talentos quer por conta própria quer ao serviço das partes envolvidas nos conflitos locais. Ao lado dos Portugueses Orlog participa em muitas campanhas, nomeadamente no Kwamato em 1907 e no Jau e Bata-Bata em 1909, até que para estes é ultrapassado o tempo do recurso a mercenários e acaba por regressar de novo ao território do Sudoeste Africano em 1920, acompanhado de seguidores e constituindo núcleos de assentamento civil. A sua memória continua a ser uma referência privilegiada no imaginário herero, uma constante evocação cultivada pelos seus derradeiros coetâneos junto de quem foram registados testemunhos, ou uma expressão do imaginário colectivo himba. Entre os Kuvale, Orlog e a sua acção são evocados de forma mais longínqua e alheia, mas estou certo de que inquirições em território angolano haveriam de fornecer material interessante para a história regional do período em que actuou nas matas e nas correrias do Sudoeste interior.

Mas nós estamos no Kuroka e este horizonte nos basta de momento. A montante do vale, na margem sul, foram-me portanto assinalados grupos de Himba que terão vindo instalar-se aí no curso dessas migrações recentes, accionadas pela expansão dos grupos raziadores dos Nama. São hoje identificados como Maconde e os Kuroka actuais serão também, em parte, o resultado de cruzamentos entre eles e as populações que aqui encontraram. Por outro lado também recolhi informações sobre deslocações kuvale, ao longo deste século, para território hoje namibiano. Algumas delas, estou em crer, poderão suscitar conjecturas que as associem a Orlog: famílias e indivíduos kuvale terão atravessado o Kunene sobretudo entre 1905 e 1910 e pessoas reportáveis a essas movimentações são ainda referidas como familiares com quem se pode contar e com quem se mantêm até hoje contactos operativos no contexto da circulação de gado e de pessoas. Haverá certamente pistas interessantes a explorar: esses parentes dos Kuvale são, da parte dos que os referem em Angola, reportados ao grupo dos Namuranda, minoria herero que a pesquisa actual identifica perfeitamente, e estuda, no Norte da Namíbia, e aí é considerada como resultante de populações originárias não do Norte mas do Sul, também elas batidas pela guerra dos Alemães contra os Herero, gente que chegou sem nada e por isso ainda hoje são de alguma forma estigmatizadas.

Mais recentemente, a luta de libertação da Namíbia fez do território sul de Angola um terreno em que as forças da Swapo, durante alguns anos, constituiram uma presença dominante e determinante e nem sempre favorável ao curso normal da vida das populações locais. Muitas situações de abuso e de interferência negativa lhes são imputadas por Angolanos que se viram simultaneamente afectados pela sua acção de tropa estrangeira, investida de uma autoridade e de uma impunidade cobertas pela razão das armas e das legitimidades estratégicas, e pelas operações de retaliação desenvolvidas contra elas pelo exército sul-africano. Talvez, do ponto de vista dos interesses políticos da região, seja ainda cedo para mexer no assunto, mas os testemunhos locais acerca desse passado recente giram à volta dessa guerra, uma vez mais alheia, e não poupam nenhuma das partes. De qualquer forma os contactos transfronteiriços intensificados nessa altura terão levado muitos Kuvale a cruzar a fronteira na qualidade de agentes envolvidos em processos de circulação de gado e de mercadoria accionados por elementos da Swapo que para isso os preferiam aos Himba, tidos sempre como eventuais espiões prontos a delatar às forças sul-africanas as movimentações rebeldes em território angolano. Alguns desses contactos ter-se-ão reproduzido até hoje, adaptados à nova situação gerada com a independência da Namíbia.

Outros contactos hoje prevalecentes e frequentes correspondem, por sua vez, a quadros de relação que se inscrevem numa continuidade menos tributária das contingências políticas da modernidade. É proverbial, por exemplo, o acolhimento dispensado no Norte da Namíbia a kimbandas provenientes do lado angolano. A acção, extremamente valorizada, de kimbandas kurokas, dimba e hakahona, principalmente, é largamente referida pela bibliografia actual. Eu próprio andei perdido pelo Yona, o nosso delapidado parque nacional que encosta ao Kunene, atrás de um amigo de infância, Kwanyoka, de inestimável valor como informante. Acabei por encontrá-lo mas não consegui detê-lo: o seu rumo apontava com grande determinação ao Kahoko, no Norte da Namíbia, para onde partia projectando uma campanha de acção terapêutica que prometia devolvê-lo com uma apreciável compensação em gado. Ainda não voltou e pode ser que mais dia menos dia o venha a encontrar por lá, se também eu vier a conseguir levar a bom termo uma acção projectada para aqueles lados. Aliás, quando por lá andei no ano passado, e fui espreitar a Epupa, onde se projecta uma barragem condenada a agredir os interesses das populações locais, encontrei muita gente a falar português.

\*
\* \*

Como quem não quer a coisa fui-te insinuando a existência de uma bibliografia sobre grupos do Norte da Namíbia que de forma alguma poderão deixar de ser tidos em conta por quem queira ocupar-se das nossas populações. Esses estudos existem e alguns estão mesmo em curso. Tenho tentado manter-me ao corrente e, por isso mesmo, estando neste momento a caminho do nosso Namibe, onde, espero, me vais encontrar, também o estou da Namíbia para daí ir até à Alemanha participar de um encontro, na universidade de Colónia, onde vai reunir-se uma grande parte dos investigadores de todo o mundo, mais de quarenta, actualmente empenhados em trabalhos sobre grupos herero.

Também eles se interessam sobre o que tenho andado a fazer e dos contactos a haver poderá resultar alguma vantagem recíproca, mais susceptível de ser assegurada pela via das motivações pessoais do que pelos canais institucionais. Também eles precisam de informação recente virada para o presente herero da parte angolana e capaz de ajustar, e nalguns casos rever, a informação passada.

Esta informação passada remete infalivelmente ao trabalho de missionários, Irle e Vedder na Namíbia e o nosso Pe. Carlos Estermann no que se refere aos Herero em Angola. São referências inestimáveis mas, como é inevitável, cada vez mais sujeitas a questionamentos e a juízos críticos. Se do lado da Namíbia e sobretudo em relação a Vedder, que eu saiba, essa crítica está hoje em grande parte desenvolvida e convenientemente fundamentada, o mesmo não acontece entre nós, não espanta, em relação ao trabalho do Pe. Carlos. Não sei se alguma vez me atreverei a investir nesse sentido, mas mesmo que o faça nunca deixarei de ter em conta o enorme respeito que me merece a obra e a postura do nosso missionário do Espírito-Santo. Mas quando consulto os trabalhos recentes de autores que se ocupam de populações namibianas e que incontornavelmente têm que referir-se às que existem do lado de Angola, verifico que utilizam a obra do Pe. Carlos como referência única, e de facto não poderia deixar de ser assim porque, além de pouco mais haver a consultar, ela está traduzida em inglês e em francês, e julgo até que em alemão. O que pode sobressaltar-me a esse respeito resulta da circunstância de ela ser utilizada como informação inquestionável quando, assumo a responsabilidade profissional da asserção, ela não o é. A reserva que da parte desses investigadores está sedimentada em relação a Vedder e a outros, não lhes ocorre quanto ao trabalho de Estermann quando, em meu entender, lhes bastava uma leitura mais atenta para constatar de imediato que muita da informação aí veiculada foi directamente extraída de Irle e Vedder. É como se o Pe. Carlos confirmasse, em relação aos Herero do lado de Angola, a vigência de modalidades, de conceitos e de práticas que os outros assinalaram junto dos

Herero hoje namibianos, quando na realidade esses trabalhos alheios nem sempre lhe serviram apenas de guia, como reconhece. Ele muitas vezes incorpora no seu extractos inteiros do trabalho dos outros – sem o ocultar, sem dúvida, e daí que não me passe pela cabeça pôr a honestidade de Estermann em questão – para poder abordar matéria sobre a qual nada sabe em relação aos contextos angolanos de que se ocupa. Ele próprio reconhece que o seu volume da *Etnografia Angolana* sobre os Herero é o menos fundamentado dos três. Questões como as do Fogo, por exemplo, da dupla-filiação, direitos de propriedade e de sucessão, abate e consumo de gado ligado a óbitos, são no seu livro praticamente ilustradas só com o que os outros entendem como certo no âmbito dos contextos hoje namibianos a que se referem. Pessoalmente tenho boas razões para crer, a partir do meu próprio inquérito, que os dados assim utilizados talvez sejam em si mesmos mais do que merecedores de contestação, e as interpretações muito sujeitas a caução, embora a própria pesquisa aplicada à Namíbia continue a utilizá-los como base inquestionável. O Pe. Carlos não pode de forma alguma ser criticado nos mesmos termos em que Vedder é hoje contestado sobretudo pela historiografia namibiana, que lhe reconhece o talento mas o implica directa e deliberadamente em programas e ideologias de dominação colonial. Mas eu assumo que ele de facto não terá escrito nenhuma "bíblia" sobre as populações do Sudoeste de Angola. O que escreveu é precioso mas é escasso, impressionista e em muitos casos omisso, e traz também a marca do tempo e sobretudo do seu método de etnógrafo antes de mais missionário, preparado sobretudo para enfrentar e decifrar uma África cuja redenção há-de passar pelo exercício de um ou de muitos apostolados, noção que afinal ainda hoje prevalece mas paramentada de outras roupagens, como a da ajuda humanitária, das ofensivas desenvolvimentalistas ou das militâncias ecologistas. Poupemos o Pe. Carlos, pois, mas prestemos-lhe a homenagem de avaliar criticamente o seu trabalho, para mantê-lo vivo.

E continuemos a nossa viagem.

# Giraul
*onde se aprende a ouvir (autocolocação)*

A parte norte do território kuvale é de alguma forma excêntrica em relação à incidência maior do meu inquérito e das minhas experiências, tanto a recente como a remota, da infância. Mas no ano passado e no anterior andei por ali. De uma das vezes fui até à Lucira e flecti depois para o interior, pela Mahandya. Aí atravessei o rio Carunjamba, para alcançar o Xingo. Estava a chover com força, corria água, mas dava ainda passagem. Quando mais à frente atingi o rio seguinte, o Inamangan-do, aí já não dava e voltei para trás, arrepiei caminho, apenas para constatar que o Carunjamba tinha enchido também, entretanto. Fiquei dez dias retido entre as duas torrentes e só consegui sair dali quando achei que ia dar se recorresse ao processo de meter o carro na peúgada de uma manada de bois. Revolvem a areia e a lama do fundo, enquanto atravessam, e deixam mais firme o leito do rio. Com tracção às quatro rodas e aceleração certa consegues sair, e é a maneira de escapar a tanta água acumulada por toda a parte e a toda a sorte de cobras e lagartos que em tais períodos da estação saem dos abrigos para refazer os ciclos que os hão-de devolver mais tarde, novamente, à secura, ao frio e ao sono. Fugi literalmente dali e nem os magníficos bandos de humbi-humbi que todas as tardes cruzavam o céu chuvoso, azul cobalto, em direcção ao Leste, me puderam evitar uma áspera crise pessoal, angústias de antropólogo, de nacional, de andarilho sem-eira-nem-beira bloqueado no espaço e nas dobras do tempo, enredado nas malhas da sua própria deambulação. Da segunda vez foi em Junho ou Julho, tempo frio e seco, e vim pelo Mahungo sem ter que dar a volta. Cheguei mesmo ao Xingo, fotografei as ruínas do antigo posto militar e acampei junto à Administração.

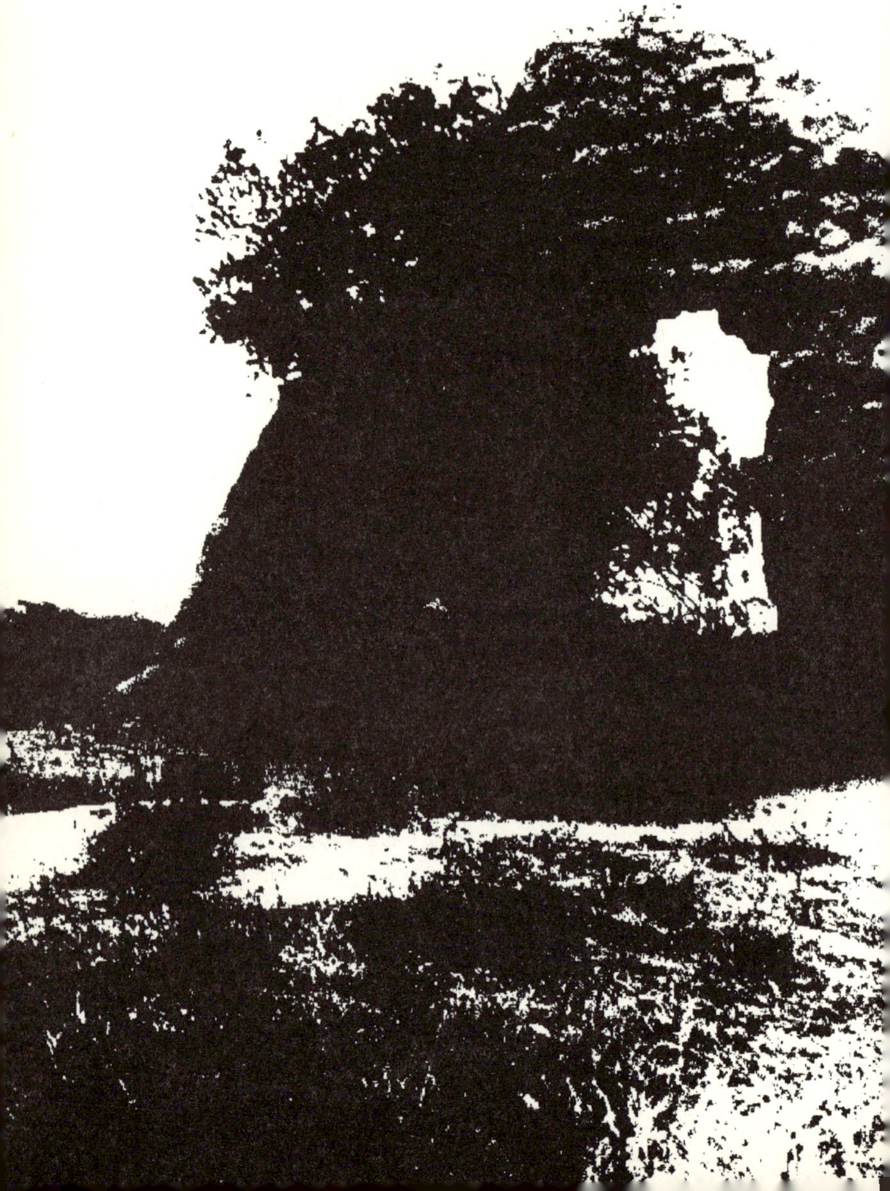

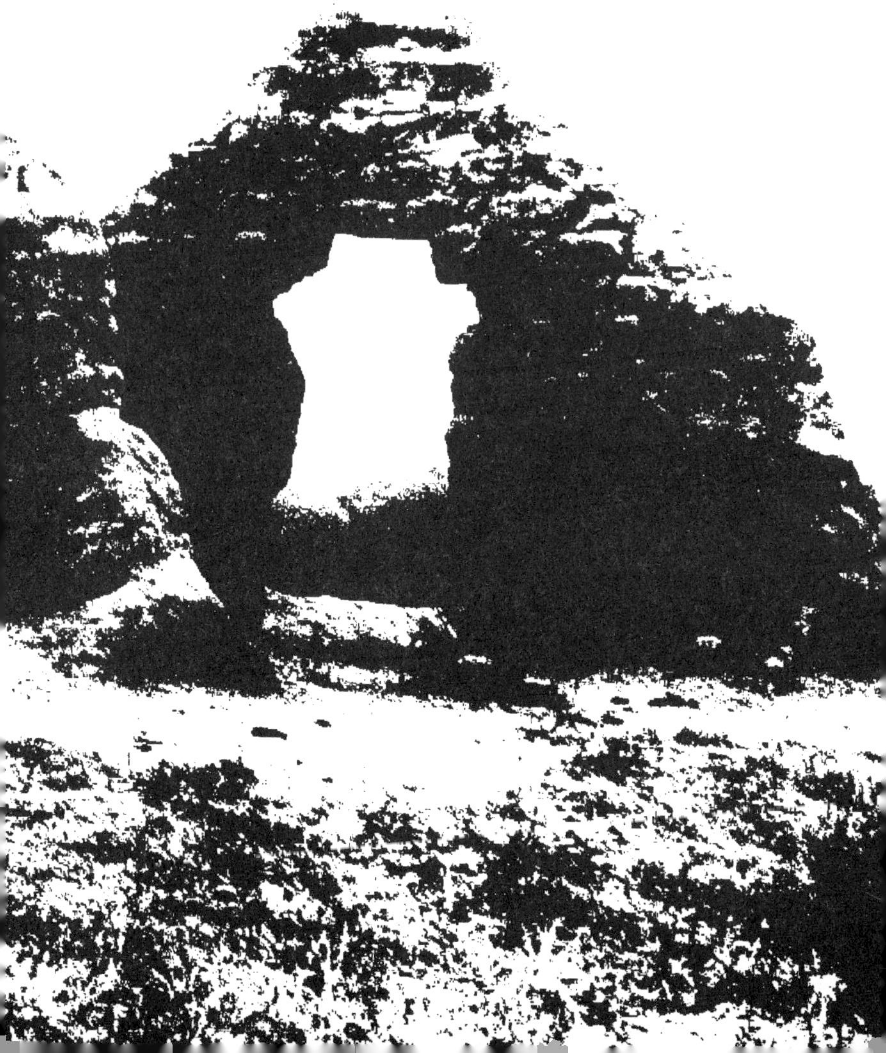

Fiz essas duas viagens acompanhado por um homem influente na região, um notável Kuvale daqueles que as sucessivas administrações, desde a colonial até à de hoje, têm integrado no aparelho de Estado como regedores, sobas, sobetas, seculos, antes da independência, como "activistas" durante o período a que todo o povo angolano chama, por onde tenho andado, o tempo dos "comités" – vigorava então o partido único e ia adquirindo velocidade de cruzeiro a deriva institucional que entre desestruturações formais, estruturações informais e arranjos pessoais acabou por conduzir à situação actual e geral do país —, quer agora de novo como "autoridades tradicionais", chefes de sector, etc.

Falei-te atrás na cassete em que procurei esboçar uma possível colocação histórica para os Kuvale de hoje, daquilo a que chamo o "equívoco mondombe" e de que forma sujeitos actuais que se reconhecem e são reconhecidos como descendentes directos dos sobas da Quipola e do Giraul, a quem era imputada essa identificação, recusam terminantemente que esses seus antepassados tenham sido alguma vez "Mondombe". Eles reconhecem-se hoje, e são da mesma forma reconhecidos por todos, dentro e fora do grupo, como legítimos e inequívocos Kuvale pertencendo ao sub-grupo dos Vatyiheia, num quadro de auto-colocação que por sua vez os articula aos Kuvale saídos dos "cubaes" das crónicas, os do Kavelokamo, e aos Dyombe que, em muitos aspectos, até fenotípicos para quem verdadeiramente mergulhe na substância empírica, se confundem com os Hakahona que a Leste, por seu turno, chegam também a confundir-se com os Gambwe que já não são Herero, são Nyaneka. Lá chegaremos. Os Tyiheia, por onde estamos a pegar e de que o meu acompanhante dessas viagens é hoje sem dúvida o notável mais destacado por razões de linhagem mas também de personalidade, ágil gestor que ele é das vantagens inerentes aos estatutos que a administração central e os códigos endógenos lhe conferem, retiram o nome da sua ligação aos vales do Bero e do Giraul. Tyiheia é como se chama essa zona e foi aí que, de acordo com a minha reconstituição dos factos, já to disse, vieram fixar-se, sensivelmente ao mesmo tempo que os primeiros interesses portugueses se viravam para a zona, populações herero vindas dos platôs da Huíla na sequência de andanças que anteriormente os reportavam ao Dombe. Ao longo dos 150 anos que nos separam desse tempo tais populações ter-se-ão expandido dos vales inferiores do Giraul e do Bero para Norte e já estás a par de alguns dos factores que accionaram essa dinâmica. Elas acabam desta forma por encostar a terrenos contíguos ao território dos Tyilengue, ocupando uma área que, na terminologia teórica e especulativa das ciências sociais, pode ser entendida como "território de fronteira", fronteira mais sociológica do que política, claro, espaço aberto a expansões, a convergências, a contactos e também, inevitavelmente, a conflitos. Lê Kopitov. Uma volta por essa periferia norte, Xingo, Kaitou, Kamukuio, Tyinkite e mesmo Lola, pôr-te-ia em contacto simultâneo com populações portadoras de traços identitários muito capazes ainda hoje de atestar as suas diferentes origens étnicas. E a Bibala, aonde também gostaria de levar-te, com a sua estação do caminho de ferro que lhe garante a viabilidade económica actual (e a parede da serra, monumental, a erguer-se à frente, as vertentes mais suaves do planalto central a nordeste, a serra do Guendelengo e o Morro Maluco à rectaguarda, com a plataforma sedimentar a declinar para Oeste, da mata de serra-abaixo às estepes graminosas que vão morrer no mar) atrai populações e expressões culturais de todos os quadrantes da região. Não há, em meu entender, melhor colocação para quem queira apreender a vitalíssima diversidade identitária deste Sudoeste de Angola. Mas não poderás certamente, desta vez, ir até tão longe. Contenta-te em alcançar apenas o Giraul de Cima, a 15 quilómetros da cidade do Namibe, onde tem a ponte que as enxurradas de há dois ou três anos fizeram ceder. Por aí passa hoje a estrada Namibe – Lubango e o local foi, nos tempos, escala obrigatória de caravanas, explorações, viagens. Estás no Kisongo, no centro da Tyiheia da referência etnonímica e da origem proclamada de muitos Kuvale.

\*

Quando anteriormente te sugeri que aguardássemos a devida oportunidade para abordar a "guerra dos Mucubais" a partir de dados por mim recolhidos junto de populações kuvale, tentando introduzir, assim, um esboço da memória que dela subsiste entre sujeitos que ainda a viveram ou são filhos ou netos dela, eu estava já a pensar, claro, recorrer a anotações que produzi no curso dessas duas viagens ao Xingo. Ou talvez, melhor ainda, a alguns elementos da "estória de vida" do meu companheiro de viagem. Por razões de idade ele viveu essa guerra quando era miúdo com idade já de deixar os cabritos para entrar no serviço dos bois, puberdade. Mas viveu-a na condição de Mutyiheia, em estreita relação com a colónia branca da então cidade de Moçâmedes. Tanto ele como a sua mãe foram poupados, por intercedência de um particular europeu influente, à morte ou à deportação que atingiu a grande maioria do povo kuvale. Mas ao mesmo tempo, e pela via do parentesco, ele é talvez o homem vivo mais próximo daquele que pode ter sido o Kuvale mais perseguido pelos Portugueses durante essa guerra, a ponto de, muito provavelmente, só terem desencadeado a acção aniquiladora final sobre o seu povo depois de o prenderem e remeterem à fortaleza de Moçâmedes, onde acabaria por deixar-se morrer ao fim de um mês. Esse homem foi Tyindukutu. O meu companheiro de viagem exibiu-me de facto, a certa altura, o seu bilhete de identidade, amarelo igual ao meu, no qual Tyindukutu consta como seu pai. Adoptivo, esclareceu.

Se recorreres às únicas quinze páginas que, tanto quanto sei, acrescentam a guerra dos Mucubais ao tratamento da história de Angola, obra de Pélissier, ficarás a saber que Tyindukutu foi um dos homens kuvale entendidos pelos Portugueses como "leaders" de uma indispensável, para justificar a sua política e a sua acção, inssurreição kuvale, e como tal eliminados. Dos outros que constam, ou que não constam, nada sei, mas sobre o Tyindukutu informei-me o mais extensamente que me foi possível e o que aprendi e apreendi sobre ele, e à volta dele, tem-me ajudado a entender que todas as "guerras" da memória kuvale, exceptuando as do Nano e as dos *Kambari kongolo*, provêm do território de "fronteira" com os Tyilengue. Mais, que Tyinduku-tu não foi um general liderando insubmissões nem rebeldias, que de facto não existiram, mas um *dyai,* o último *dyai,* talvez. E que muitos, todos, entre os Kuvale, sofreram com a guerra de 40-41, mas poucos terão verdadeiramente entendido o que lhes estava de facto a acontecer. A guerra dos Mucubais, para os Portugueses, terá sido o remate de um processo de eliminação de um obstáculo à sua plena soberania e a um arbítrio que remontava às primeiras questões e acções de razia e contra-razia, sensivelmente a meados do século passado, portanto. Para os Kuvale ela revelou-se uma razia final contra eles desencadeada, já que 95% do gado que detinham lhes foi extorquido, e sobretudo, talvez, uma rusga despropositadamente devastadora. Foi uma guerra que arrancou tudo, gado e gente, e por isso é referida como a guerra de *Kakombola*: *kakombola* é arrancar uma coisa, arrancar tudo, não deixar nada. Morreu muita pessoa. Aqueles que iam sendo agarrados eram depois conduzidos presos, *aquele que estava cansado era morto, aquele que não andava depressa era morto também. Chegavam aqui, amanhã tiravam um grupo, matavam. Às mulheres, matavam só as que não queriam dormir com eles. As tropas estavam estacionadas no Kamukuio, no Xingo, em Campangombe, no Tyakutu. Nesses tyilongo é que concentravam os homens, daí tiravam os que iam ser mortos, os outros saíam para trabalhar, os dias todos, na estrada. Essas tropas eram soldados indígenas comandados pelos Brancos, e eram muitos. Havia Tyimbundu (Munanos), Mwílas, Tyilengue-Humbe. Eles é que apanhavam os bois, sim, mas parece que estavam a trabalhar na conta dos Brancos, ou se era na conta deles, isso não podemos saber. Depois quando a guerra acabou é que as pessoas começaram a ser mandadas para S. Tomé, para o Príncipe, para a Damba, para a Lunda. Primeiro éramos conduzidos a pé, ou de comboio, ou nos camions até Moçâmedes, depois íamos de barco até Luanda, daí é que se dividíamos.*

Quando essa guerra grande apareceu as rusgas já duravam há muito tempo. Os Mucubais e os Muhakahonas levavam a vida a fugir de um lado para o outro. Aquele que é hoje o Mucubal estatutariamente mais importante, o primeiro da linhagem hegemónica, que havemos de encontrar lá para a frente, era criança e via os mais-velhos nessas correrias. As pessoas fugiam do Kaitou e do Kamukuio para a zona dele, que era a do Kavelokamo, e o que ele lembra mais é que essas rusgas estavam ligadas a *makas* de imposto. Uma senhora mais-velha que entrevistei no Vitivi mostrou-me, no tronco de um *mutiati* antigo, o sítio onde foi espetado o prego que servia para enfiar os papéis do recenseamento que se seguiu às operações finais da guerra de *Kakombola*. Chamavam as pessoas e registavam todos os que tinham de pagar imposto, todos foram recenseados. Alguns, lembra-se ela, parentes desses nossos actuais vizinhos tal e tal, foram logo assassinados depois de agarrados. Eles eram acusados de implicação na morte de um Branco, ocorrida lá para a Bibala, ou isso. Mas o pessoal dali, até os pais dela, não sabia de nada. Alguns, foi um próprio Branco do Tyakutu que avisou: os camions que estavam a vir eram tropas para matar os Mucubais. Então houve os que foram agarrados e logo mortos mesmo na mata, outros foram levados para o Cahinde. Aí depois é que foram destinados: uns para morrer, outros para seguir para S. Tomé, outros que conseguiram ficar. Anos depois os que voltaram lhes encontraram aqui.

Nos elementos que recolhi aparecem-me assinalados dois incidentes de morte de Brancos, pontos de partida para repressões maiores, para as rusgas que adquiriram o estatuto de "guerras". A primeira terá dado origem às guerras do Kalute e do Kapilongo. A segunda à do *Kakombola* e é aí que o nome de Tyindukutu passa a ser referido.

A guerra do Kalute leva o nome dado ao Branco que desceu directamente do Lubango para vingar a morte de um outro, chamado Muhapanine. O homem desceu até ao Sayona atrás das pessoas que se dizia terem morto esse tal Muhapanine, no Kaitou. Essas pessoas a gente não pode dizer o nome mas tem aí as famílias delas, foram os que sofreram mais quando a guerra estava mesmo dura, essa guerra do Kalute. No tempo dessa guerra a tal senhora do Vitivi, agora uma velha com mais de 70 anos, era ainda miudinha. Depois quando veio a guerra do Kapilongo ela já estava a começar como mulher. Com a fome aqui, que é já uma fome antiga, ela ficou sempre assim com esse corpo de miúda, mas no tempo dessa guerra seguinte, a do Kapilongo, já era uma mulher com pano na cabeça. Kapilongo foi também o nome de um Branco. A concentração do destacamento dessa tropa estava mesmo dentro do Kamukuio, actuavam nessa Serra da Neve, depois deram a volta até no Tyakutu. As pessoas que encontravam nos *sambos*, nos currais, as pessoas e os bois, tinham que recolher tudo. Foi uma guerra que actuou de Outubro a Março, depois acabou. A seguir ao Kapilongo passou muito tempo, talvez até não sei se dez anos, algumas senhoras como ela já tinham dois filhos, ela é que não tinha, atrasou. Depois é que actuou a guerra grande de 41. Ela diz que as pessoas da sua família foram transportadas para o Cahinde, tinham colocado tropa no Tyakutu, eles vinham do Kamukuio, colocaram as tropas e depois fizeram um avanço. E como o povo não pagava o imposto foi assim que começaram a fugir para as montanhas. Sim, nessa guerra é que apareceu o senhor Tyindukutu.

O senhor Tyindukutu... Primeiramente ele estava no Kamukuio e com essas confrontações é que desceu até no Vimba, é uma parte aí do Visithe, encostado no rio Kuroka. O serviço dele era atacar com o seu grupo o gado dos Tyilengue na serra do Ginete, lá no Kamukuio. Depois também foi apanhado pelos Brancos e chegou até na altura da sua morte.

Isso que falam que entraram na casa de um Branco e foram na cozinha e destaparam as panelas, ofenderam assim, o Tyindukutu não era homem de entrar na cozinha de um Branco, ele era um *dyai*. Ele só ia tirar os bois lá nos Tyilengue-Humbe e vinha escondê-los aqui nestes matos do sul, e assim é que contaminou os Mucubais todos com a perseguição que lhe era movida, esta fama de gatunos, foi assim que ele trouxe essa tal guerra até aqui. Ele tirava os bois nos Tyilengue e entrava na mata, ficava a comer carne, ficava, ficava, ficava, e assim os Brancos não conseguiam de lhe agarrar. E como era um homem de valor com o seu grupo, agora assim já era considerado o chefe dos Mucubais e para o governo essa guerra não podia acabar sem agarrar primeiro esse tal senhor Tyindukutu. Mesmo o próprio já tinha falado, quando lhe agarraram: agora é que essa guerra vai vir mesmo, é uma guerra que vai acabar com tudo. Passou três dias, foi a rusga final.

Tyindukutu era um *dyai*. E a um *dyai* não lhe interessam essas guerras gerais. O serviço de um *dyai* é ir agarrar os bois que o espírito dele, o *ohande* que recebeu de algum mais-velho da sua família antepassada, lhe está a mandar ir roubar. E se esse espírito lhe indica, no sonho, para ir levantar um boi que pode ser da cor *sonde*, ou *bahue*, ele organiza o seu grupo e vai. Quando partem para essa operação, para essa guerra, o *vita*, ele fala: – mesmo que vamos encontrar outros bois isso não interessa, é mesmo esse tal o *sonde* que eu quero. Um *dyai* é uma pessoa preparada para acções dessas. Sabe fazer as coisas, é dono de um Fogo bem forte, não, não é esse Fogo normal que passa nas famílias, que sai dos pais, nem é um fogo que qualquer kimbandeiro pode te entregar, esse fogo dos *dyai* sai de longe, não é daqui, aqui não tem, sai é da Hanya, parece é desses fogos que o Kovolovolo é que trouxe, nos tempos antigos. Ele faz o tratamento. Depois, onde é que os bois estão a passar, ninguém vai lhes encontrar o rasto, a própria pessoa muda-se em qualquer animal, em punja, por exemplo, ou mais tarde você está a olhar, parece que é um arbusto, afinal é pessoa, esse homem é o tal *ondyai*, é um desses chefes que praticam esse serviço, que organizam os seus grupos, todos estão a entender as ordens dele, vamos no sítio tal, essas pessoas também são preparadas por ele, começa a moer esses paus, a ciência dele é a botânica, arranja uma corda desse pau de *muhaína*, o fio enrolado, cada pessoa que está a ir com ele ele faz um nó, aquilo é *amarrado*, amarra, amarra, amarra, cada nó é um, assim ninguém vai morrer lá, se morrer a culpa é dele. Essa corda chama-se *ongode*, *hempo* é esse serviço: juntar as vidas de todos nessa corda que vai com ele. Trata as armas e as pessoas. Esses são os *dyai*, homens com a coragem da guerra, de tirar os bois, dominam os paus, fazem fronteiras, *ombindi*, ninguém vê mais do lado de lá, barreiras de protecção. São esses que se transformam em mulheres, em meninas, *mukadona,* assim ninguém suspeita da sua passagem. E sobretudo o que eles sabem mais e melhor é mesmo adivinhar, saber o que vai se passar. Ele é que dá a ordem: você vai na frente, você assim fica no meio. Esse que ele nomeou é que tem que ir. Depois quando chegam lá vão encontrar as pessoas a dormir, sacam os bois, voltam a encontrar-se de novo na mata e aí é que os vão dividir. O *ondyai*, que é o chefe, é que tem que tirar o primeiro animal, o que ele sonhou, aquele que o espírito lhe obrigou a querer. Mais tarde os outros começam a dividir o resto dos bois todos. Esse conjunto todo é o *mpundu*, esses bois tirados à força, é como o espólio, parece. *O kuria* é como se chama essa divisão, é *comer* essa coisa do espólio, os bois. Depois ficam na mata a comer essa carne. E se os tempos estão agitados você já sabe que ali onde eles estão vai sair confusão. E muito povo normal, que não rouba assim, que não é *ondyai*, vai sofrer com isso. Quando o Tyindukutu veio esconder-se no Virulundu trouxe a guerra atrás dele.

E quando lhe agarraram o companheiro que ele tinha, então foi o próprio Tyindukutu que se deixou agarrar, depois morrer.

Tyindukutu era um homem ainda jovem, tinha filhos espalhados por aí, mas mulher própria parece que ele não teve nunca. Os filhos que ele dizia mesmo que eram dele, ia buscar nas mulheres dos outros, adoptava, parece que ele sabia onde tinha deixado a sua semente. Mas a vida, ele vivia era com os seus companheiros da razia. Na sua estória pessoal, no curso da sua carreira e até à sua captura, parece ter intervindo, de muito perto, uma figura assaz obscura ou de quem talvez nunca ninguém me tenha querido revelar o nome ou maiores detalhes. Tratava-se de um seu companheiro de circuncisão, de classe de idade, de um *ahumbeto* seu, *ahumbavo*, e das implicações que estão ligadas a estas parcerias hei-de falar-te mais tarde.

As informações que tenho recolhido não me permitem concluir se Tyindukutu foi traído ou não por esse mesmo seu *ahumbavo* que em todos os testemunhos me é referido como tão especialista ou mais em coisas da guerra, adivinhações, ocultações e seguranças como o próprio, o Tyindukutu. De qualquer maneira esse homem foi preso e morto em Moçâmedes antes do herói. É mesmo possível que só depois disso Tyindukutu se tenha escondido no Virulundu. Mas aí já ele tinha declarado que, uma vez que o seu *ahumbavo* tinha sido agarrado e morto, a si só lhe restava entregar-se. Então ele tirou um anel que tinha e sentou-se mesmo aí onde o foram apanhar. Quase assim o que ele fez foi mesmo já entregar a própria vida. Desmoralizou com aquele trabalho e ficou, ficou, ficou. Quem veio agarrá-lo foi um tal Smith, era um Holandês, um Boer que estava na Humpata, pegou-lhe sem guerra, o Tyindukutu não se mexeu, beberam juntos, lhe agarrou, pronto. Levaram-no para a fortaleza de Moçâmedes, ficou enrolado com o pensamento dele. E daquela comida ali ele não sabia nada, aquele homem a comida dele era só carne, não aguentou nem um mês. Foi quando apareceu uma coisa parece que é uma linha, apareceu nas vistas de todos, ele já tinha falado, quando essa coisa aparecer já não vai valer a pena perguntar isso é o quê, é porque chegou o tempo de morrer, tinha falado, morreu. Então foi depois disso que a tropa invadiu tudo, e levou o gado todo, e as pessoas que não matou mandou para S. Tomé e daí para a frente todos estavam já registados para pagar o imposto quando voltassem desse exílio que durou mais de dois anos. Foram muitos os que seguiram empurrados para longe. Nos livros diz que de uma população total de 5 000 Kuvale 3 500 foram deportados, homens, mulheres e crianças. Apenas alguns sujeitos estreitamente ligados à administração portuguesa e outros não identificados então como Kuvale ficaram com os bois que restavam.

※
※ ※

Não sei se ao longo destas cassetes que tenho vindo a gravar não te terei já dito que para quem não conheça, ou mesmo talvez principalmente para quem julga conhecer, homem ou mulher com um pano à frente e outro atrás não pode ser senão tido como mucubal. Não te surpreenderá por certo, depois do que tens estado a ouvir, que nem sempre o caso seja esse. Vendo de mais perto e fazendo apelo a um mínimo de informação e experiência saberás que, mesmo entre os que se reconhecem como Kuvale, a prática distingue três sub-grupos reportados a origens territoriais e a histórias suficientemente diferenciadas para poder assinalar, por exemplo, que Tyindukutu era Mutyiheia, identificado portanto com o Norte do território Kuvale. Descendo até ao Virulundu, ele veio ocultar-se na zona dos "Cobaes" das crónicas e arrastou até ali, porque as forças portuguesas lhe atribuíam uma importância e um papel que não era afinal o dele, uma guerra que acabou por incidir também sobre o outro sub-grupo dos Kuvale de hoje, os Dyombe, que como já sabes chegam a confundir-se com os Hakahona, grupo também herero mas não reconhecido como Kuvale. Embora o atavio, exceptuando algumas pulseiras, não permita distinguir entre si os sub-grupos kuvale, detalhes linguísticos revelam no entanto diferenças mais precisas. A locução *eu disse,* por exem plo, falada por um Mutyiheia será *itiha*, enquanto que um Kuvale dos do Kavelokamu ou do Dyombe falará *batiha*. A interjeição *Eu?*, na boca de um Mundyombe será *nhô?* Os outros dirão *nhu?*

O que eu sei acerca da presença destes três sub-grupos no contexto da formação a que tenho vindo a chamar os Kuvale de hoje fundamenta-se em informações que recolhi principalmente junto daqueles que tenho vindo também a identificar, por recurso de exposição, como os que situam a sua origem a partir do Kavelokamu ou dos territórios que envolvem esse ponto de referência ligado às linhagens hegemónicas, os tais "Cobaes". Fazendo fé nessas informações nem os Tyiheia nem os Dyombe, dizem-me, se casavam anteriormente com os "Cobaes", e os primeiros até comiam peixe. Agora já não comem, mas os velhos comiam e gostavam até de trabalhar para os Brancos. Ainda hoje "são mais limpos" e mais prontos a integrar-se na vida urbana. Os Dyombe também são diferentes, são mais fortes, falam mais rápido, são mais rigorosos, esses aí podem te meter uma faca, nós aqui podemos arriscar mais o corpo na coragem, entregar a vida, os Dyombe, esses, também têm coragem sim, mas não entregam a vida só assim à toa, no entusiasmo da luta.

Indo mais longe e sempre a partir das minhas recolhas, extraio a evidência de outros processos de integração de povos anteriormente diferenciados mas todos reportados hoje a uma referência kuvale. É o caso dos Kwanyoka, grupo igualmente de língua e de procedência, tanto quanto pode conjecturar-se, herero, e que em meu entender não estavam no passado apenas fixados no Kuroka, como consta da bibliografia disponível, mas se alargavam à foz e ao curso de outros rios a Norte, podendo muito bem Gregório José Mendes ter estado na sua presença quando assinalou os "Cuanhangue" no local que é hoje, e talvez já fosse nessa altura, conhecido por Vinganjanganja. Aí subsistem famílias que se consideram, e são consideradas, como gente Kwanyoka. Nada porém os distinguirá de sujeitos kuvale do comum. Mas, entre os próprios Kuvale, muitos há identificados como descendentes de anteriores Kwanyoka. São eles que constituem a maioria dos do *clan* do cão, ou do leão, são os *Vakwambwa*. Tenho andado a evitar falar-te, por enquanto, de *clan*s e de linhagens, mas, como estás a ver, são categorias e referências que a conversa vai acabando por impor.

Não há confusão possível entre Kuvale e Tyilengue, ou entre Kuvale e Mwila ou Mungambwe, que não são Herero, nem mesmo entre Kuvale e outros Herero, como os Mundimba ou os Himba. Mas entre os Kuvale encontrarás sub-grupos tidos uns como mais Kuvale que outros, como acontece com os do Kavelokamo em relação aos Tyiheia e aos Dyombe, e no seio do grupo geral darás conta de que todos os que forem do *clan* do cão hão-se ser conotados com uma origem Kwanyoka, ou mesmo Guendelengo. Mais complicado ainda é encontrar sujeitos inteiramente integrados no grupo kuvale e que os próprios Kuvale não reconhecem como tal. E no entanto parece-me difícil colocá-los inteiramente à parte. Ciente da responsabilidade que me passa a caber no modesto universo da etnografia angolana, mas também de uma maneira geral perante a atenção que as questões angolanas merecem a outros horizontes das ciências sociais, não posso senão sugerir que, no seio da comunidade kuvale, existe uma *casta* e que se trata de uma casta de emergência relativamente recente em termos tanto históricos como sociológicos. Estou a falar-te dos *Muluhapahe*.

\*

A sustentação de uma hipótese teórica como a que acabo de insinuar exige, evidentemente, um tratamento que encare todas as articulações e esgote, para neutralizá-las ou não, todas as possíveis objecções. Terei um dia que produzir tal matéria, trabalhando o material de terreno de que disponho e tendo em conta toda a bibliografia que existe sobre castas em África e no resto do Mundo? Sentado agora aqui a debitar esta conversa como se estivesse ao volante de um jipe, contigo a meu lado e atento, a exposição há-de ocorrer, naturalmente, de outra maneira. O que me apetece relatar-te de pronto é a emoção que senti quando no decurso da minha segunda campanha de trabalho de campo, em 1993, me vi colocado perante a evidência de encontrar entre os Kuvale uma minoria a que a categoria de casta se vinha adaptar como uma revelação.

Deparas com um grupo de indivíduos ou de famílias integrados num contexto fortemente diferenciado e caracterizado a ponto de poderes reconhecer nele, ou extrair dele, é essa a função do antropólogo, um modelo de actuações, de comportamentos, de práticas, de funções, de referências e de conceitos que, quer queiras quer não, hás-de ter que identificar e no nosso caso vais adjectivar como kuvale, mas verificas depois que alguns desses mesmos indivíduos ou famílias se encontram estatutária e hereditariamente colocados em situação de subalternidade endémica relativamente a outros indivíduos ou famílias que arbitram, controlam, a condição de se ser ou não "inteiro, verdadeiro e autêntico"... Se essa condição de subalternidade é explicada, justificada e mantida invocando razões de origem, de exercícios económicos e sociais considerados impuros e daí advém uma condição de matéria poluente imputada aos próprios corpos dos sujeitos discriminados, então tu estás a confrontar-te com traços mais do que suficientes para que legitimamente se te possa colocar a hipótese de estares perante uma verdadeira casta.

\*

Foram as condições do meu próprio trabalho que no decurso da missão de 93 fizeram com que acabasse por encontrar uma base territorial conveniente para o desenvolvimento do meu inquérito. Passei então a fazer de um local situado na área do Sayona, a 23 quilómetros da estrada que liga o Virei ao Caraculo e à beira da picada que depois liga a Tyikweia ao Cahinde, o ponto de irradiação das minhas indagações. É essa a picada que também dá acesso, a partir de um desvio, à zona de serra-abaixo chamada Hoke (não confundir com outro Hoke que existe a norte da Huíla). Nessa zona do Hoke, reentrância maior pela serra adentro sob os grandes promontórios da serra da Chela por detrás dos quais ocorre o território do antigo reino do Jau, habita uma comunidade de pastores integrados no universo kuvale mas de que imediatamente me apercebi, ou me foi feito entender, não se tratar exactamente da mesma gente junto de quem eu acabara por ver-me instalado quando assentei arraiais no Vitivi, zona do Sayona. Eles eram por sua vez "parentes" de uma outra comunidade diferenciada de que eu já dera conta também e que gravita à volta de um volumoso e prestigiado notável fixado na Tyikweia, e de mais duas ou três famílias dispersas pelo Sayona fora. E sabia também, a partir de informações anteriores, que essa era uma gente "outra", e que os haveria de encontrar ali: eram os *Muyohengue* da Tyikweia ou os *Muluhapahe* de uma maneira geral. Estava agora na sua presença e pronto para acolher o esclarecimento de que *pahe* significa "agora" e de que aqueles seriam povos Twa, Kwisi, recentemente, *agora,* integrados no tal modelo kuvale, assimilados à pastorícia kuvale ou então, e aqui a coisa complica-se, descendentes de antigos Kuvale estigmatizados no seio do próprio grupo e na sequência de acções que os teriam tornado impuros, banidos, transformados em "kwisi", e aqui, como vês, eu poderia já orientar a exposição de uma forma demasiado teórica para o que imediatamente nos interessa, detendo-me na evidência de que os etnónimos Kuvale e Kwisi podem deixar de restringir-se a uma função apelativa para assumir a carga semântica de indicadores não de etnias mas de estatutos sociais. Controlemos os nossos voos, portanto.

Haverá assim uma "diferenciação étnica" dentro da própria etnia e ela só poderá ser apreendida a partir de dentro. Para o exterior, de facto, "eles são todos Mucubais". Mas lá dentro não é bem assim e são vários os ângulos de observação que podem colocar-te perante essa diversidade. Haveria até a hipótese, "politicamente incorrecta", do reconhecimento fenotípico. É possível, mas sem dúvida arriscado, fora de moda, imprudente e até talvez impudente. Aliás, a diversidade fenotípica entre os próprios Kuvale que se entendem "verdadeiros" ocorre como uma constatação das mais imediatas e esta via excluiria, teoricamente também, a possibilidade de reconhecer aqueles a quem o banimento tivesse remetido à condição de *Muluhapahe*. E como, portanto, a nossa abordagem não poderá deixar de manter-se estritamente sociológica, podemos até começar por aqui.

Os pais ou os avós do notável à volta de quem gravita a tal comunidade dos *Muluhapahe* da Tyikweia, homem gordo e de tez clara, foram, dizem-me, pessoas Kuvale do comum tombadas do seu estatuto pela via da pressão da fome e da avidez pela carne. Eles ter-se-ão envolvido num contacto demasiado estreito com populações Kwisi, ao permanecer no local, *ehari,* do abate de um elefante por aqueles caçadores-recolectores, partilhado aí da carne disponível, coabitado com eles, dormido nos seus *bihivo*, abrigos de caça, até mesmo com as suas mulheres, ou manipulado os instrumentos, os ferros da caça, *ompoko*. Devolvidos aos seus contextos familiares terá acontecido verem-se então impedidos de consumir certas categorias da carne e do leite domésticos, de frequentar certos espaços, e também de casar onde antes eram obrigados a fazê-lo. A endogamia grupal ainda é formalmente estrita entre os Kuvale embora, evidentemente, a regra seja uma coisa e a prática outra. A infracção da regra da endogamia constitui matéria bastante para a exclusão. Quando estiveres no vale da foz do

Bero vais encostar à Macala, logo a seguir ao lugar da antiga fazenda de St. António dos Cavaleiros, e aí ou a partir daí vive uma comunidade de Kuvale excluídos e estigmatizados por esta razão. Mas a maioria dos *Muluhapahe* da Tyikweia e do Hoke serão antes de origem Twa, e a sua afectação à categoria dos *Muluhapahe* não corresponde, assim, a uma descida mas a uma subida de estatuto. Eles provêm aliás de uma outra classe de indivíduos que é preciso ter aqui em conta, os *Muienado*. E assim voltamos aos tempos das razias e dos *dyai*.

\*

Era frequente, dizem-me, esses grupos de raziadores – *mukandyie* – chefiados por um ou vários *dyai*, trazerem, das suas expedições, crianças kwisi capturadas, rapazes sobretudo porque a sociedade kuvale precisa avidamente de pastores, mas também meninas, que vinham integrar as suas unidades familiares, mais como filhos adoptivos do que como escravos ou cativos. Cada uma dessas crianças era filiada na linhagem do seu respectivo capturador e assim automaticamente guindada à condição de sua herdeira potencial, no âmbito das complicadas tramas de sucessão que vigoram no sistema. Em condições excepcionais de conjugação de factores, como a inexistência de outros herdeiros directos, de outros "sobrinhos" do seu "tio" capturador, sujeitos de tal origem poderiam vir a achar-se, até, na condição de herdeiro preferencial. Mas de qualquer modo e através dos dispositivos de redistribuição de uma herança, sempre algum gado, mesmo que miúdo mas ainda assim susceptível de reproduzir-se e de transformar-se em bois pela via das transacções sucessivas, haveria de calhar-lhe. Qualquer cativo, desta forma, estava em condições de passar a agente social integrado, habilitado a intervir plenamente em todo o exercício económico. Mas não no exercício social. Ele só poderia casar-se junto de outras famílias ou núcleos *muluhapahe*. A condição de cativo podia assim ser ultrapassada no decurso da própria vida do sujeito capturado sem que fosse necessário aguardar a transição à geração seguinte, como acontece em muitas outras sociedades, mas ele via-se simultaneamente remetido a uma plataforma de actuação social que o confinava aos horizontes de uma casta. O saldo era de qualquer forma positivo, poderá admitir-se. Não só a sua condição de cativo passava a ser do passado como acedia ao privilégio da posse e da gestão do gado. Mas ao mesmo tempo era-lhe prática e implicitamente inevitável, até por incidências culturais intrínsecas à sua origem, projectar nessa mesma plataforma de actuação as marcas, os sinais da sua procedência étnica: ele continuaria a caçar, alheando-se do desprezo com que tal actividade é olhada pelos Kuvale, e, se o espírito propício de algum antepassado o viesse a possuir nesse sentido, não teria outro remédio senão tornar-se um ferreiro apto a manejar todos os instrumentos do ofício. De facto, embora haja homens kuvale que manejam o martelo e a bigorna – *tweia* –, é-lhes interdito o uso do fole – *tyiveio* – e o trabalho de *rasgar* apenas os metais é aceite sobretudo como uma reminiscência dos tempos difíceis da recuperação kuvale após o desastre de 1941, em que se alargaram até aos limites possíveis as hipóteses de realizar capital para poder repor os rebanhos desfeitos e perdidos. Mas as *mutungas*, que são soberbas adagas de porte obrigatório, as *ehonga*, lanças de arremesso que até 1975 constituíam o adereço por excelência da soberania kuvale e que entretanto, nos últimos vinte anos, mantendo embora a condição de objectos investidos de uma grande carga ritual, foram inexoravelmente substituídos, no uso corrente, ostentatório e guerreiro, por metralhadoras ligeiras AK 47, os anéis – *onela* –, os ferrinhos de coçar a cabeça – *tyitungu* –, os adornos de marfim usados pelos homens jovens e pelas mulheres – *etyipa* –, são produtos que normalmente saem das mãos de artífices *muluhapahe* ou então vêm de mais longe, dos Mwila.

Todos estes traços da especificidade *muluhapahe* concorrem, parece-me, para que a categoria possa ser situada no quadro dos contornos que definem uma casta. E é tanto assim que, já que te falei das lanças kuvale, das *ehonga*, mesmo sem querer complicar a argumentação não deixa de ser oportuno referir que, em questões de sucessão e herança, sendo essa lança transmitida em paralelo com uma vaca específica, se for um *muluhapahe* o sujeito colocado em posição de receber os dois objectos pela morte de um Kuvale, a vaca passa mas a lança não. Passa o objecto que tem um valor de troca mas não passa aquele que é portador de uma carga estatutária.

\*
\* \*

Talvez tenha conseguido sugerir-te a ocorrência de pelo menos duas expressões diferentes de conversão de populações não kuvale aos modelos kuvale de desempenho social, cultural e económico. Populações Tyiheia e Kwanyoka, de reconhecida procedência herero, passaram com o tempo a integrar o modelo kuvale numa base de equivalência estatutária, embora a origem não kuvale dos segundos seja assinalada pela sua filiação ao *clan* do cão, que é também o do leão, da carne, da caça. Poderia arriscar que aos Tyiheia talvez possa associar-se o *clan* das plantas, dos capins, dos vegetais, e aos Kuvale do curso superior do Bero o do boi. Mas não quero nem posso ir aqui tão longe. Insisto apenas em chamar-te a atenção para o facto de que a assimilação dos Twa os remete a uma condição estatutária diferenciada e subalterna embora, bizarramente, possam vir a gozar do estatuto que cabe às linhagens hegemónicas uma vez que foram, à data da sua integração, automaticamente remetidos ao *clan* dos seus capturadores. E não me parece descabido referir-te também que esta questão dos *muluhapahe* não constitui um caso de figura inédito. O que se passa com eles passar-se-á igualmente de alguma forma com os Ximba em relação aos Himba e há situações equivalentes em muitas mais sociedades pastoris africanas.

Finalmente, aliás, talvez seja a altura de retomar o fio à meada, quer dizer, encerrar todo este discurso lembrando que a actual importância dos *Muluhapahe* parece ser um facto de moderada profundidade histórica. O que me dizem, e eu infiro analisando a informação que recolhi, é que até à guerra de 41 os *Muluhapahe* não dispunham de gado como passou a acontecer a partir daí e se verifica agora. A explicação mais imediata é a de que uma boa parte do gado que os Kuvale conseguiram eximir à apropriação raziadora dos Europeus, e das suas tropas auxiliares, adregou salvar-se porque foi oportunamente canalizado para as mãos dos Twa, já na altura integrados pelas vias da captura e poupados à sanha aniquiladora da política colonial, precisamente por não serem entendidos como Mucubais mas sim como Mukwisos. Implicados no maneio e na gestão desse gado, sujeitos *muluhapahe* terão assim prosperado durante a deportação que os Kuvale sofreram. E quando estes foram devolvidos ao seu território e a uma relativa liberdade de movimentos, terá sido também a partir desse gado, em certa medida, que conseguiram reconstituir-se a ponto de, quando a independência chegou, já serem de novo os Kuvale senhores de muitos bois, a desmentir a eficácia da repressão apostada em convertê-los a uma domesticidade mercantil capaz, entre outras redenções, de lhes abrir *a dignificante perspectiva de adquirirem bons hábitos de trabalho* (há documentos portugueses que se exprimem nestes termos). A dilatação da estatura económica e social dos *Muluha-pahe* poderá assim ser sociologicamente entendida como a expressão de uma estratégia, de uma resposta da sociedade kuvale à beira da sua neutralização histórica ou mesmo da sua extinção total, uma compensação para o défice demográfico e económico a que a guerra de 41 os tinha conduzido, uma das escassas vias capazes de garantir continuidade à exploração e à reprodução do gado remanescente, mesmo durante a sua ausência. Quando os Kuvale deportados para S. Tomé e para outros lugares regressaram às estepes e às savanas do que é hoje a Província do Namibe, eles terão recuperado algum do gado que se tinha renovado nas mãos dos *Muluhapahe*. Mas a estes, vieram encontrá-los constituindo já uma verdadeira comunidade capaz de impor-se e de assumir até hoje uma importância crescente, de tal forma que começam a manifestar-se, neste nosso exacto tempo, fermentos de um conflito intragrupal que no futuro poderá vir a assumir alguma gravidade.

*

Poderás legitimamente perguntar-me agora: porque te falei tão longamente desta questão dos *Muluhapahe*? Porque quanto a mim o fenómeno de integração que os envolve é a expressão mais recente de um processo exemplar de mobilidade étnica, neste caso a mobilidade étnica dos Kuvale, mas que pode extrapolar-se para outras situações angolanas. Se aquilo que tenho vindo a dizer-te for de molde a prender a tua atenção e a estimular a tua própria "imaginação sociológica", terás facilmente apreendido a substância de um longo processo em que a mobilidade territorial, histórica, cultural, política e económica jogou o único papel estruturante em presença. Mobilidade e flexibilidade são duas palavras chave para a apreensão não só da sociedade em questão mas também de todas as sociedades pastoris do Mundo e, de uma maneira geral, porquê temer este tipo de generalizações, de todas as configurações étnicas tal como elas hão-de revelar-se em qualquer tempo da observação ou da análise. Para trocar-te isto em miúdos teria uma vez mais que massacrar-te com uma exposição teoricamente sustentada. Terás, sendo caso disso, que desbravar tu mesmo alguns implícitos e extrair-lhes algumas evidências. Ambos temos que nos aplicar com igual empenho na operação em que estamos a investir-nos. É madrugada e vou agora tentar dormir um pouco. Dentro de poucas horas estarei a voar para o Namibe, onde poderás eventualmente vir a encontrar-me munido da matéria que te lego nestas quatro cassetes. E no entanto, e à semelhança do que me tem acontecido de todas as vezes em que me exponho, expondo o que sei sobre os Mucubais, ela fica muito aquém do que me ocorreria revelar de uma única e definitiva vez.

*... 5,6,7,8 ...*
*gravadas no Namibe, dia #3*

# VIAGENS E ENCONTROS: FIGURAS

# Pico do Azevedo
*onde dá para olhar à volta...*

Preparado para enfrentar o presente kuvale? Vamos a isso... Mas é preciso chegar até lá, ao espaço onde esse mesmo presente se te há-de revelar, não há tempo sem espaço e sem movimento, é essa a condição de todas as percepções e de todas as relatividades. Muito objectivamente e no nosso caso, aliás, vai ser preciso, até, cumprir um caminho bem físico e bem concreto, quanto às suas referências, para que possas ver-te introduzido no quadro, no enquadramento, desse presente que vais pretender identificar como o dos "outros" e acabará inevitavelmente, espero, por marcar também o teu. Vais viver situações novas e uma conveniente disponibilidade poderá colocar-te, se o permitires, não só perante o desconhecido que a prática dos outros te há-de revelar mas também face àquele que a tua experiência e a tua sensibilidade vierem a colocar à consciência que é a tua, tributária ela mesma dos tempos e das idades que te tiver sido dado cumprir. Serão de facto múltiplos os presentes com que irás confrontar-te. Cada sujeito encontrado, cada homem, cada boi, cada paisagem, cada pedra, andará vivendo o seu, e eu, que te sirvo de cicerone, o meu. Dizendo-te dos outros estarei a dizer-te inevitavelmente muito mais de mim mesmo e ainda quando, como vamos fazer agora, o objectivo for o de fornecer-te informação tão objectiva quanto possível acerca do meio físico e ecológico onde se desenrola a prática kuvale, primeiro, e depois sobre a grelha social em que os sujeitos que se dizem e são ditos Mucubais se movem, e por fim à volta do sistema ou dos sistemas operativos que lhes accionam essa mesma sua prática, ela vai desdobrar-se no painel das paisagens que são as minhas e não poderá deixar de recorrer ao produto da minha própria experiência, de observador profissional, bem entendido, mas também, e talvez principalmente, de sujeito em situação. Cada um de nós segundo as suas próprias estórias, não é? Sairás daqui com as que tu mesmo acabarás por identificar, reter, elaborar, reinventar, é isso que pretendo que aconteça, e o que me ocorre investir nesse sentido é ajudar-te a aferir a tua própria mira ou, para ajustar mais a imagem à postura que há-se ser a nossa, a seleccionares ou a aferires as tuas objectivas, as distâncias focais, as velocidades de obturação e os diafragmas aos objectivos que forem os teus. Talvez, aliás, os contornos destes mesmos objectivos se possam vir a ver alterados, perturbados, ao longo da viagem... De qualquer maneira terás que fazê-lo comigo ao lado. Introduz no processo o que sabes de mim e aquilo que um convívio apertado te irá revelar. Pela minha parte tentarei fazer o mesmo. Mas quantas vezes terei já cumprido, pensado, destilado e depurado, sem lugar para ambiguidades e segundo as exactas razões que são as minhas e as que adopto quando penetro nas dos outros, o percurso que agora te vou indicar? Poderemos depois, talvez, confrontar as tuas razões às minhas. Mas serve-te primeiro do que eu te vier a dizer para tentares apreender a realidade empírica que esta viagem te vai colocar concreta e à frente e que, dês tu a volta que quiseres dar, há-de ser em si mesma, querendo tu ser verdadeiro, inédita e chocante, interpelativa mesmo, em muitas circunstâncias. Caso contrário não valeria a pena teres cá vindo, bastar-te-ia, ou importar-te-ia sobretudo, afirmar o conhecimento ou o desconhecimento que tens ou não tens da Angola de hoje, e então nesse caso terias vindo apenas para "pegar o boi", como dizem os Brasileiros, quer dizer, aproveitar e inscrever tão-só a oportunidade de uma aventura num plano sobretudo cioso de fruições pessoais e diletantes a coberto de um turismo disfarçado e da confirmação de certezas prévias e ajustadas ao precário sistema de segurança, intelectual até, que urdiste à tua volta. Nesse caso todo o desconhecido entrevisto acabaria por constituir tão-só uma ameaça. E seria mal empregado. Tu não és desses, eu sei, mas também já deves ter percebido que não é exactamente a ti que me estou a dirigir agora, nem a ninguém em particular, posso assegurar-to, mas ao império de uma mediocridade totalitária, institucional e privada, que ignora, ou despreza mesmo, ou obstrui e combate, e este é um dado de cultura, todos os saberes que relativizam a sua soberana e confortável auto-suficiência e o brilho fácil e até aí ofuscante das suas certezas, com que aliás julgam o mundo e afinal o governam, tanto ao nível das intervenções e das decisões como da opinião que fomentam e formam para justificá-las e para justificar-se. Não, não estou a referir-me apenas aos poderes políticos. Mais insidiosas e aberrantes são certas expressões universais de uma pseudo-intelectualidade mundana e tacanha, autoritária, soberba, fraudulenta, arrivista e sempre, talvez sobretudo, pirata.

\*
\* \*

Quererás tu, ou poderá interessar-te, ou ajudar-te, saber o que ando eu próprio para aqui a fazer, investido há mais de cinco anos num projecto que ninguém me encomendou e a tentar por todos os meios torná-lo socialmente rentável sem perder no entanto de vista que se trata de facto de um projecto pessoal que em plena consciência me atrevo a manter e a sustentar apenas porque através dele não descuro, antes reforço, as obrigações e actuações que entendo inerentes ao meu lugar cívico, sem prejuízo, antes com benefício, para a comunidade em que ocupo o lugar de cidadão em condições de agir segundo os seus próprios recursos e instrumentos?

Em Agosto do ano passado as circunstâncias colocaram-me numa daquelas situações que te obrigam a olhar para dentro de ti mesmo sem o amparo ou a protecção das argumentações comuns. De repente vês-te situado com grande nitidez e precisão no ponto exacto a que os teus percursos te conduziram, imobilizado, por assim dizer suspenso, nalguma simples curva do caminho que a vida e tu próprio urdiram, retido num momento, num tempo, que nem os programas nem as agendas previam mas que ocorre assim sem pedir licença, um simples acidente de percurso que ao impor-se, no entanto, acaba por marcar uma cisão de idades. Que a ficção aproveita e utiliza tais momentos, quem lê ou escreve reconhece o método. É quando normalmente ocorrem os flash-backs, e os diálogos interiores emergem e revolvem toda a trama do enredo. E nas mãos dos grandes mestres o enredo é afinal só esse, é nesse mosto espesso que se desenvolvem as temperaturas extremas das fermentações da alma e das destilações do espírito, dos desdobramentos do querer e da consumação das metamorfoses do ser. E quem não escreve nem lê também há-de saber disso porque afinal julgo que não há quem não sinta, embora não lhe ocorra obrigatoriamente referi-lo porque isso será mais uma vez uma questão de enquadramento e de colocação cultural, que a sua vida *daria um romance*, ela é um caso, é o resumo do mundo e o mundo, sem remédio, sou eu no centro e o resto é à volta. O que será talvez dizer, sem querer e nem poder ir muito mais além, que não haverá quem não se confronte, quando tal ocorre e à sua maneira, com o curso da sua própria existência, e ao fazê-lo o transforme em discurso. Para uso próprio a maioria das vezes, mas de qualquer forma marcado por tempos, por ritmos, projecções, "arrêts sur image", acelerados, fundidos, um filme, enfim. A consciência, julgo, faz-se de memória, de identificação de factores, de retenção de conceitos, arrumações, ponderações, conjecturas e avaliação de probabilidades, e esse é um dado universal, inerente à condição de pessoa, parece-me. Não haverá assim quem não seja operador de ficções e a realidade, essa, esvai-se, ficou mais é a experiência, inscreveu-se a estória. Direi, amanhã, ou não direi, rezarei só para mim, é mais o que retive, não o que vivi. Mas há circunstâncias, tentava dizer eu, que mais do que o produto da memória te impõem a evidência de um presente nítido que te situa no próprio lugar da tua ficção, sujeito incauto desembarcado inteiro no exacto contexto do seu próprio delírio.

\*

Eu vinha vindo cumprindo um programa em muito semelhante ao que te proponho agora: uma rápida viagem, uma volta instrutiva pelos terrenos da minha aplicação. E posso talvez mesmo dizer que esta rápida viagem de agora resulta em grande parte do imprevisto que então me atingiu. O meu livro *Aviso à Navegação* tinha acabado de ser impresso em Luanda e eu decidira torná-lo público no Namibe, em Moçâmedes, contrapartida minha às ajudas que ali tinha recebido e me haviam garantido manter o projecto vivo, e de alguma forma, também, resposta à expectativa, feita de confiança mas igualmente de dúvida, suspeitava então, que a minha fugaz presença ali, todos os anos desde 92 e sempre a caminho do mato, do interior da Província, ou a descer de lá, acabara por gerar, sedimentar. O que eu publicara entretanto sobre o trabalho que dizia andar a fazer, artigos em revistas de análise ocupadas com o caso de Angola ou com substâncias lusófonas, não tinha, evidentemente, chegado ali, nem encontraria jamais naquele lugar oportunidade para um consumo probante. E havia já quem dissesse que na mais inocente das hipóteses eu aparecia todos os anos ali era para cumprir um programa de férias extensas, sem dúvida bizarras e à margem de razões imediatamente enquadráveis na lógica dos tempos, mas se o homem gosta de andar a dormir nas pedras isso é lá com ele, só que às tantas anda é a curtir à nossa custa e a ninguém apraz fazer figura de parvo. Eu tinha agora finalmente para exibir, tanto aos que acreditavam como aos que duvidavam das minhas honestas e impolutas intenções e correrias, um produto acabado e inequivocamente resultante de tanta viagem e de tanta estadia obscura. Lançar o livro ali – já que de há uns tempos a esta parte um livro para existir tem que ser lançado porque essa é uma forma de o converter em acontecimento mundano, quando não político, para que os média se lhe refiram e imponham a existência, e a do autor, e a do editor, e de quem apoiou ou não mas vem por inerência de funções receber palmas também – lançar o livro ali seria assim a oportunidade justa para agradecer a uns e responder a outros.

Desembarquei pois em Moçâmedes, fixei calendários com os chantres da sociedade civil, preparei o jipe e larguei, naturalmente, para o mato. Acompanhado pelo meu assistente Paulino e pelo seu sobrinho Gregório, sonegado a uma semana de escola, partimos os três a caminho do Sayona, como tantas outras vezes, para ir buscar alguns dos informantes, os mais próximos após um intenso convívio ao longo de cinco anos, para também eles poderem vir e estar presentes na cerimónia e no copo que entretanto a retaguarda preparava. E aproveitaria também para fazer visitas e rematar inquéritos. Uma questão para dez dias.

Adoptámos a rota do Pico do Azevedo, como te proponho agora, porque embora fique mais curto o caminho pelo Caraculo, virando aí à direita e passando pela Vinganjanganja, o meu deserto, desde a infância, é o que passa ao lado da Damba do Scott, atinge o Morro Negro, galga as Pedras-Salvadoras e se desdobra em estepes até aos Paralelos, Vitumba, Delfina, Kanehuia. E eu vinha cheio de falta daquilo. Fizemos escala no Pico, precisamente, para beber café da garrafa termos e comer pão fresco saído quente uma hora antes da padaria do velho Esteves. Encostámos, como é costume, ao que resta das instalações dos fiscais de caça, construídas ali a partir dos anos cinquenta para prover à manutenção da Reserva Parcial de Moçâmedes, então constituída sobre uma vasta área que fazia do Pico o seu centro, e foi por essa altura que eu andei, adolescente em férias, a vigiar, com o Abílio Tito, os ninhos de avestruz a partir dos quais se haveria de repovoar a paisagem, privada praticamente de fauna após algumas décadas de caça livre e dizimadora, mais um rasgo desastroso da administração colonial. Toda a Angola foi, desde uma lei peregrina dos anos trinta e durante muito tempo, um campo livre para o abate de animais selvagens, a pretexto das vantagens que daí adviriam para um hipotético aproveitamento e desenvolvimento de recursos pecuários. A situação foi depois revista e as gazelas que, com sorte, e manhã cedo, poderás encontrar ainda hoje pelo caminho, e mesmo um ou outro famigerado avestruz, distante e furtivo, continuam a ser o resultado de vinte anos de controle que depois se estenderam até à independência.

Dessas actuais ruínas, paredes só cravejadas por tiros assestados às pinturas de animais que decoravam as varandas, vê-se, ligeiramente abaixo e a uns 400 metros, o tal Pico do Azevedo. São três blocos de granito amarelo, um maior que os outros mas alto apenas de uns escassos 4 ou 5 metros. São no entanto um sinal na estepe que se estende de um extremo ao outro do horizonte, e tudo à volta, limitada apenas a nascente por morros que anunciam o curso cavado do Bero e onde o meu pai caçava olongos e zebras da montanha, e a sudoeste pelo recorte despropositado, em tais planuras, do Kanehuia, com o seu cume elevado a 1074 metros, uma dessas reminiscências geológicas da plataforma planáltica, como o Morro Maluco (2070 metros) do lado da Bibala, que as eras recuaram até ao que é hoje a serra da Chela, visível aliás, também dali, nalgum dia limpo do tempo das chuvas. É este um local, e sobretudo um horizonte, circular perfeito assim, em que inscrevo desde sempre uma boa parte da minha ficção pessoal, aquela que me cabe dentro do quadro de que falei atrás. É tudo horizontal e extenso, rasgado, desdobrado em rasgos de visão, é a paisagem que conduz o olhar e há uma leitura só, possível, para uma largueza assim tamanha, tal dimensão alargada: largar o olhar pela esteira oblíqua dos ocres que se cruzam vastos, rasteiros, velozes, sem fim nem começo, uns derramados de outros, depois soltos, a renovar matizes ao sabor do vento. É por assim dizer o umbigo do mundo, para mim, ali. Sento-me lá e decreto o silêncio, fico a ouvir só, a escutar o vento e a reler a imagem, a confrontá-la à última reelaboração que dela tenha urdido nalgum lance de desamparo e de saudade avulsa, vivido sei lá onde, na António Barroso em Luanda, nalgum quarto de hotel em Londres, ou encolhido numa sala de cinema, em Paris.

Pois bem, desta vez eu vinha preparado, artilhado a rigor para inscrever detalhes. Trazia na bagagem, e desdobrei-os ali sobre o capô do jipe e perante a expectativa do Paulino e do Gregório, os instrumentos bastantes: um leitor de CD's, duas pequenas caixas de amplificação, as pilhas necessárias e a nona sinfonia de Dvorjak, a que é dita, isso mesmo, do Novo Mundo. Tudo vindo de Paris, recentemente, pela mão amiga da grande e doce Christine, e de propósito para ouvir ali.

De projectos que se urdem mas é para não cumprir, do meu arsenal consta um longo poema para desenvolver paralelo a esta sinfonia. Ao primeiro acorde do primeiro andamento corresponde o acordar do poeta no meio de tal paisagem, naquela exacta encosta. O poeta acorda, possui-se do que vê. As frases musicais constituem-se como referências sólidas, concretas, palpáveis, volumes, acidentes, aquela pedra que eu sei que guarda água, ao longe aquele declive que eu sei que leva ao sal, aquela escassa sombra que me abrigou na infância, essa remota dobra, na distância, que me ensinou a desdobrar o ser, a experimentar sem estar, ubíquo, perdido para o mundo do tino comum. Sei tudo de cor pela sinfonia fora, servido à toa pela mais completa e árida incultura musical, e falta de ouvido e tudo, mas sei exactamente quando, em que preciso som, de tal décor emerge algum pastor vagante, que avança para mim e depois me conduz já dali para a frente para fazer-me ouvir, entre os seus e o seu gado, e à beira do seu fogo, todo o derrame do segundo andamento, a torrente morosa da história a revelar-se, memórias, migrações, pastagens alcançadas após longas viagens, percursos seculares, milenares até, rumos traçados por gerações há muito extintas, legados os destinos ao tempo que há para vir. Um *largo* sem margens. Donde se acorda para o *scherzo, molto vivace,* de um quotidiano animado pelo verde recente dos pastos refeitos e pela urgência viril das transumâncias. Finalmente a monumentalidade do *allegro con fuoco,* Paramount Films, Califórnia SA e *avante Miguel Strogoff.*

Desmontei o aparato quando o primeiro andamento estava a chegar ao fim. Alterei o dispositivo para ouvir o segundo com auscultadores, a caminho de novo e até ao desvio da Bomba, o terceiro quando estivesse a atravessar as pradarias dos Paralelos, o quarto a contornar o Kanehuia. São esses os correspondentes e sucessivos cenários que a minha ficção montou. *Porém me atrapalhei, desconsegui de conduzir assim*, amputado do barulho do motor e achando mal vir a ouvir sozinho, sem partilhar tal glória com os meus desmunidos companheiros. Interrompi a escuta. E então, quando, segundo as minhas contas, deviam estar a zurzir as cordas do último terço do *largo* da história e ultrapassava uma ligeira lomba da estrada, foi quando perdi a embraiagem, o motor tudo bem a trabalhar, ligeiro, mas sem resposta da caixa das mudanças. Fui só deixando descair pelo declive abaixo, cortei a ignição e foi ficar assim, ali parado, imobilizado, durante quatro dias e cinco noites.

\*

À terceira das quais me achava completamente sozinho.

\*

No resto desse dia não passou ninguém, nem para um nem para o outro lado, e só no fim da manhã seguinte consegui mandar, pelo motorista de uma *Ifa* pintada de verde-alface – dessas que o exército dispensou há uns anos e ainda hoje circulam pela Angola toda onde as barreiras de controle e a segurança das estradas o permite, transportando pessoas, animais e mercadoria diversa – um bilhete ao administrador do Virei para que, pela rádio, transmitisse ao Namibe o meu pedido de ajuda. Mas depois decorreram mais dois dias sem que qualquer apoio surgisse.

Nós trazíamos comida e água de beber a contar para dez dias. Mas a água não era assim tanta porque no Vitivi ela haveria de ser complementada com a da nascente que lá tem, para gastos de cozinha e higiene, e assim, ao fim desses três dias, a reserva descia já a menos de meio. Era portanto a altura de mexer, de andar, de levar mais a sério a imperiosidade de sair dali. Na madrugada do quarto dia decidimos que o Paulino deveria arrancar a pé para o Virei, a 50 quilómetros. Saiu às quatro e meia, com um cantil de dois litros e um milhão de Kwanzas no bolso, e eu e o Gregório ficámos a vê-lo afastar-se em passo certo de rota longa até perder-se na luz leitosa do luar da aurora. Conversámos longamente durante hora e meia, o miúdo e eu, sobre técnicas e truques de cinema, e essa era sem dúvida uma oportunidade pela qual a curiosidade, a vivacidade e a notável inteligência dos 17 anos do Gregório aguardavam impacientes.

Já tinha clareado e seguíamos agora atentos a actividade de uns passarinhos, volumosos de penas mas de pernas tão finas que o corpo que tinham não poderia deixar de ser um muito mínimo, afadigados à volta das moitas de capim que bexigam o chão de areia, a recolher com os bicos, nos vértices da inserção das folhas, o orvalho que a noite ali gerou, e é essa água que lhes basta à vida, quando ouvimos o motor de um carro que vinha do lado de Moçâmedes e o fizemos parar para pedir ao condutor que *capitulasse*, uns quilómetros à frente, o nosso Paulino, que seguia a pé. Ao fim da manhã apareceu de novo a Ifa verde, desta vez em sentido inverso, e o Gregório partiu nela, para o Namibe, portador de outra mensagem. Pelo condutor desta Ifa verde, que felizmente nunca mais encontrei, fiquei a saber que o bilhete que eu tinha mandado ao administrador do Virei, quatro dias antes, só tinha sido entregue na véspera, o homem estivera fora. Uma passageira que ele levava agora e foi companheira de viagem do Gregório, confidenciou ao miúdo que não tinha sido nada assim, na viagem da ida o condutor tinha ultrapassado o Virei, fora até ao Kavelokamo, não ligara ao bilhete e só o entregou à autoridade foi já mas é agora no retorno. Grave atropelo às regras do mato. Acabará por aprender sozinho, mas é assim que nada funciona cá na terra.

De qualquer forma, pelas 4 da tarde, chegou apoio de Moçâmedes. A equipa que veio desmontou a embraiagem e constatou que o disco estava desfeito e a prensa afectada. Perante a veemência das minhas instâncias acabou por concluir-se que dava para eles voltarem ao Namibe e regressarem no dia seguinte com as peças de substituição que fosse possível arranjar para montá-las ali mesmo. Rebocar o carro até à cidade acabaria por dar uma carga de trabalhos e eu sabia que se voltasse lá a viagem estava liquidada, a reparação iria arrastar-se e a data do lançamento do livro acabaria por ser alcançada sem que eu tivesse ido buscar os informantes ao Vitivi. E sem a presença deles eu não estava interessado em lançar livro nenhum. Saíram pelas 8 da noite, tinham trabalhado durante as duas últimas horas à luz de uma gambiarra, e quando fiquei só reactivei o fogo, bebi ainda um resto de café e depois fui à tenda, que tinha montado logo após o encalhe, buscar a pistola para tê-la ao alcance. Puxei a cadeira de campanha para fora do círculo de luz da fogueira e sentei-me no escuro, no sentido do vento, para receber calor.

Há anos que eu andava a ver se conseguia dormir assim sozinho no deserto. Mas de facto nunca viajava completamente sozinho e nunca tinha querido, também, impor uma escala assim despropositada aos meus companheiros de viagens. Estava agora ali, afastado um pouco da fogueira, a fixar aquele círculo de chão iluminado, a aferir a gradação do limite entre a substância do palpável e a vastidão compacta da noite. A adequação dos sentidos: a vista, durante o dia, o ouvido, agora. O silvo discreto das torrentes da brisa, dos canais do vento. Qualquer ruído acrescentado a estes, uma folha de capim cedendo ao rastejar de algum mínimo réptil, o indeciso progredir de algum insecto escuso, estava o alerta disparado e em guarda, indiferente contudo ao choro dos chacais. Assente e a sós na caixa do silêncio. O vento, só. Não chegas a saber se o das correntes de ar ou só aquele que a Terra há-de soprar embrulhada no curso da rotação que a leva. E há um rumor de estrelas a que por vezes, súbito, se acrescenta o grito, sideral, de algum astro candente. E o permanente caudal, que sempre entendi de esperma, da via láctea, suspensão morosa na uterina fluidez da noite. Até que a lua nasce a confirmar contornos guardados intactos pela minha vigília.

*
\* \*

Encalhado pois na roda da ficção, questão pessoal, delírio só meu. Mas a mobilizar as correrias do Paulino e do Gregório, o administrador e os seus meios rádio, os operadores do governo provincial que haveriam de transmitir as mensagens aos meus amigos que entretanto promoveriam o socorro, a organização do próprio socorro, gente em acção, viaturas, vindas e regressos e novas vindas para que eu pudesse prosseguir viagem, não precisasse de voltar para trás… Uma complexa rede, enfim, de implicação social, relacional…

E mesmo aqui também nem tão só, como assim?…

*

Na manhã do segundo dia chegou um desses cães de perna alta, pelagem parda, tigrada e de arrepio no dorso, que os Mucubais usam. Vinha magro, faminto, sedento. Partilhámos com ele a nossa água e o nosso pirão. Recompôs-se já e dorme ali ao lado, num buraco que abriu quando chegou. Só se levanta para aceitar o que se lhe dá e nunca lhe ouvi a voz, parece é mudo. Quando partirmos vai ficar aqui. Cão de Mucubal é para ter um dono só, que é só quem pode dar-lhe de comer, e quando este morre é logo abatido. Perdeu-se do dono, este, ou perdeu-se pelo mundo depois de o não ter?

E ao longe, lá, brilhava a fogueira de um *sambo* distante. Seria o pastor da minha ficção ou antes talvez, agora e na hora em que o dia raiava, alguém no exercício apenas da sua honesta e rude transumância, e o resto é poesia?

# Paralelos
*e ver luz de noite ao longe*

Também no entanto a transumância a mim me cheira a poesia e a transumância é afinal a fórmula ecológica que sustenta a resposta social dada ao meio pelo sistema económico e cultural dos Kuvale e de todas as sociedades pastoris. E se para entenderes a transumância tens que interessar-te por pastagens, por capins, águas, solos e climas, então a intrusão da poesia resulta imediata. Ou será deformação minha?... Pode ser... Mas a mim exalta-me saber que os solos que piso, aqui onde a avaria me deixou ficar, são solos *arídicos pardos*, uns com crosta calcária, outros não, *halomórficos e litólicos,* típicos dos relevos aplanados ou ligeiramente ondulados, *relacionados com materiais geológicos do terciário, sobretudo do Ecocénico e do Miocénico com acumulação de sais solúveis no perfil e uma percentagem anormal de sódio no complexo de absorção.* É música. Todos eles derivam de um *soco cristalino* e constituem formações do *complexo de base* com rochas *intensamente metamoformiza-das*, gnaisses, xistos e micaxistos atravessados por *ficonianas*, diques *doleríticos e segmatíticos*, conglomerações e rochas *anfibólicas*, calcários *dolomíticos*, grês e margas *gipsíferas*, e depois, supremo rasgo, os majestosos montes-ilhas, os inselbergues, que povoam a aplanação e são constituídos na maioria dos casos por *amontoados caóticos de monolitos rochosos*. É um delírio verbal...

O clima, a seguir: confrontação de células anti-ciclónicas do Atlântico-Sul com a frente inter-tropical, massas de ar divergindo destas células transformadas em brumas secas pelos ventos alíseos que lhes preservam as temperaturas baixas enquanto os do sudoeste, provenientes do contorno oriental do anti-ciclone sub-atlântico, mantêm em movimento a corrente fria de Benguela. Resultado: a escassez das chuvas.

E a vegetação: *características xerófilas, ramos curtos, folhagem reduzida e caduca para a maioria das espécies arbustivas, elevada frequência de formas espinhosas, fraca cobertura vegetal e tapete herbáceo dominado por "therophitas" de desenvolvimento irregular ligado às chuvas.* Excelente.

Na zona onde nos encontramos, um pouco mais à frente, é onde vai ocorrer a transição entre as estepes graminosas de *aristidas* e a estepe de sub-arbustos do género *acacia*. Tropeças ainda em *Welwitschia mirabilis* e outras espécies *lenhosas e rastejantes* e também com algumas das *plantas suculentas que são específicas da vida dos desertos como o Cissus uter*, o *odre* do deserto. Os capins que dominam são os de género *Aristida,* plétora de espécies, a *prodigiosa,* a *subcaulis,* a *gracilior*. Arbustos rasteiros, como o *Sacorcaulon mossamedensis* e, nalgumas linhas de água e nos morros rochosos que se elevam, a obstinada fixação de acácias *nanificadas,* da *Comnifora angolensis*, da *Grevia bicolor*, da *Salvadora persica*.

Mas logo à frente, a partir dos Paralelos, essa *grande flexão do Vaia-Vaia, relevos de dureza, doleritos,* as acácias adquirem outro porte e outros arbustos, *Boscias* e *Crotons,* começam a impor-se (*trata-se de um estrato de microfanerófitas dispersas e que não ultrapassam dois a quatro metros, assentes sobre um outro estrato de nanofaneróticas também dispersas*). Nas superfícies enrugadas e rochosas encontras eufórbias, termináleas, aloés. É a zona do contacto entre o *complexo de base* e a *orla sedimentar do litoral*. Quando para a frente, no teu percurso, contornares o Kanehuia pela direita, estarás a transitar, então, para as formações estépicas em que o *mutiati* passa a dominar, umas vezes constituindo *povoamentos puros*, outras associado aos restantes elementos arbóreos da região. São faixas de transição para os bosques secos com *estratos arborescentes,* de 4-6 metros, e arbustos inferiores, de 2-4 metros, sobre uma cobertura *mais densa, embora fraca,* do *tapete pascigoso*. É esta a formação que para Leste acompanharás até próximo da serra, onde vais encontrar os tais bosques secos desse mesmo *mutiati*, *Colophospermum mopane*, associado sobretudo com *Spirotachys africana*, com combretos, coníferas e acácias diversas. Através dessa imensa zona hás-de atravessar ainda as baixas aluvionais das grandes e das menores torrentes, das *mulola*s, onde subsiste um lençol friático permanente e onde ocorrem *galerias rípicolas, formações florestais caducifólias*, predominam as acácias e a agricultura é possível porque dá para regar. Mais para cima, sobre as vertentes da serra, acabarás por deparar com colónias por vezes densas de embondeiros. A paisagem é já outra. É a que aponta ao planalto interior…

…Não tendo porém curvado no Kanehuia, seguindo em frente para o Kapolopopo, continuarias a rolar nesta transição entre a estepe graminosa e a estepe subarbustiva, até à Pediva, no Kuroka, e depois daí para a frente e pelo Yona seriam terrenos exclusivos já da tal estepe graminosa até que o Kunene te interrompesse a viagem e ficasses dali a vê-la estender-se do lado de lá, pela Namíbia adentro. Para Norte, na posição em que te pus, esta estepe graminosa alcança até à Lucira e é a partir daí que a estepe subarbustiva sua vizinha a elimina porque encosta ao mar e vai acabar já para lá do Lobito. E depois é diferente.

\*

Toda esta poesia me serviu para poder dizer-te, agora, que da Serra da Neve, que nem meio grau é a Norte da Lucira, para baixo e até ao Kuroca, é o território ecológico dos Kuvale. A pastorícia mucubal é aí que funciona combinando estes dois tipos de estepe, a herbácea e a subarbustiva, mais a zona dos bosques secos de *mutiatis* e as aplanações aluvionais agricultáveis, e com extensões transumantes que aproveitam recursos de serra-

-abaixo e os pastos acres, quando verdes, do planalto. Aqui, porém, tu estás na zona dos *pastos doces*. Capins dos géneros *Aristida, Eragorostis, Chloris, Urochloa* e *Schmithia*, compõem neste lugar uma cobertura de pastos que se mantém *apetecível, palatável*, ao longo de todo o ano, mesmo depois de terem ficado secos e sem perderem o valor alimentar, quer dizer, os elementos que nutrem, o conduto dos bois. Lá em cima dominam os pastos amargos como os de *Andropogonae*, que quando secos são celulose pura. No meio, claro, estão os mistos, mais densos e de maior porte que os doces, mistura dos dois tipos.

\*

O pastor que mantém acesa a fogueira que a noite revela sabe de tudo isto, evidentemente. Sendo Agosto, os bois que tem consigo poderão ter descido, meses antes, das alturas da serra, permanecido algum tempo, depois das chuvas, na zona dos bosques secos onde ocorrem as baixas aluvionais que justificam a implantação ali das residências principais das famílias, depois chegado até aqui para aproveitar estas franjas do território pastoril antes que as chuvas da serra os chamem de novo e de novo apontem para lá. O problema aqui, neste tempo, é a água, há muito que se esgotou a água das pedras e a lagoa do Kanehuia, que se forma em anos de muita chuva à beira dos Paralelos, secou. Mas o gado que agora aqui se mantém irá beber, de dois em dois dias, no leito do Bero que se cava para além daqueles morros, e aí a água dura todo o ano. E, andando por aqui, os próprios bois sozinhos saberão encaminhar-se para os afloramentos de sal que o Bero também dá. Além de pastos e de água, o gado precisa de sal. E estás na vizinhança, no meio deste deserto, de um importante banco de sal. As populações do Sayona, com quem mais tenho privado, recorrem ao sal do Lute, do Vithelo, encostado à serra, e a este, que o Bero dá. Vêm buscá-lo, para uso doméstico, ou trazem aqui o gado. As mulheres, antigamente, formavam colunas para vir, depois de um mais-velho as ter tratado, através do Fogo, e nomeado um homem para acompanhá-las e chefiar a marcha. Alcançavam essa *mulola* chamada Mukwamungwa, precisamente, abaixo da Bomba, encostado ao Vitumba. É só um lugar de sal, abundante e branquinho, não tem terra de cultivo para aproveitar como na Bomba, e no passado foi fonte de abastecimento não só das populações destes interiores como de algumas dos cursos inferiores do Bero e do Giraul. Nas imediações, disse-me o André, no Vitivi, ainda há vestígios da sepultura de um Branco. Corresponderá ainda aos mesmos restos de ocupação que em 1886 o capitão de 2ª linha José da Costa Alemão Coimbra assinalou, depois de ter feito o reconhecimento do curso do rio Bero, e que ele atribui a algum degredado fugido da Vila, "porque ninguém, por mais filósofo que fosse, iria habitar um sítio tão deserto e pavoroso"? Eis uma nova rampa de lançamento para a imaginação mórbida do poeta que não dá folga ao antropólogo.

De qualquer forma o pastor em questão e os bois que governa, ou o governam a ele, estarão a observar com grande rigor todos os factores que condicionam a pastorícia possível numa região tão árida: a disponibilidade de pastos, nomeadamente, e as condições de abeberamento. Ele está a ter em conta, para além da água, não só as quantidades de pastos e de recursos arbustivos acessíveis no lugar, mas também a relação entre as disponibilidades locais e as de outros lugares, porque a pastorícia ou a pecuária, aqui, hão-de depender, sempre, *da diversidade entre as diferentes sub-regiões da zona* e obrigar *aos ajustamentos no tempo e no espaço que as transumâncias são.* É a *interpretação dos diferentes tipos ecológicos* que determina a oportunidade das deslocações. De facto, e são os técnicos que o dizem, os processos de criação de gado accionados pelos Mucubais *são bem adaptados ao meio e tanto a capacidade de sustentação das pastagens como a diversidade dos tipos de formação vegetal justificam a transumância como sendo a técnica mais racional sob as condições locais.* E a adaptação da pastorícia mucubal aos factores em presença *é verdadeiramente notável.* Chega? Parece que não!

\*
\* \*

 Custa a entender que uma racionalidade que se pretende pragmática e ajustada assuma com grande frequência tonalidades de uma irracionalidade leviana e presunçosa, alargada não só ao senso comum como também associada a argumentações pretensamente técnicas e científicas, e se aplique a combater e a tentar desactivar a pastorícia transumante, aparentemente alheia à evidência de se estar assim a promover a inviabilidade de sociedades inteiras, para não falarmos em milhões de indivíduos, sem lhes garantir ou sequer propor qualquer alternativa válida ou mesmo só interessante, e a votar a um aproveitamento quase sempre desajustado às realidades do meio natural extensões notáveis às quais a pastorícia transumante está perfeitamente adaptada. Lê acerca do que se tem passado no Kénia, ou na Nigéria e na África do Sul, por exemplo, onde as incidências políticas, administrativas e técnicas sobre as pastorícias tradicionais se têm saldado sempre pela desestruturação das economias, pela delapidação dos recursos, pela desactivação das energias humanas, pela anomia, pela proletarização alternativa e circunstancial e pela miséria.

 Mas, querendo reter alguma noção sobre o assunto que não te afaste dos terrenos que estás a pisar, também não precisas de ir tão longe e bastar-te-á alguma informação sobre o que se terá passado por aqui a partir dos anos 50 e até à independência, em torno de um então famoso projecto de exploração de carneiros Karakul, aqueles de cujas crias recém-nascidas se extraem as peles para fazer casacos de astracã... A actual povoação do Caraculo situa-se exactamente onde foi um Posto Experimental dedicado ao assunto, neste nosso Deserto de Moçâmedes. Para resumir (porque corro o risco de me deixar embalar pela matéria, eu próprio fiz o meu melhor tempo de regente agrícola a criar karakuis no platô de Benguela, por conta de outrem, evidentemente, até acabar por denunciar o equívoco económico e técnico do fervor messiânico com que um veterinário carismático fomentava delírios empresariais e arrastava generosos capitais) perturbou-se toda a pastorícia mucubal da parte sul, o que era também uma maneira de obstar à sua recuperação depois do desastre de 41, de que abundantemente te falei atrás, constituindo fazendas cercadas a arame farpado das quais, que eu saiba, jamais alguma se revelou rentável pelo menos em termos de produção pecuária, já que as que entretanto não iam sendo abandonadas eram sobretudo mantidas como estâncias de fim-de-semana ou de acolhimento ostentatório, e frequentemente venatório, prestado a visitas do grande capital. São coisas do passado, bem entendido. Mas sobre outras zonas pastoris deste Sudoeste de Angola e sobre o levantamento possível da situação tal como ela se apresenta hoje, dá uma vista de olhos por trabalhos também já antigos como os de Cruz de Carvalho, que preservam no entanto uma actualidade surpreendente, ou mais recentes como os de Júlio de Morais. E já agora, desculpa a ousadia, pelo meu *Aviso à Navegação*. E se quiseres saber alguma coisa sobre a incidência ideológica, cultural, que a tal antinomia mobilidade/sedentarização exerce sobre as consciências do comum, nomeadamente sobre as da juventude angolana que vai à escola e donde saem ou hão-de sair, directos, os ideólogos, os políticos, os quadros, os técnicos, os agentes da intervenção, até humanitária, os "parceiros económicos" e também as falanges desenvolvimentalistas por um lado e ecologistas por outro, poderei pôr à tua disposição os papéis manuscritos que num seminário promovido há dois ou três anos por uma organização governamental a operar como uma Ong e a desenvolver caridade em nome do Estado – aberração a meu ver quase insultuosa –, papéis que me eram dirigidos após uma intervenção minha em que tinha tentado expor a fundamentação económica, ecológica e cultural da vida dos Kuvale, e que mais do que pedir-me esclarecimentos pretendiam por assim dizer confrontar-me a uma contra-argumentação, como se a minha opinião ou escasso saber pudessem vir a ter alguma repercussão programática. Perguntavam-me então jovens quadros, que debaixo do nome escreviam historiador, técnico de economia ou engenheiro, e eram todos ardorosos militantes do desenvolvimento ou da intervenção humanitária, se era legítimo advogar o respeito pelo estilo de vida desses "vagabundos", implicitamente condenados assim à pobreza, e como não investir antes, decidida, social e humanitariamente, no sentido de os libertar desse "vício" (*sic*) da errância. Que "preconceito" os levava a viver até hoje como "selvagens"? Haveria escolha possível entre essa vida de nómadas e a sua fixação "em campos verdes irrigados para o gado, etc. (*sic*) rumo ao desenvolvimento normal, ao padrão universal e dentro de parâmetros técnicos e científicos"? Negar o desenvolvimento?

Mas camaradas, irmãos, companheiros de luta e compatriotas, gente toda saudável e bem intencionada, a força das ideologias de fácil difusão, o império do lugar-comum e da banalização, a distância entre uma instrução deficiente e mal compensada por uma cultura de pacotilha e respeito pelo rigor e pelo detalhe que o conhecimento e a razão exigem, invalida-vos assim para aquele mínimo de curiosidade, já não digo de exigência intelectual, que haveria de conduzir-vos, interessados evidentes por questões destas, a procurar informação fundamentada e fiável, que ela existe, e experimentar abrir os olhos, a partir daí, para finalmente olhar à volta e ver? Esses "vagabundos errantes" não são obrigatoriamente tão pobres assim e eles formam as populações do comum que talvez melhor tenham sabido e podido resistir ao descalabro nacional. E ninguém melhor que eles, porque actuam à sua maneira, saberá extrair rendimento deste deserto, destas estepes sobre as quais aliás se poderá fazer tudo em nome do progresso e do desenvolvimento, inclusive destruí-las, mas não seguramente transformá-las em permanentes "campos verdes".

*
* *

O pastor que está ali, o meu pastor desconhecido, não sabe nada de terrenos *rebenolíticos*, nem eu, nem de amontoados caóticos, nem de *schimitias* e de *aristidas*, mas ele sabe que os pastos que aguentam todo o ano estão aqui, são o *dongwese*, o *gumba,* o *luhoki,* o *onkola* que mesmo quando aparentam estar secos, velhos, mantêm a água... Precisará ele que eu lhe diga que o primeiro é precisamente um *Schmitia*, o *Schmithia kalaharensis*, o segundo e o terceiro são *Aristidas* e o quarto dá também pelo nome de *Anthephora pubescens*? Ele acrescentará a minha lista: falará também do *tyikutandimba*, e do *tyikata*. E quando eu lhe retorquir que o *tyikata* (*Eragrostis variegata*) está bem, é bom em todo o tempo mas é daqueles que é melhor é lá em cima, quando rebenta e enquanto chove, ele dir-me-á que sim, esse capim é como o *tatyipeia*, o *tyinkula*, o *muhehe*, o *hongo*, o *kakolwi*, esse que vem logo que chove, rasteirinho, o *lokombo*, mas que o *tyikata* afinal é sempre bom onde quer que se encontra, e o gado procura, porque guarda a gordura. Da

mesma forma que o *tyinkula* guarda o sal e o gado gosta. Mais necessário que todos, porém, que é preciso procurar porque é o que dá mais leite e esse só dá também é no tempo das chuvas e é mais é lá em cima e é ele que impõe a subida da serra, subir, *kulonda*, para dar brilho aos bois, aumentar-lhes o sangue, é o *tatapele*. Vou ver: é o *Eragrostis rigidor*.

\*

Nesses dias em que estive parado no deserto tive, naturalmente, que recorrer às leituras que levava para as folgas e os desanuvios dos dez dias que contava passar no mato. Li assim meteoricamente um romance americano, em edição francesa, de Paul Auster, *Moon Palace*, que me remetia às ruas transversais do Village em Nova York e a improváveis paisagens do Middle-West. Nada a dizer, salvo que a precipitação e a densidade mórbida da trama romanesca podem talvez ter alimentado também a tensão da minha espera. Mas levava também comigo uma daquelas leituras de estímulo que convém acrescentar à bagagem e podem revelar-se, nunca se sabe muito bem porquê e quando, recursos de grande oportunidade, verdadeiros golpes de amparo. Dessa vez felicitei-me por ter comigo a *Poética do Espaço,* edição brasileira, de Bachelard. Trazia também edições portuguesas recentes de livros de Maria Zambrano, encontro gratificante, mas o rigor fundo e cauteloso desse pensamento tão familiar, apesar de inédito, e essa é uma das marcas da revelação, só viria a envolver-me, aplicado aos meus terrenos, foi mais lá para a frente. O que me lembro é de durante a noite em que fiquei sozinho, enquanto me interrogava sobre o que fazia ali e sobre o que já tinha escrito e haveria de escrever e dava conta de que o "meu livro", aquele que andava a procurar desde a minha adolescência e decidira por fim escrevê-lo para poder contar-me a mim mesmo o que desde sempre quisera saber sobre os Kuvale e ninguém mo dizia porque afinal ninguém o sabia, esse livro jamais eu o faria, e nem podia, porque andava a vivê-lo. Tudo o que eu viesse ainda a escrever para publicar haveria sempre de dirigir-se a outros e de adoptar a forma, as fórmulas, que com acerto ou não me parecessem as mais ajustadas ao público que visasse. E para certo público, ocorreu-me então, poderia dar para pegar na fenomenologia de Bachelard e ler a partir daí a paisagem kuvale e o resto. Trabalhar todo o espectro da matéria acumulada pela via de uma especulação que lidasse com as cargas semânticas e simbólicas da terra, da água, do ar e do fogo. A terra e a água associadas a questões do meio e do sistema produtivo, o ar (o espaço) à mobilidade económica e sociológica, o fogo à substância dos códigos e da cultura.

\*

O pastor que está ali, o da minha legítima invenção, também não sabe nada de Bachelard nem de fenomenologias, bem entendido. Mas ele sabe com certeza muito melhor que eu que é entre a terra, o espaço (território) e a água que tudo se joga na vida dele, comum, quotidiana, verdadeira. Ele fala-me com grande precisão nos capins e nas ramas que a terra dá, e onde as há e em que tempo, e quando é que convém que o gado as coma, do sal que ocorre aqui e só tem mais é muito para lá, da água que o gado bebe e é preciso tratar quando é a das pedras, porque choveu e é água nova, *vilandava*, e exige, para não fazer mal nem às pessoas nem aos animais, que uma mão de *tyimbanda* a purifique e abra. E das águas do chão, boas é salobras, tanto para os carneiros como para os bois, mais para os carneiros, a água doce não os cria bem, eles gostam é dessa, assim com sal, que lhes faz nascer as crias e aqui é que aumentam mais. E perguntar-me-á certamente, a rir por certo se tiver finalmente entendido e aceite o que anda este Branco aqui a fazer que não traz vinho para fazer comércio, se eu sei de ventos e nuvens, *mukukakela*, as nuvens brancas, *muwiengue hengue*, as que abrem as chuvas, *omuvia* (cinto), o arco-íris, *lukeno*, a faísca, e dos tempos que os acompanham, *ekamba* quando as chuvas começam, *kuloka* quando está a cair, *ombava* que é quando pára, interrompe, demora uns dias, *lutho*, que é quando mudam as folhas, estão a rebentar nos paus, e depois é o *ne lute*, é o tempo do leite, é Março, o capim é muito: é estar contente, é ter clareza como quando há lua… *Kudinvila* é ir ver, explorar os terrenos, ver onde choveu e como, subir, descer, transumar para cima, transumar para baixo, *kuthiluka*, mudar. Vai para onde? *Madilonga*, estamos a subir…

Ele conhece, interpreta, sabe lidar com o meio em que está integrado, digo bem, integrado. Não leu Cruz de Carvalho nem fez as contas que este apresenta a partir das suas experiências e de outras comprovadas pela África fora sobre índices de rentabilidade que dão vantagem à pastorícia sobre a pecuária, mas está ciente que as técnicas que utiliza são as mais aptas a aproveitar os recursos naturais e a extrair-lhes o mais equilibrado rendimento energético. E sabe tudo do gado que tem. Que ele é o exacto gado que lhe convém ter para actuar sobre o terreno que explora, diverso e extenso, a dar uns pastos aqui, outros lá, uns agora, os outros mais depois, e maximizar-lhe as potencialidades sem ter tido jamais acesso, todavia, a qualquer tratado de zootecnia. Ele sabe que o gado que tem é que sabe andar, tem pernas, tem cascos grandes e duros, pode resolver sem dificuldade grandes deslocações diárias tanto para beber como para comer, e se for preciso bebe só de dois em dois dias, resiste bem ao calor e à sede, moderado de bossa mas generoso de pele, e essa é a sua qualidade primeira. Por isso do gado dos Brancos que lhe veio ter às mãos, ou as suas mãos buscaram, quando o sobressalto da independência chegou e assustou quase todo o Português, a gente encontra sinais, os cornos de uma *nema*, a pelagem de outra, o úbere daquela vaca, o dorso daquele *garrote*, o corpo daquele *dumintho*. Mas a dinâmica dos cruzamentos, a engenharia da genética, dissolveu-lhe o sangue no do tipo Sanga que ali mais que domina, impera. A prática mucubal não procedeu assim só para eximir-se a interpelações sempre possíveis da parte do exterior. Foi antes sobretudo para adaptar-lhe a descendência às condições do meio. O gado importado está muito bem mas não é para ali, não pode andar o que é preciso, vais ter que lhe encostar a comida e a água, não é Maomé que vai à montanha, tens que a trazer a Maomé, nem vai ao sal, é preciso dar-lho em blocos que se importam também, não dispensa banhos contra as carraças nem remédios que ataquem os vermes que lhe vão no ventre e vacinas todo o gado precisa, mas esse precisa mais. Assim basta pensar. O nosso pastor talvez nunca tenha ouvido falar de pecuária intensiva e de pecuária extensiva, não lhe ocorre mesmo distinguir pecuária de pastorícia, mas pelo menos ele sabe que para criar gado desse seria certamente necessário, não é preciso ir mais longe, haver lojas com o tipo de materiais e de produtos que tal exige, haver mercado, haver abastecimento... e abastecimento em Angola, de há vinte e tal anos a esta parte, a bem dizer nem para as pessoas às vezes há, quanto mais sal e rações para bois Santa Gertrudes!

O seu modo de exploração animal revela-se assim não só adaptado ao meio como ao tempo histórico e político que decorre. A leitura que ele faz, e que é aquela a que eu estou a tentar forçar-te, é a que vai da paisagem à economia do leite. O leite é a pedra ancilar da sua economia e da sua realidade global e disso terei que falar-te mais tarde para que possas entender de que forma o consumo da carne é de alguma forma complementar ao do leite e sempre socialmente regulado, de tal maneira que acaba por inscrever-se numa política de utilização de excedentes. Logo aí colidem as visões aplicadas a esse mesmo meio por parte dos interesses endógenos e dos interesses exógenos que normalmente o avaliam: uns medem-no pensando em leite, os outros em carne. Para tanto, para proceder a essa leitura que vai da paisagem à economia do leite, o nosso pastor é implicitamente obrigado a outra, que é a que vai do boi ecológico, esse boi perfeitamente adaptado de que te falei atrás, ao boi económico, donde extrai a vida. Mas aí surgirá nova hipótese de colisão entre as duas visões das coisas. Quando falo de boi ecológico, sabendo que a ele o termo não lhe ocorre mas que sobre a substância do conceito poderá dar-me lições, eu estou a sugerir uma ecologia entendida como um sistema geral de relações entre todos os organismos e as condições ambientais de uma dada região, quer dizer, entre a comunidade das plantas e dos animais, incluindo os humanos, e o habitat e, para o caso que nos interessa, entre os humanos e as suas culturas, precisamente, e o resto do meio orgânico e não orgânico. Estou a falar-te da questão ecológica como ela é vivida pelas sociedades onde geralmente o lugar do homem não é necessariamente preponderante ou central, mas lhe atribui uma função relativa de manutenção do equilíbrio geral, e não da ecologia interpretada e decretada enquanto produto mais ou menos intelectual, segregado muitas vezes por nostalgias e fastios urbanos e por culpabilidades nem sempre conscientemente percebidas e assumidas por quem de facto compensa assim a falta que sofre de qualquer experiência efectiva com um qualquer meio natural, o que pode dar origem a visões ridiculamente catastrofistas e de ingénuo militantismo sentimental, um arsenal de clichés, de representações viciadas, de lugares-comuns e de generalizações perigosas.

Perigosas porque desses sectores podem sair, e saem, já que o poder afinal emana de tal universo, pressões capazes de accionar políticas que vão ditar comportamentos àqueles que efectivamente estão em relação com os meios naturais e a quem será imposto tratá-los e utilizá-los de uma maneira que não só lhes há-de parecer absurda, porque entendem a natureza não como um produto intelectual mas como um parceiro em jogo, como atestará a sua absurdidade perante todas as atenções de boa vontade tão logo se passe do delírio à prática. Lembro-me de ter referido atrás de que forma a delapidação dos recursos arbóreos do nosso país, devida ao consumo e ao comércio de lenha e de carvão, é em certos meios de discussão e de decisão entendida mais como uma agressão do povo à natureza do que uma modalidade desesperada de sobrevivência adoptada por aquele povo que foi mais radical e mesmo insultuosamente afectado pela situação geral que tem prevalecido e da qual muitos dos que o incriminam extraíram a prosperidade que sem pudor ostentam. E quando falo de boi económico estou a entender economia como a entende esse pastor iletrado, quer dizer, como o conjunto das actividades que combinam os recursos, o trabalho e a tecnologia para obter, produzir e distribuir bens materiais e serviços, e que visa o máximo de resultados a troco de um mínimo de custos. Esse é um quadro comum a todo o entendimento humano e o nosso pastor vive na prática todas as expressões teorizáveis *a posteriori* de todos os fenómenos económicos, conhece-os portanto talvez muito melhor que muitos daqueles, economistas inclusive, que reduzem a economia a mercados de capitais e a *operações de reserva e de dívida externa*.

\*

\* \*

E olha que, apesar de te aparecer vestido com um pano à frente e outro atrás, e se experimentares vais ver que não é desagradável nem inoperativo andar assim vestido quando o Sol cai de cima e o calor vem do chão, de dormir sobre uma pele de boi e de habitar pequenas casas cónicas feitas de barro e bosta, de calçar apenas levíssimas sandálias de couro cuja função é só a de complemetar a rijeza da sola do pé, de refrescar-se com um singelo soro de leite, daquele que pica na língua, é o *malulu*, fermenta com a água, parece cerveja, e de fazer a parte, circunstancial e mais de cortesia, de que muito lhe agradaria obter os teus pertences, o teu colete, o teu rádio, ele talvez não se considere assim tão pobre como tu o estás a ver. Ele está até talvez muito consciente, porque muito provavelmente até esteve alguns anos nas Fapla e sabe ler e escrever e viu mundo embora só venha a falar português, e a dar sinal que o entende, quando vier a ter confiança em ti e à partida, podes estar certo, não vai ter mesmo, que os bois de que dispõe dariam para comprar vários carros, tantos como alguns dos nossos mais prósperos dirigentes acumulam nos seus quintais.

As sociedades pastoris, a par de um equilíbrio ecológico-económico, todas elas estão também institucionalmente aparelhadas para não perder de vista um equilíbrio socio-económico que de uma maneira geral assegura com eficiência um acesso generalizado senão à propriedade dos meios, pelo menos à sua utilização e ao benefício dos resultados. Terei que voltar a falar-te disto, evidentemente. Mas retém para já a noção de equilíbrio:

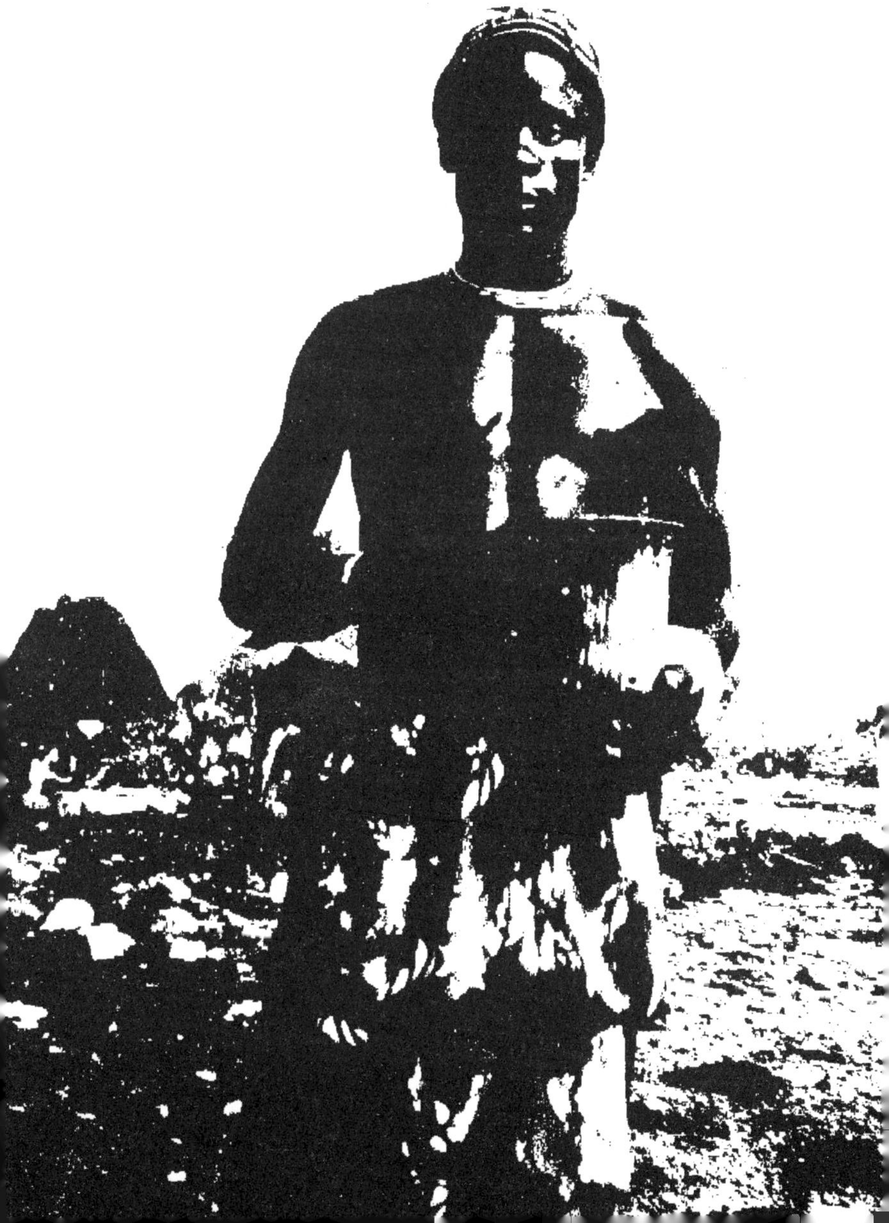

equilíbrio ecológico, económico, social. Estratégias sociais e produtivas que visam mais o equilíbrio do que o crescimento que suporta as racionalidades económicas modernas e que se revelam adaptadas não só ao meio em que operam mas também, parece-me, ao meio global em que se inscrevem e projectam. Todos estaremos de acordo: os tempos angolanos não têm sido os mais favoráveis ao crescimento, nem ao económico nem ao das condições sociais, e face a tal panorama dir-se-ia que as medidas desenvolvimentalistas pregadas e ensaiadas, quando não impostas, por certos sectores, porque depois não encontram nem enquadramento nem articulação, são mais de temer do que de acolher, aceitar ou apoiar.

# Virei
*onde se cruzam figuras...*

Saindo donde estávamos sem ser para voltar atrás, o Kanehuia fica à esquerda. E quando começamos a contorná-lo, cerca de 15 quilómetros à frente, onde aparece, para Sul, um desvio que vai dar ao Kapolopopo, a estrada passa a apontar directamente ao Virei, piso difícil de muita pedra solta e sucessivos cortes de *mulola*s fundas através de um terreno sempre acidentado, embora moderadamente, mata já dos *mutiatis* de pequeno porte. A partir de certa altura cruzas o eixo noroeste-sudeste dos Morros Paralelos que, desde o desvio para a Bomba, um pouco à frente do lugar onde te disse que fiquei encalhado, te acompanhavam pela esquerda e agora podes ver com maior detalhe à direita, durante dois ou três quilómetros. Do desvio para o Kapolopopo até ao Virei são vinte e tal quilómetros. De Moçâmedes até lá perfaz 130, que em condições normais levo a fazer quase sempre três horas, mesmo quando, em viagens de regresso, opto por não passar pelo Pico e rumo antes a Oeste que é para alcançar a estrada de Porto Alexandre no km 36, ou então mais à frente, no 26, porque ao fim da tarde esse é um caminho lindo, dá para ver pedras de que gosto muito e aumenta as hipóteses de encontrar gazelas. Foi exactamente aí, e já encostado à estrada de asfalto, que em 94 encontrei a maior manada delas que vi na minha vida, milhares de animais, talvez, em lenta deslocação que apontava ao Sul, uma enorme migração a evocar aquelas que antigamente, diz-se, estes antílopes faziam para juncar as praias de cadáveres depois de terem bebido avidamente a água salgada e espumosa da rebentação das ondas. Quem sabe do assunto diz que se tratava de resoluções ecológicas do tipo das que ocorrem ainda, parece, com roedores, os leming, no norte da Europa. São coisas que me fascinam, evidentemente, mas a nossa marcha situa-nos é no mau piso da estrada que aponta ao Virei, de que começas a avistar, nas lombas e muito antes ainda de lá chegar, a mancha branca das casas do posto.

A povoação consta de uma rua que dá uma extensa volta e define a forma de um abacate, e à volta e dentro desse espaço dispõem-se as instalações da Administração, o hospital, a escola e as casas dos funcionários, porque à volta é deserto mas estás numa sede de município e encontras aqui delegados dos principais ministérios, saúde, educação, agricultura e comércio. O posto da polícia tem a sua sede um pouco mais para lá, numa ligeira encosta onde se acham também duas ou três casas comerciais e a bomba dos combustíveis, e para a direita, mas ao mesmo nível, vês um conjunto de pequenas casas de alvenaria que antigamente era a sanzala do pessoal menor e auxiliar, cipaios, ajudantes e artífices. No meio fica a manga de vacinação, um aeromotor e um tanque onde há sempre gado a vir beber. À volta deste centro há cubatas, umas de pau-a-pique outras ainda de modelo pastoril, onde vivem pessoas de outras Províncias, sempre mais ou menos implicadas no comércio local, e por onde transitam e estacionam, às vezes durante largos períodos, populações locais que gravitam à volta das autoridades, do hospital e do comércio.

Normalmente paro o carro frente à Administração e peço ao polícia que está de guarda à entrada do quintal, ou então a alguém que espreite, para avisar o Administrador que eu cheguei, enquanto o Paulino vai à casa do Partido, que é ali ao lado, ver se o I. está presente, para o cumprimentar também.

Conheço o Virei desde miúdo, claro, mas constato agora que me faltam elementos da sua história. Sei que durante a guerra dos Mucubais, em 40-41, já funcionava como posto, pelo menos militar, todos os depoimentos sobre esse período me referem o Virei como o ponto para onde eram remetidos os prisioneiros trazidos da concentração do Cahinde. Daí eram expedidos em camions para Moçâmedes, a caminho da deportação. Mas em 1933, pelo menos, a instalação de um posto ali era ainda apenas uma ideia. Um médico veterinário que era então Delegado de Sanidade Pecuária do Lobito e cuja jurisdição se estendia até esta zona, parece, sugere nessa altura a criação aí de um posto administrativo e de uma missão católica, e a abertura de uma estrada em direcção ao Sul, até à Pediva. Estas propostas inscreviam-se num conjunto de medidas que aquele veterinário, Frederico Bagorro de Sequeira, adiantava com vista ao tratamento do "problema mucubal", de que ele formara entretanto opinião após ter visitado a região. As propostas de Bagorro de Sequeira correspondem, evidentemente, a uma perspectiva colonial. Mas olha que o artigo em que ele as consigna é um lúcido e isento documento em que são feitas claras e inequívocas denúncias contra a acção de funcionários e comerciantes e imputadas com grande desassombro graves responsabilidades e irregularidades à administração e às forças militares. E ao mesmo tempo ressalva as mais evidentes razões dos Mucubais e assinala, reconhece e enaltece o seu valor de forma sincera e respeitosa. Junto o seu nome ao de Lopes de Faro e de Sta. Brígida de Sousa, que te referi atrás, para sugerir que sempre houve, da parte do ocupante colonial, vozes e atitudes capazes de assumir o risco de tentar ver claro e assinalar injustiças e arbitrariedades que se estava mesmo a ver no que é que iriam dar. Não puderam, no entanto e bem entendido, prevenir o curso da história e a situação insustentável que Bagorro tão veementemente caracterizou acabaria por conduzir à catástrofe final da rusga generalizada de 40-41.

\*

Enquanto espero que o Administrador me receba, o que nem sempre acontece de imediato porque nestas situações de isolamento o protocolo assume por vezes expressões das mais exasperantes e caricaturais, fico sempre a olhar para o extenso terreiro que se estende à frente, rematado por um sólido e maciço bloco de alvenaria que eleva um palco a mais de dois metros de altura, coberto por um telheiro de chapa de zinco e que é uma reminiscência do tempo dos comícios da primeira década e meia da nossa revolução. Vim aqui filmar por duas vezes, uma em 76 e outra em 80, e nesse tempo o Virei era, julgo, um importanto ponto no eixo da defesa anti-aérea contra os Sul-Africanos. No caminho para a Tyikweia passas ainda no meio das casamatas dos Cubanos. Parei uma vez e espreitei. Quando chove a água entra lá dentro, depois seca e estala a nata da terra que foi atrás e o chão fica todo fendido e eriçado. A impressão não é boa e não é tanto, talvez, por me vir logo à ideia que pode haver gente morta escondida e abandonada ali, ou porque remete ao tempo e às condições que deram lugar àquilo. Para mim é mais ver a crosta do deserto minada por galerias de cimento armado que apenas serviram a um episódio obscuro da história e no entanto vão perpetuar – se ao longo das eras, tão rijas e duráveis, ou mais, quanto os morros que há à volta. Ali onde tudo é espaço, e é vasto e limpo, andaram homens a formigar e a respirar ar gasto porque o céu não era aberto, era um vazio hostil, não era a mãe da chuva, era o écran do medo enquadrado pelas janelas das vigias, era um alçapão das bombas, um campo de tiro avulso.

Mas quando chega a ordem do Administrador para avançar em direcção ao anexo que lhe serve de escritório, e onde me costuma receber, já estou envolvido em conversas sobre as coisas do presente porque entretanto terá vindo até mim gente que me conhece de outras passagens, e até de outras paragens, funcionários, auxiliares ou pastores e até talvez o próprio I. já tenha chegado para dar-me um abraço e perguntar se lhe trouxe cerveja ou cigarros. Esse mais-velho I., homem de tanto poder...

*

O I. é mais que soba, é arquisoba, é regedor, é a autoridade tradicional máxima do município, orquestra a prestação de todos os outros sobas, maiores e menores, da região. E é ao mesmo tempo o representante acreditado junto do Estado de uma profunda e ilustre dinastia de notáveis Mucubais através da qual o Estado, o nosso de agora como o colonial de antes, procura exercer a sua soberania sobre o povo, quer dizer, as populações que esses notáveis são supostos representar, por um lado, e controlar, pelo outro. É um homem que detém um efectivo e inequívoco poder. Nenhum Administrador fará ali carreira sem ter isso em conta e nem ninguém obterá informação nenhuma, seja sobre o que for, sem passar por ele e assegurar o seu aval e cobertura. É fino, muito inteligente e dotado de um grande talento político. Mede o interlocutor e gere a conversa conforme é o caso e o seu interesse. No quadro das modernas técnicas de inquérito que as Ong's e outras organizações desenvolvimentalista e humanitariamente às riscas andam agora a descobrir, adaptando coisas há muito sabidas às exigências da rapidez de acção, a sua figura corresponde de forma exemplar à dos "*key informants*", informantes-chave. Os inquiridores chegam todos limpos e plenamente seguros de si mesmos, e passam à busca afanosa dessas autoridades para estabelecer em tempo record o diagnóstico da situação... vou poupar-te... se quiseres saber o que eu penso de tudo isto terás que ir à procura do que já escrevi... O que posso assegurar-te, sem precisar dizer mais nada, é que, depois de uma conversa com o I., esses agentes de tais voluntariosos militantismos bem remunerados saem dali convencidos de que sabem o que precisavam, isto é, o bastante, quer dizer, tudo, para passar à acção. E que o que ouviram não é afinal muito diferente do que já conjecturavam. Ora o que eles conjecturavam também já o I. o sabia e afinal ele não faz mais, a maioria das vezes, do que responder-lhes em conformidade. É essa a maneira de os ver trazer o mais rápido possível aquilo que vieram prometer, ajuda alimentar, novos pontos de água, assistência sanitária para as pessoas e para o gado. São programas que raramente vingam ou se alargam por muito tempo, e de qualquer maneira não garantem qualquer continuidade nem concertação. Mas o que vier é ganho e é preciso não os desencorajar deixando entrever que a coisa pode ser mais complicada. Efeitos de temer a longo prazo? E quem anda neste país a pensar no longo prazo? Outros factores, aliás, virão certamente a determinar também os contornos desse longo prazo. E aquilo que puder de uma maneira ou de outra compor este presente, senão de todos pelo menos o de alguns, não há-de certamente sofrer a obstrução de quem faz parte desses alguns.

Sou amigo do I. porque tentei conseguir a coisa de outra maneira, desde o princípio. Quando o reencontrei em 92, ele não me reconheceu, embora me tivesse acompanhado em 76 e 80. Eu também não fiz qualquer alusão a isso. Optei estrategicamente por aludir à figura do meu pai, que ele tinha conhecido bem, e abri caminho à hipótese de ser recebido quase como filho dali. O I. chamou então gente à volta para lhes dizer vejam lá, é filho do finado J.J., assim podia ser também meu filho e olha só para ele, parece mas é um mais-velho meu.

Não, não vinha funar nem matar elefantes, nem pedir-lhe o favor de se deixar hipotecar por um punhado de milho, vinha só para "estudar" os Mucubais. Como estavam agora, como tinham estado antes, no tempo do colono e mesmo ainda mais antes. Estórias antigas? Também...

*
\* \*

*Na contagem dos mais velhos os homens estavam primeiro numa serra chamada Kutundona, aparece o tal morro aqui, desse lado (leste). Ficavam lá, tinha um rei, um Hamba, esse pessoal era todo Hambas. Ficou, ficou, mas estava com pouco gado. Já estava a criar gado mas não era assim muito, era só pouco. Quando tinham chegado no Kutundona o touro que traziam afastou das mães, das vacas. E como o rei tinha cinco rapazes, saiu um que foi procurar o touro. Esse rapaz o nome dele já ninguém conhece. Então quando o rapaz veio procurar o touro chegou até no rio, onde tem matepa, veio encontrar o touro no rio Cubal. E esse touro estava gordo...*

*
\* \*

Comecei pois por ali, como não podia deixar de ser. O Administrador cedeu-me um quarto na residência oficial e durante uma ou duas semanas gravei o que o I. achou que devia contar-me. E fiz com ele dois passeios altamente instrutivos para aquela fase do inquérito, em que me convinha ir apreendendo só o que aparecesse à frente e fosse debitado com espontaneidade, sem insistências ou perspicácias minhas.

Uma dessas viagens foi feita a pretexto do transporte de um saco de milho e de umas caixas de bebida para um *sambo* que ficava perto do posto, onde o I. me disse que ia haver uma "festa" a que talvez me levasse no dia seguinte embora já soubesse que o não ia fazer, como de facto aconteceu. No tal *sambo* encontrámos meia dúzia de homens aparentemente à espera. Um deles era mais-velho e estava rastejante de bêbado. Voltámos ao Virei depois de uma conversa que não entendi bem mas, deu para presumir, à volta de um tratamento que havia para fazer. Não perguntei nada, até porque o regresso se fez quase todo a rir. Nessa altura eu andava mais agravado deste catarro do tabaco e de cada vez que tossia, seco e curto, os guarda-costas do I., dois Mundimbas manifestamente contentes de andar assim armados até aos dentes, não continham as suas juvenis gargalhadas porque é assim que tossem os touros de cabrito, quer dizer, os bodes... E eu exultava de comprazimento profissional, a respirar um tal clima pastoril a plenos pulmões, quer dizer...

\*

Não perguntei nada mas farejei assunto, e mais tarde vim a ter a confirmação de que aquele não era um *sambo* como os outros. Era um local próprio para *tratamentos* altamente complicados e ligados a um Fogo originário do Kuroka. Qualquer coisa afecta a poderes muito especiais e à resolução de casos de muita gravidade e supremo segredo, um Fogo único, na altura, para todo o território kuvale. Gente do Kamukuio e de toda a parte vinha até ali para recorrer a I.. Esse Fogo tinha-o ele recebido do avô, do pai da mãe, essa figura que vai adquirindo um estatuto lendário, o finado Luhuna. Mais tarde foi-me dado mergulhar francamente na matéria, mas isso foi só três anos depois, quando um filho desse falecido avô do I. fez vir o mais-velho Miguel do Kuroka para lhe instaurar um *tyinyongo* semelhante, à beira do Bero, como julgo que já te referi antes e vou ter que voltar a falar-te, lá mais para a frente. Mas do I. e a este respeito nunca cheguei a saber nada, claro.

A outra viagem foi uma diligência interrompida porque o destino era o Kavelokamo, e um lugar mais à frente que se chama Ndele-Ndele, e entretanto o Cubal, que é Bero, tinha enchido e não dava passagem. O Kavelokamo está a uns escassos vinte quilómetros do Virei e chega-se lá desviando à direita na estrada que vai para o Cahinde. Existe aí uma casa comercial que, parece, nunca fechou, mas a importância do lugar, da zona, advém-lhe de ser esse o terreno onde se desenrola muita da acção das estórias que são os mitos fundadores daqueles "cobaes" das crónicas do século passado, e que constituem, em paralelo com os Tyiheia e os Dyombe, os Mucubais do presente, como já sabes se não tiveres deixado escapar o que tenho vindo a contar-te.

É nessa zona que se encontram os cemitérios imemoriais e até há poucos anos se situavam as residências fixas das famílias que preservam o estatuto de linhagens fundadoras, os *ombiadi*, os primeiros, *kuviala*, os do início, *oyo hamba ombiadi,* os senhores do princípio. Não atravessei o rio nessa altura mas acabei por chegar lá pouco depois, com o Kapolopopo e o Kakriolo, personagens que te introduzirei lá mais para a frente. Nesta altura o Cubal já dava passagem e avançámos até ao Ndele-Ndele, que é uma enorme pedra que canta como um sino de bronze quando é percutida com uma pedra pequena. Há outras pedras destas espalhadas pelo território kuvale e assinaladas todas como Ndele-Ndele, até nas cartas topográficas. Numa delas também estive, para os lados do Tyiakutu, mas essa está associada a feitiçaria, é uma morte anunciada, é *ewerionganga*, é melhor não fazer. Esta, porém, que é perto do Kavelokamo, quando se fazia ouvir pela madrugada, antigamente, era para anunciar a morte do "rei". O rei, era capaz, tinha apanhado alguma doença, ou então estava mesmo é morto já, ou então, também podia ser, era a morte de algum dos homens a quem pertencia estar ao pé do rei.

Estivemos lá e depois parámos, já no regresso, num local onde crescia o capim mas guardava vestígios de círculos de pedra no chão e restos de armações cónicas, feitas com paus. Não eram restos de casas mas sim de *mutalas*, suportes, plataformas, para a carne de uma "festa", uma *Kuiambela* feita pelo finado Luhuna, pouco antes de morrer. Uma *Kuiambela* gigante e segundo o que me contaram muito maior que aquela que, três anos mais tarde também e então no Virei, eu viria a acompanhar de perto. Mais tarde te direi como é uma *Kuiambela*, cerimónia complexa de culto de antepassados que envolve romagens a cemitérios e sumptuosos consumos de carne e de bebida.

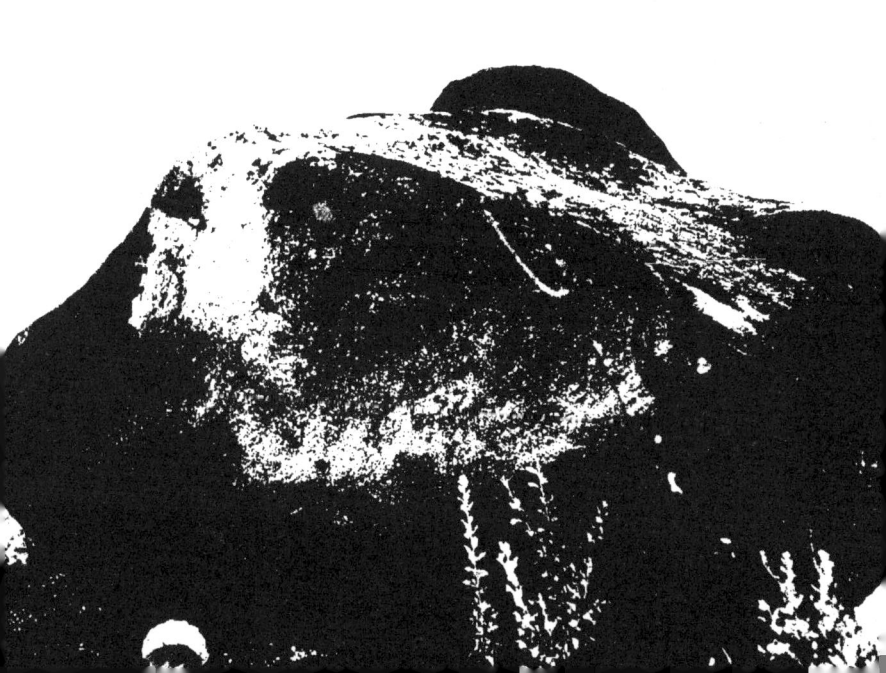

Quando aí estive, então, e andava a disparar fotografias, passou uma carrinha, coisa rara ali naquela altura, com mulheres na carroçaria a bater no tejadilho para mandar o condutor parar. Ralharam muito com o Kapolopopo, que trazia assim um estranho ali, a tirar fotografias sem sequer despejar bebida no chão, aos falecidos. Queixariam aos mais-velhos das famílias e não escapávamos de pagar uma multa grande. Pedimos desculpa, elas partiram, e apontei a câmara para um magnífico *muxitu* de palmeiras que havia do outro lado, tudo verde e lindo à volta porque nesse ano andava a chover bem. Ali, garantiu-me o Kapolopopo sem qualquer hesitação, é que o Rapaz da lenda tinha encontrado o Touro inaugural.

*

*... Então quando o rapaz veio procurar o touro chegou até no rio, onde tem matepa, veio encontrar o touro no rio Cubal. E esse touro estava gordo.*

*E já vai contar nos pais. Contou: oh pai, onde fui encontrar o touro é uma terra muito boa. Tem umas coisinhas, uns frutos,*

*essa matepa. Aproveitei, comi aquilo. Eu julgava que é para morrer no caminho, afinal de contas cheguei. Mas é boa terra mesmo.*

*Acompanharam o rapaz. O touro estava lá, tinha esperado, ficou. Quando chegaram no rio: ah, afinal de contas – como tinha bastante água, naquele tempo chovia muito, e aí era só mata, não tinha ninguém – afinal de contas o rapaz encontrou um bom sítio, dava para fazer a lavra, sentava em cima da montanha, já começou a ver, e aí é que vai aparecer a divisão. Esse sambo, se a gente for no rio Cubal vamos passar lá, aí tem uma serra, o rio passa no meio, os filhos que nasceram nesse sambo vieram para este lado do rio e disseram: bom, a gente para ficar no sambo dos mais-velhos já não dá, o povo é muito, não tem onde é que a gente vai fazer as casas.*

*Esses rapazes, com as meninas, vieram nesse lado do rio, são os Mukwangombe. Esses que ficaram lá, os pais deles, os mais-velhos, são os Hamba, os Mukwambila, é a minha família. Não sei antigamente como estava, mas os mais-velhos contavam: a gente é*

*os que pertence no lugar do Hamba, aqueles que saíram daquele lado para cá é que são os Mukwangombe, são os filhos dos Hamba, afinal hoje estamos a dizer é tudo Mukwangombe.*

*Na origem dos animais, os que avançaram primeiro com os animais foram os nossos filhos, os Mukwangombe, que saíram da nossa cubata, esses que tinham saído dos Hamba. Os Hamba ficaram pobres e o gado foi aparecer no sambo dos nossos filhos. Esses é que aumentaram os animais. Mas naquelas casas dos Hamba tinha um homem que pensou: a gente, para recuperar aqueles animais, esses rapazes que estão lá já não vão aceitar. Vamos fazer como é? Saíram para aqui, foram no Kuroka, foram apanhar umas coisinhas que se chama mbamba, é uma concha branca, pequena, essas coisas naquele tempo custavam um animal.*

*Trouxeram isso de lá e os mais-velhos reuniram: bom, essas coisas que a gente foi apanhar no Kuroka, vamos fazer assim: deixar cair, deixar cair no chão, os Mukwangombe estão a dormir, amanhã eles vão apanhar, desta maneira vamos obrigá-los a entregar-nos alguns daqueles animais que estão com eles. Quando chegou no dia seguinte esses mais-velhos saíram das casas deles, chegaram aqui nas casas dos outros. E disseram: a gente perdeu as nossas coisas, mbamba, vocês aqui não viram (isso é para poder levar os animais dos rapazes)? Resolveu, resolveu, resolveu, não, a gente não tirou nada. Mas então como é que está a aparecer aqui nas vossas mãos, nós, os Hamba, é que temos direito de usar essas coisas, vocês são Mukwangombe, são nossos filhos, não podem, então vão pagar a multa. E pagaram a multa com os animais. A nossa estória que ouvimos é essa assim. Pode ir noutra escola, a única contagem é só essa.*

*Os rendeiros do rei ainda tem, sim, a gente um dia vai lá. Hamba até agora ainda está a mandar. Um dia vamos passar lá, mas temos que avisar primeiro. O rendeiro do rei está ali no Tyitundu-hulu.*

\*
\* \*

Das estórias que o I. me contou só te estou a reproduzir o que me parece indispensável à tua compreensão do universo kuvale e à colocação, nele, das figuras com quem vais deparando. Ouviste falar de rei, que é o Hamba, que o Hamba ainda manda e que até podíamos ir visitar o Hamba actual, que é o *rendeiro* dos *reis* anteriores. Aqui sou de imediato obrigado a fazer primeiro um parêntesis, antes de procurar situar o testemunho do I. no contexto do presente e da sua própria inserção nesse contexto. Quando aqui ouvires falar de rendeiro considera que se trata de herdeiro. Na linguagem corrente do Português aqui praticado ninguém diz herdeiro, diz rendeiro. Rendeiro é aquele que *rende*, que substitui, que ocupa o lugar do outro. Eu mesmo procedo assim automaticamente já, e ainda que fizesse um esforço para dizer herdeiro, além de não me soar bem, o que iria afectar o meu débito, não asseguro que de vez em quando não viesse a resvalar para a modalidade que integrei. Quanto ao rei que o I. diz…

*

O homem existe mas talvez a ninguém a não ser ao I. ocorra chamar-lhe rei. É de facto um homem muito rico e reconhecido como tal por toda a população kuvale e não só. Tem gado por toda a parte e para ele convergem múltiplas heranças que aos olhos de toda a gente o constituem como um exemplo do que a sorte, a segurança pessoal e sem dúvida a detenção não de um mas de múltiplos "poderes" e "protecções", podem garantir na vida de um homem. Ele foi o rendeiro imediato do Mucubal sem dúvida mais rico e mais famoso das últimas décadas e depois disso não têm deixado de suceder-se situações que se conjugam para que muito gado lhe venha parar às mãos. Esse homem de quem ele rendeu foi o mais-velho Luhuna, de quem era sobrinho, figura que já antes da guerra do *Kakombola* ocupava junto da Administração o lugar que hoje cabe ao I.. Este por sua vez filho de uma filha do Luhuna e assim vemos o Hamuhapwa, é o nome do "rei" actual, e o I. a ocuparem hoje posições estatutárias diferentes que num passado recente eram acumuladas pelo velho Luhuna: as de homem mais importante, o primeiro, *ombiadi*, tanto nas estruturas linhageiras kuvale e junto das estruturas do poder de Estado. O mais-velho Luhuna faleceu há uma dezena de anos e legou a cada um deles as expressões mais explícitas de um poder que em vida soube gerir, parece, com grande talento e mestria. Tanto o poder e a influência que o mais-velho exercia em vida como as modalidades actuais do exercício desses mesmos atributos são a expressão mais imediatamente evidente da presença e da importância de uma linhagem hegemónica entre os Kuvale.

Falando de linhagem hegemónica temos que enfrentar sem hesitações a caracterização política de uma sociedade como a dos Kuvale: linhageira, segmentária e, lá chegaremos, teórica ou tipologicamente acéfala mas com lugar, ainda assim, para a emergência e a reprodução de formas centralizadas de desempenho social. É neste quadro que, se quisermos prosseguir a nossa viagem, tenho obrigatoriamente que te introduzir agora.

Como certamente deste conta, toda a trama da estória que te reproduzi e adaptei se estabelece à volta da interacção entre categorias que até aqui tenho vindo a evitar introduzir neste relato. Já anteriormente tive que aludir, de passagem, a *clan*s e a linhagens, mas agora não é mais possível poupar-te à complexidade que isso representa. Também não há pessoa dotada de uma regular cultura livresca a que a palavra *clan* não evoque pelo menos a constante referência, no mundo ocidental ou ocidentalizado, aos *clan*s dos Escoceses, aproveitada até para marcas de whisky. Pois bem, qualquer pessoa kuvale pertence a um *clan* e a uma linhagem dentro desse *clan*. Para sermos mais precisos, no entanto, convém saber que um *clan* é constituído por pessoas que se consideram parentes consanguíneos a partir de um genitor antepassado comum projectado numa profundidade histórica que o faz perder de vista enquanto figura identificável. No nosso caso, e para o que nos interessa agora, essa descendência é estabelecida através das mulheres. Um *clan* tem a sua origem numa remota velha de cuja barriga saíram as mães das mães das mães, *ad infinitum,* das nossas mães de hoje. Uma linhagem é um segmento de qualquer *clan*, medido para trás e a partir de uma mãe de agora até haver memória que identifique as mães que a precederem. Qualquer homem ou mulher, no caso mucubal porque noutras sociedades a filiação clânica é estabelecida através dos homens, é do *clan* da sua mãe. O seu pai pertence a outro *clan*, ao da mãe dele, portanto. Por outro lado, quando ouvires falar de *eanda* ou de *mahanda,* é de *clan* no singular ou no plural que se trata, e quando escutares *dyemba-imu* ou *vererimu*, placenta única ou mama única, então corresponde a linhagem. Por agora chega, quando vier a ser necessário hei-de pôr-te ao corrente de outros detalhes.

\*

A versão produzida pelo I. sobre a origem e a carreira da linhagem a que pertence fornece, por isso ele a produz e eu a reproduzo, um quadro exacto e bastante dos envolvimentos estruturais em que se tem desenrolado o passado e o presente dos Kuvale: as interacções têm lugar entre *clan*s através de sujeitos implicados sobretudo na exploração de bois e em questões ligadas a isso mesmo. Ora estes traços, bastantes a uma primeira caracterização desta sociedade, não dizem, na região, respeito apenas aos Kuvale. Todas as sociedades pastoris e agropastoris de Angola, da Namíbia e até do Botswana, laboram sobre estruturas de articulação social interna que definem aquilo que poderei identificar como uma mancha clânica regional. A esta mancha poderá mesmo ser imputada uma unicidade que decorre não apenas de uma contiguidade geográfica entre sociedades que fazem uso, no exacto presente, de uma organização clânica, ou preservam aspectos da sua funcionalidade, mas também de os mesmos *clan*s se repartirem por diferentes grupos étnico-linguísticos. Encontras os meus *clan*s entre os Nyaneka-Nkumbi a que no quadro dessa diferenciação correspondem por exemplo os Tyilengue, os Mwila ou os Gambwe, entre os Herero dos dois lados do Kunene e até ao Botswana, e também entre os Ovambo de um lado e do outro da fronteira entre Angola e a Namíbia. Isso estabelece precisamente uma contiguidade política, social e cultural que atravessa toda a ordem de fronteiras e assegura desenvolvimentos pragmáticos de evidente importância. Para não ir mais longe essa condição pode garantir que um indivíduo de determinado *clan* conte sempre à partida com um acolhimento favorável junto de alguém que responda à mesma filiação clânica seja aonde for que o vá encontrar, por maior que seja a distância geográfica ou étnica. Os *clan*s do boi – *Mukwangombe* –, da chuva – *Mukwambila* –, e das plantas, dos vegetais – *Mukwatyite* –, que ouviste o I. referir, estendem-se por toda esta mancha clânica. Não vou, claro, alargar-me pelas expressões que a modalidade clânica assume em formações que não sejam as dos Kuvale. Há bibliografia e informação sobre as quais trabalhar, já o fiz mesmo em intenção doutros trabalhos, reconheço que faz falta e seria oportuno ir muito mais longe, até gostava de poder vir a fazê-lo, mas aqui e agora vamos deter-nos apenas à volta daquilo que o I. disse.

Ele falou de um grupo de Hambas, e identificou-o a certa altura com outra designação, a de *Mukwambilas*. Por outro lado articulou este mesmo grupo a outro, o dos *Mukwangombe*, declarando-os seus filhos... É também por isso que estas sociedades são ditas segmentárias. A dinâmica da sua própria vigência e reprodução dá origem à emergência de segmentos que se autonomizam total ou parcialmente a partir de determinada altura, e ocorre assim poderes ver-te na presença de *clan*s seniors e de *clan*s júniores, decorrentes estes de segmentações dos primeiros. Uma pesquisa orientada a partir do testemumho do I. iria procurar reconhecer esta relação entre os *Mukwambila* e os *Mukwangombe*. Mas teria certamente que alargar a sua indicação para além do contexto Kuvale. Dado que o que nos interessa imediatamente neste nosso caso é apreender o presente e só te tenho chamado a considerar dados empiricamente comprováveis, o que importa dizer-te é que na prática corrente o segmento linhageiro a que o I. se identifica pessoalmente, em conjunto com o Hamuhapwa e outros, é entendido como fazendo parte dos *Mukwangombe*. Estes, com os *Mukwatyite* e os *Mukwambwa* (os do cão, do leão) são de facto as três únicas categorias clânicas pertinentes na prática entre os Kuvale e a uma das quais qualquer indivíduo kuvale te aparecerá ligado, seja ele de que subgrupo for, dos da Tyiheia, do Kavelokamo ou do Jombe.

Referências a outros *clan*s comuns ao resto da mancha clânica, aparecem em contexto kuvale inscritas por sua vez como uma extensão desse sistema tripartido e constituindo uma hierarquia de linhagens máximas ou de sub-*clan*s dentro de cada uma dessas três *mahanda*. E essa tripartição reproduz-se sempre até à linhagem mínima, aquela que é configurada pela tua mãe, as irmãs dela e a mãe de todas. Teoricamente a tua mãe terá sempre uma irmã mais velha e outra mais nova. Da mesma forma no interior de cada um dos três *clan*s pragmaticamente reconhecidos há uma linhagem máxima que é a mais velha, outra que é a mais nova e, naturalmente, a do meio. "Mais-velho", na nossa expressão comum, corresponde muitas vezes, quase sempre, a "mais importante", independente da idade cronológica que corresponde ao sujeito designado, e a linhagem a que o I. e o Hamuhapwa pertencem é a mais importante do *clan* dos *Mukwangombe*. Não há, aliás, qualquer categoria clânica que dê pelo nome de Hamba. Os Hamba como *clan* é coisa que não existe e a insinuação do I. nesse sentido, ao dizer *nós somos os Hamba*, há-de corresponder também, estou em arriscar, ao facto de a zona do Kavelokumo, território a que a sua linhagem é sempre associada, também ser reconhecida sob o topónimo de Hambo. O mesmo, porém, não acontece com a referência aos *Mukwambila*. O *clan* dos *Mukwambila* existe espalhado pela mancha clânica e a alusão que lhe é feita inscreve-se perfeitamente no quadro da hegemonia local de que goza a linhagem do I. e do Hamuhapwa.

Sem entrarmos em especulações que neste registo não encontram lugar, proponho-te uma decifração abreviada e sem dúvida redutora da estória do I., capaz no entanto de conduzir à compreensão do lugar que a sua linhagem ocupa. Não temo induzir-te em qualquer hipótese delirante ou infundamentada, batalhei até aqui o suficiente, em tais terrenos, para poder correr o risco de uma interpretação sucinta mas verosímil. Admite, por exemplo, que, por razões que não vamos explorar caso contrário ainda acabamos por cair na panela onde se tem cozinhado e há-de ainda cozinhar por muito tempo a famosa questão dos Jagas, que um segmento herero do *clan* dos *Mukwambila* tenha historicamente sido levado a procurar condições de vida na zona de serra-abaixo a partir dos platôs dos Gambos e que assim tenha vindo instalar-se nas margens do Cubal. É o que I. nos narra quando refere o morro do Kutondona e a descoberta do local que o touro lhes indicou. Aí terão adregado estabelecer alguma relação de domínio sobre os *Mukwangombe*, no seio dos quais acabariam por integrar-se, e sobre os *Mukwatyite*. Quanto a mim não é importante saber agora, embora fosse matéria incontornável se quiséssemos ir mais longe, quem precedeu quem ou se chegaram mais ou menos ao mesmo tempo. É sobre esse domínio, projectado até hoje, que nos interessa falar. Ele pode muito bem ter sido estabelecido com base em aptidões e recursos guerreiros. Mais uma vez ocorre pensar numa dilatação da expansão Jaga protagonizada até por povos entretanto absorvidos por ela. Mas já decidimos pôr de lado desenvolvimentos especulativos nesse sentido. Detém-te antes no facto de o *clan* dos *Mukwambila* ser o dos da chuva. O que acontece no presente quanto à hegemonia da linhagem do I. em relação ao resto do *clan* dos *Mukwangombe* e aos outros dois que coexistem entre os Kuvale, é que ela se fundamenta em grande parte nas funções que dizem respeito à questão da chuva. Isso, e a detenção de alguns monopólios sobre recursos naturais e a fruição de alguns privilégios e isenções, é que nos pode revelar a substância da hegemonia em causa.

Ao Hamuhapwa, como mais-velho dos Hamba, dos *Mukwambila*, dos Mukwamgombe e por inerência de todos os Kuvale, cabe, quando a chuva não vem e os bois estão ou vão começar a morrer, expedir para o planalto interior, e dirigido a algum dos Hamba, reis, lá de cima – Gambos, Kihita, Jau ou mais remotamente Huíla – um boi ou um carneiro, todos pretos, óleo de *mupeke* e dinheiro para que os *tyimbanda* da chuva que aí operam, os *volokese* – que são *Mukwambila* ou pelo menos deveriam sê-lo porque nem sempre a prática se conforma à regra e muita regra se dilui no tempo e nas conveniências – propiciem, segundo os seus métodos, as precipitações pluviométricas de que o mundo está a sofrer a falta.

Terei, evidentemente, que passar uma vez mais por cima e pôr de parte toda a fascinante etnografia ligada a tudo isto. Mas não resisto lembrar-te aquela estória que escrevi já faz muitos anos e apareceu em *Como Se o Mundo Não Tivesse Leste*. Ela é urdida à volta de um caso passado em Calulo, tão lá para o Norte e a envolver gente tão diferente. E no entanto também lá ocorre, para propiciar a chuva, que aí faz sobretudo falta é à cultura do café, uma operação que recorre ao sacrifício de um boi todo preto. Acerca da cor negra que deve caber aos animais com que se promove a chuva, como não te sugerir também, por outro lado, que leias, caso possas e isto te interesse verdadeiramente, um artigo famoso de um eminente antropólogo, Victor Turner, que se detém sobre a classificação das cores em rituais dos Ndembo, populações da actual Zâmbia? É um texto capaz de despertar vocações e nele o autor levanta a hipótese de ser o negro uma cor de bom augúrio em regiões onde a água é insuficiente porque as nuvens que trazem a fertilidade e o crescimento são de cor negra também. Mas isto é conversa para outros serões. Se te falasse então do vermelho...

De qualquer maneira ficas a saber que ao Hamuhapwa é que cabe desenvolver acção efectiva nestas questões de falta de chuva. Não é ele que opera directamente para a promover, nem há agentes locais habilitados a isso, a ele só cabe, embora também através de episódios cerimoniais, expedir os mensageiros e os recursos para que lá em cima procedam. Mas nesta simples circunstância tu podes descortinar várias linhas de especulação e pistas de interpretação que inevitavelmente se hão-de colocar a quem anda envolvido nestas coisas. É esse o caso para a dependência, por vezes associada a expressões tributárias como esta, que vemos historicamente atribuída a populações kuvale relativamente aos poderes centralizados do platô, nomeadamente ao reino do Jau, que é a referência mais comum depois de sublinhada pelo Pe. Carlos Estermann. A prevalência e a persistência de certas modalidades hegemónicas afinal talvez se expliquem também porque se fundamentam em desempenhos tão estreitamente ligados a factores decididamente importantes para a vida comum de todos como a manutenção dos equilíbrios ecológicos e, logo, produtivos. E é também o caso, mas aí entraríamos de novo em matéria de especulação teórica, da presença, no seio de sociedades ditas acéfalas como a dos Kuvale, sem poder central, de estruturas centralizadas que embora dispensáveis para o exercício explícito da economia e da interacção social, o não são para a gestão do simbólico e da interacção com elementos reguladores dos fenómenos que escapam à capacidade operativa directa dos homens vivos do comum. Também fica para outros serões.

A capacidade e a aptidão estatutárias adequadas para actuar num domínio tão especializado como o da produção de chuva, já é razão mais do que suficiente para colocar a linhagem do I. e do Hamuhapwa em situação de singularidade e de primazia. Depois há as outras evidências dessa mesma colocação singular e hegemónica, aquelas que simultaneamente decorrem dela, as que a actualizam e as que a reproduzem. Por exemplo: a linhagem hegemónica detém o monopólio, mais teórico do que efectivo nos tempos de hoje, é verdade, da colheita dos frutos de *mupeke* com que se faz esse precioso óleo que intervém em quase todas as operações rituais dos Kuvale, além de ser um cosmético muito valorizado e com aceitação comercial, como já te falei. Também um controle semelhante é exercido pela linhagem hegemónica sobre tudo o que sai da mateba, *molunga*, (*Hyphenae ventricosa*), que o I. refere no seu testemunho e abunda por todo o curso do Cubal e das *mulola*s que a ele afluem, e dos frutos do *mukoio*, de que se destila álcool. Mais ainda: os titulares da linhagem hegemónica não se atêm como os outros tão estritamente à exogamia clânica, quer dizer, à disposição que estabelece a irregularidade formal de casar dentro do próprio *clan*, antes na prática cultivam a endogamia linhageira, casam-se entre si, o que é uma forma de concentrar, de centralizar, o poder que lhes está estatutariamente consignado. E mais ainda, e ainda por exemplo e para ficar por aqui: há interditos sociais e de vária ordem que eles atropelam impunemente, como... – desculpa a lhaneza do exemplo mas aspectos como este contam muito no contexto kuvale – como tapar a cabeça com uma manta a não ser em caso de óbito. Em contrapartida qualquer ofensa que se lhes faça, mesmo comezinhos casos de adultério, é passível de dar origem a uma multa muito mais pesada do que se tivesse sido feita a qualquer pessoa do comum.

Dá-te agora conta da relação dialéctica e dinâmica que ocorre entre esta linhagem hegemónica e o poder do Estado. É junto dela que o Estado, desde sempre, procura os "sobas" de que precisa para actuar ali como actua junto de quaisquer populações não imediatamente urbanas. Esses sobas saem automaticamente das estruturas locais do "poder tradicional" quando se trata de sociedades com alguma expressão estrutural de poder centralizado. Onde tal não existe, e é esse o caso das tais sociedades ditas acéfalas como é a dos Kuvale, se não há sobas inventam-se. E onde existe apesar de tudo uma linhagem hegemónica, e parece que existe sempre, é de lá que os sobas são retirados. Não é preciso levar a explanação e o raciocínio muito mais longe, creio, para reconhecer que a partir dessa altura o próprio sistema orgânico do poder central é um factor estruturante, e importante, para a consolidação e a projecção da linhagem a que recorreu, e para que dentro dela se manifeste a linhagem mínima dentro da qual por sua vez há-de reconhecer-se um indivíduo que é o *ombiadi,* o primeiro entre os demais. Ora esse homem é hoje o Hamuhapwa. O I. é-lhe estatutariamente muito inferior. Mas é ele o mais apto para actuar junto da Administração. Ele foi preparado para isso pelo velho Luhuna. Fala português, lidou com muito homem branco, viajou muito, é um homem do mundo. O velho Luhuna, esse, além de ter sido um homem de poder, era uma figura insinuante, preparada, a quem toda a gente gostava de dar presentes e com uma desconcertante sorte, é caso ainda comentado, entre as mulheres. E acumulava em vida a condição de primeiro perante os dois campos, o do povo e o do Estado.

# Vitetehombo
*e se entra no sistema*

Com o Hamuhapwa fiz um trato em 92, no fim da minha primeira campanha de terreno: quando voltasse para a campanha seguinte viria juntar-me a ele durante algum tempo, no seu *sambo* da área do Kapolopopo, ao pé dos morros do Tyitundulo, famosas pedras onde nos anos cinquenta foram assinaladas por um *boer,* o Miguel Prinsloo, pinturas e gravuras rupestres, em grutas e a céu aberto, que têm a partir daí merecido alguma atenção e sofrido também alguma delapidação. Na vizinhança dessas pedras e depois da independência se instalaram, vindos do Kavelokamo – porque antes podiam ser, e eram, corridos a tiro por um sobrinho, meu primo, do finado Kalutere, figura mítica, também, destes avantajados desertos – o Hamuhapwa e alguns parentes com os seus rebanhos domésticos.

A minha intenção, nessa fase do inquérito, era integrar-me numa situação tão pastoril quanto pudesse ser para acompanhar-lhe o dia-a-dia e registar indiscriminadamente tudo o que fosse acontecendo, até discernir e poder perseguir as linhas com que haveria de ver se apreendia o presente kuvale. Assim, quando cheguei em fins de 92, primeiro fui ao Tyipumbu, para lá do Candi, à procura de relações que me tinham beneficiado meses atrás e eu recuperara da infância, gente que criava agora ovelhas e tinha, nos tempos, trabalhado para o meu pai, há mais de quarenta anos, pastores e pisteiros de caça. Cheguei lá para constatar que estava agora fechada a loja onde tinha encontrado antes, a funar, um Mucubal meio Tyimbari, do Kamukuio, que me tinha tratado bem e dedicado alguns serões de conversa e informação, e para receber a notícia de que o meu antigo companheiro de brincadeira e descobertas, o Augusto Kapolopopo, com o nome igual ao do lugar lá atrás, tinha abalado rumo ao Sul, em direcção à Namíbia, onde ia desenvolver uma campanha de adivinhador e terapeuta a coberto da fama e da aceitação, ali, dos *tyimbanda* de Angola.

A minha vontade era inverter logo a marcha para sair à procura do Hamuhapwa e instalar-me à sua beira, como tinha ficado combinado, mas no Virei já me tinham dito que ia ser difícil encontrá-lo já. Acabava de morrer um primo dele e isso ia mobilizá-lo durante algum tempo. Então achei que era melhor compensar o lapso e convidei o velho Kakriolo, que chegou da Gorova dois dias depois a tanger um burro – onde estava o herói dos elefantes que podes ver citado numa série de artigos publicados em 1952 ou 53 pela revista *Diana,* de Lisboa? – para descer comigo pela Pediva até ao Yona, e espreitarmos do lado do Kambeno, que encosta ao Kunene, a ver se o nosso amigo Kapolopopo não andaria ainda por lá, como constava e era bem possível. Viagens dessas são pontuadas por largas paragens, é no percurso que o serviço aparece e há outras razões que são capazes de reter um homem. Encontrei-o, estive com ele, mas o seu programa estava já traçado: só voltaria para trás conduzindo os bois que ganhasse na Namíbia e isso levaria anos a consumar-se. Voltei pelo mesmo caminho ao Mayawa, que é como o povo ali assinala o local onde está o tanque de alvenaria e o antigo aeromotor que servia aquele furo, à beira das construções que hoje funcionam como casa de comércio, e um parente do Hamuhapwa informou-me que o mais-velho continuava indisponível. Então achei ser a altura de ir abastecer-me de gasoil e de comida a Moçâmedes, desviei para passar na Bomba e deixar aí o Kakriolo para ver a sua filha Natália, o que não acontecia há mais de dez anos. Fui, na vinda recuperei-o, *capitulei-o,* lá, uma semana depois, e eis-me de novo no Mayawa insistindo em encontrar o Hamuhapwa. Pois, mas ele continuava no óbito. Ninguém se propunha levar-me até onde ele estava mas aí declarei que ia acampar nessas pedras e ficar à espera o tempo que fosse preciso e foi então que um "activista" decidiu finalmente pôr-nos em contacto. Bastava aguardar ali até à hora do meio-dia, o Hamuhapwa haveria de vir ver os bois na água. Deixei-me pois ficar no jipe e fui lembrando o tempo em que miúdo tinha dormido ali, era a memória mais vívida que eu tinha do lugar. Por uns rapazes munanos, dois, sobrinhos do dono da loja, nessa altura ausente em Moçâmedes, fui sabendo que o motor diesel que eu ouvia a puxar água era o resultado de uma colaboração entre o Hamuhapwa e o comerciante em questão, e estava a debitar o bastante, intermitentemente por causa do nível do furo, para dar de beber aos sucessivos rebanhos de ovelhas que ali ocorriam, aquela é uma excelente zona para ovelhas, e para as vacas que vinham vindo e iam indo em pequenos grupos, tudo gado do Hamuhapwa e de mais meia dúzia de Mucubais instalados à volta, parentes do velho ou a ele ligados.

Finalmente o Hamuhapwa chegou, e com ele numerosa comitiva de homens adultos, mulheres novas e velhas e crianças manifestamente em trânsito, pela bagagem que transportavam. Sentámo-nos a uma sombra e fui-lhe dizendo, secundado pelo Kakriolo, que ali estava para me instalar a seu lado, como tinha ficado combinado. Antes que o Hamuhapwa me respondesse elevou-se a surdina de uma conversa entre os seus acompanhantes que o meu interlocutor deixou correr até as falas assumirem o tom de uma conclusão e então fez-me lembrar que essa combina tinha sido feita em Abril, no fim das chuvas, quando estava tudo verde, e que agora era Dezembro, com tudo seco e muita fome, era um tempo de andar só a mudar os animais para ver se evitavam que morressem, de forma alguma era altura para acolher um Branco, ainda por cima com a morte do primo e tantas outras coisas a acontecer por aí, estávamos em plena estação de desânimo e miséria. Contra-argumentei que só queria era ficar ao pé, acompanhá-lo nessas suas andanças e mudanças mas sem interferir. Até para falar para mim se não pudesse nem precisava, e eu não ia constituir nenhum encargo nem nenhuma responsabilidade para ele. Mas nem ele nem a assembleia estavam a perceber o que é que de facto eu queria (estaria eu?) e o máximo que consegui foi combinar irmos amanhã ao Virei falar com o I., esse seu primo que era chefe dos "activistas" que trabalhavam com o Estado. Como qualquer antropólogo do meu tempo, formado em França em círculos académicos de esquerda, e com o feitio que tenho, eu andava a procurar exercer o ofício de forma a evitar uma identificação excessiva, porque alguma sempre haveria de ter, com as instituições oficiais, e a procurar situar a minha diligência fora da sombra do poder central, embora, não havia remédio para isso e eu sabia-o e portanto não podia perder de vista esse sector, não me livrasse de ser sempre entendido, à partida, como seu agente. Aliás, ao pretender instalar-me junto do Hamuhapwa eu estava a tentar jogar dentro dos condicionamentos deste quadro, procurando encostar a um círculo mais autónomo e excêntrico do chamado 'poder tradicional'. Tentava assim não colidir frontalmente com o I., que já antes me tinha sublinhado, mais do que insinuado, que tendo ele falado já estava tudo dito. Junto do Hamuhapwa eu não deixaria de me movimentar em terrenos sob o seu imediato controle e evitava talvez o risco, que sempre temi e ainda hoje tenho em conta, de um juízo do I., uma opinião ou decisão suas, poderem decretar que daí para a frente eu nunca mais viesse a encontrar aberturas que me servissem.

Fomos ao Virei no dia seguinte, era dia de Natal, e voltei de lá para instalar-me no Vitetehombo, a uns 15 quilómetros do Mayawa e desviado à esquerda da picada que vai para a Pediva, onde o Hamuhapwa tinha instalada agora a sua família nuclear com algumas visitas e o seu rebanho doméstico. Tudo tinha ficado resolvido e esclarecido pelo I., eu podia e devia dar curso ao meu programa. Só que, pela conversa, bem entendi que lhe custava ainda perceber o que andava eu a fazer ali e se isso de facto tinha interesse para si e para a comunidade que ele representava junto do governo ou mesmo para o governo que pretendia representar junto da comunidade. De facto, parece-me, só se decidiu quando lhe ocorreu uma fórmula que podia alijar-lhe responsabilidades e servir-lhe pessoalmente de justificação e de escudo, não só perante o Hamuhapwa mas também face ao Administrador, que sempre me remetia para ele e por sua vez se escudava nas credenciais que eu trazia, da Cultura e da Universidade, e à Polícia, essa também atenta aos meus movimentos: eu andava ali a mando do Presidente, porque *lá em cima* queriam saber como é que poderiam ajudar os Mucubais e então tinham mandado esse doutor para assim não terem dúvidas. Calei-me, politicamente cínico e a pensar que, compromisso por compromisso, se a coisa ficasse só por ali o ardil afinal não era meu e haveria de saber dar-lhe a volta. Quando chegámos ao Vitetehombo o Hamuhapwa designou-me o local onde devia montar a minha tenda, a uns 50 metros da entrada do seu *sambo*, e mandou entregar-me um capado de cabrito para o meu consumo e o da minha gente.

Os primeiros dias foram ali de grande agitação social. Na sequência do óbito já falado, muitos parentes do Hamuhapwa, a nata da aristocracia mucubal representada ali por um grande número de homens jovens, tinha vindo consumir um boi no seu curral e todos apareciam regularmente, ao serão e de manhã, para se sentarem à volta do meu fogo a mandar perguntar-me, já que não trazia nada para vender, se também não tinha nada que lhes pudesse oferecer. A cortesia também é uma expressão do jogo universal das reciprocidades sociais, isso sabia-o eu, e da mesma forma sabia que em certos contextos pedir é uma forma cortês de alguém declarar-se em dívida, inferior a quem dá, sujeito ou obrigado, portanto, a compensar a relação, quando ela se pretende de igualdade, com uma prestação accionada em sentido inverso e por aí fora, tentando sempre manter um equilíbrio de uma relação projectada no tempo. Mesmo com a sensação de que não era exactamente isso que se estava a passar ali, fui entregando ao Hamuhapwa uma garrafa de aguardente por sessão, mas avisando que os recursos eram poucos e em breve se esgotaria o stock. O Kakriolo discordava e dizia que assim o Hamuhapwa tinha que nos entregar um cabrito por dia, era isso que o I. tinha falado, e afinal ele ainda só vira aquele do princípio. O facto é que ele o tinha consumido praticamente sozinho no espaço de algumas horas, era inegável que o Kakriolo transportava consigo uma daquelas fomes antigas, devastadoras, implacáveis, fundas e irredutíveis que se instalam para a vida inteira no corpo de quem viveu muito a passar mal. O Paulino, pela sua parte, fechou a cara e até a mim só se dirigia para dizer que a nossa reserva de água de Moçâmedes estava no fim porque aqueles "carraças" não deixavam de lha exigir e às vezes ele estava mesmo a ver que era só para cobrar alguma coisa. Depois acalmou. Dois dias após o Munano da loja ter aparecido com bebida trazida da cidade os homens abalaram para a vida deles e só ficaram ainda, de fora, mulheres envolvidas em cultos de *macumukas*, espíritos do planalto que incidem sobretudo sobre mulheres e lhes impõem consumos de carne extemporâneos mas irrecusáveis por parte dos maridos. Passados uns tempos estava tudo calmo, eu ia buscar água ao furo do Mayawa e dava boleia às mulheres da casa a quem cabia fazer o mesmo, e via o Hamuhapwa de manhã e à noite. Mas nessa altura nem o Kakriolo queria servir mais de intérprete, nem o Hamuhapwa o queria também como tal e até talvez não gostasse mesmo de o ver por ali. Eu insistia porém no meu programa, ia aprendendo a lidar com as horas de calor e de mosca miúda que naquele espaço de sombras sem jeito transcorrem penosas das 10 da manhã às 4 e meia da tarde, conversava com um muito mais-velho que ficava ao pé de mim o dia inteiro a pedir-me cigarros e com um adolescente que convalescia de uma ferida feia na perna direita, e ia acompanhando pela rádio os acontecimentos que naquela altura se desenrolavam em Luanda e pelo resto do país, porque entretanto era Janeiro de 93 e estava em curso o rescaldo de sangue e de terror que se seguiu ao desastre das eleições de 92. E anotava.

Anotava que estava a viver ao lado do Mucubal estatutariamente mais importante dentro do universo do poder estritamente endógeno, embora não fosse ele quem de facto detinha mais poder, esse era o I., mas reputado sem equívoco como o mais rico entre os ricos, com gado espalhado por tudo o que era território kuvale e não só, os seus bois eram como *kisinde*, como capim, ele herdava e redistribuía por toda a parte, até na Namíbia. Paralelamente e no entanto, apesar da carne e da bebida que durante os dias precedentes tinham sido consumidas à sua volta, à sua sombra, e eram testemunho evidente de uma grandeza capaz de congregar muitas dezenas de dependentes, respeitosos e ávidos, eu assistia ao dia-a-dia de um pastor como os outros, na indumentária e tudo, que saía cedo pela manhã para tocar para o *sambo* as vacas que se deixavam ficar pelo mato à procura do capim que restava, conferindo o seu gado à hora da água e tomando aí ciência das estórias correntes sobre deslocações de pessoas e bois, chuvas, *makas*, óbitos e guerras, às vezes expedindo ordens para pastores distantes, depois atento, à noite, ao volume do ventre das vacas lentas e cansadas que recolhiam com fome ainda, instruindo as crianças sobre o maneio das ovelhas e dos cabritos e suspirando ao fogo, a pitar rapé. Durante dias não se ocupou senão da busca de uma vaca velha que ele queria ao pé de si e mandara buscar de um *sambo* distante. O pastor que a tinha trazido largou-a no local da água junto com as outras que eram daqui, devia ter vindo junto mas depois não veio. Também não tinha voltado ao *sambo* donde saíra, como seria de admitir porque as vacas velhas conhecem os caminhos e também podem querer ficar é onde o coração lhes manda. Estava portanto perdida, à toa no mato ou junta com outro qualquer gado alheio. Nesse caso alguém haveria de recolhê-la e dar sinal, ou então as condições eram óptimas para acabar desviada. Notícias dela não foram chegando e durante 2 ou 3 dias o Hamuhapwa foi batendo toda a zona, visitou todos os *sambo*s, perguntou sem êxito, ninguém tinha visto nem ouvido falar. Era preciso procurar mais longe, e quando soube disso agarrei-me à oportunidade e propus-me conduzi-lo de carro até onde fosse preciso e possível e durante mais dois dias também eu andei, com um rei ao lado, obstinado à procura de uma vaca velha que talvez até nem uma cria mais viesse a dar. Eu estava a começar a perceber.

Foi quando as coisas se precipitaram noutro sentido. Tinham chegado ao Mayawa uns rapazes vindos do Namibe com a notícia de que a coisa por lá tinha estado feia nos últimos dias. Os Munanos estavam a levar uma corrida em forma, havia rusgas e guerra do Munhino para cima em direcção a Quilengues, havia "bandidos" e outra gente em fuga, alguns mesmo saídos até de Porto Alexandre. Os rapazes estavam a pensar, e nisso eram apoiados por alguns "activistas" locais, se não haviam de estender a acção até ali, quer dizer, dar cabo dessa loja do Munano que entretanto andava também escondido lá por Moçâmedes, isso é se não estivesse já morto, aqui só estavam os sobrinhos que ele tinha a ajudá-lo. O Hamuhapwa estava ciente de que isso talvez não lhe conviesse, não era preciso eu estar a lembrar-lhe que sem o Munano não só se lhe acabavam os fornecimentos de vinho e de milho, porque com essa loja desactivada haveria de custar até voltar a haver comércio ali, como também o motor que puxava a água e que agora lhe estava a resolver a situação do gado acabaria por parar a breve trecho por falta de gasoil e dos miúdos que o operavam. Mas ele também não sabia se ia conseguir segurar os rapazes, só indo ao Virei em busca de ordem forte. Disponibilizei-me para o levar lá. Convocou mais três ou quatro notáveis, dois dos quais eram "activistas", e fomos ao Virei no dia seguinte. Quando, a caminho, parámos no Mayawa para deixar um recado, os sobrinhos da loja chegaram-se ao carro e sem dizer nada fixaram-me com um olhar angustiado e suplicante que me fez sair com pressa de voltar com a sua salvação se não assegurada pelo menos oficialmente recomendada. E de facto duas ou três horas depois estávamos de volta e a casa comercial do Kapolopopo ainda hoje funciona nas mãos do mesmo Munano.

Mas assim que regressei ao *sambo* do Hamuhapwa desfiz o meu acampamento e dei por encerrada a minha estadia ali. Durante o regresso do Virei a bebedeira geral que reinava dentro do carro e que era o resultado já previsível da escassa permanência de uma hora na localidade e do acesso à muita e variada bebida que se vende e fabrica ali, dera origem a uma troca de palavras entre mim e o Hamuhapwa que, salvo um afastamento imediato, haveriam de comprometer o prosseguimento da respeitosa, de parte a parte, relação que as circunstâncias nos obrigavam a manter, e eu aproveitei o pretexto para ir andando porque de qualquer forma tinha que reabastecer-me outra vez de comida e de gasoil e precisava saber o que se estava de facto a passar no Namibe. Durante aquelas semanas eu tinha andado a poupar o combustível para que, sendo necessário e nunca se sabe, abrir para o lado do Kunene, para perto da Namíbia. O Kakriolo, entretanto, já nessa altura me tinha abandonado.

*

Não voltei a acampar junto do Hamuhapwa embora tenha ido visitá-lo pouco depois destes acontecimentos e volte ainda hoje a passar por lá sempre que posso. Permanecemos bons amigos, daqueles que têm gosto em encontrar-se, mas o curso das coisas apontou-me para outros terrenos.

Fiquei dois ou três dias no Namibe e fui posto ao corrente do bastante para me sentir arrepiado e achar melhor não me dispor a ouvir mais, arranjei um novo intérprete que só viria a utilizar nessa viagem e de que também não te vou falar, são coisas para esquecer, e arrisquei ir espreitar para os lados do Cahinde, experimentar o envolvimento pelos flancos.

No Cahinde estava quente também, vivia-se o rescaldo de uma subida de milícias locais a território da vizinha Província da Huíla, diligência que acabou por implicar, evidentemente, acções de razia e resultar em arrastados amargos de boca para as autoridades de ambos os lados, e na ante-véspera da minha chegada tinha ocorrido um crime de morte praticado por um polícia. A minha inadvertida chegada veio levantar toda a sorte de conjecturas sobre as razões efectivas, ou muito provavelmente escondidas, de tão bizarra e desmotivada presença. Durante a noite, da minha tenda, eu ouvia o intérprete em conversas sigilosas, sussurradas, com gente que eu não sabia, ouvia-o a armar e a desarmar a sua Aka e eu no escuro engatilhava e desengatilhava a minha pistola 9mm de fabrico espanhol, cedida pela polícia de Luanda. É claro que não consegui inquirir coisa nenhuma e três dias depois estava de novo a regressar ao Virei para daí então ver se passava pelo Sayona antes de voltar outra vez ao Namibe, podia acontecer que entretanto se desenhasse a hipótese de um qualquer outro rumo.

Foi precisamente isso que falei para o Administrador e o levou a pedir-me se não me importava, uma vez que ia passar pelo Sayona, de levar comigo o Soba de lá, caso contrário o homem tinha que ir a pé, como tinha vindo, porque havia urgência em despachá-lo para ir pôr em prática medidas de mobilização que a situação aconselhava. Compareceu o Soba e seguimos em direcção ao Sayona, para ir dormir lá. Nas duas horas em que decorreu a viagem recolhi mais informação, daquela que eu queria, do que durante toda a campanha anterior e o que já tinha vivido desta. O meu novo companheiro de viagem entendeu desde o início quem eu era, não a pessoa, claro, não era isso que estava em causa, mas o tipo de figura a que a minha personagem correspondia, alguém a procurar saber coisas "científicas" como já tinham vindo outros, um até está aí enterrado ao pé dos Paralelos, é o Dr. Carriço, tem uma pedra lá a explicar quem foi. Se era sobre a maneira como os Mucubais vivem e funcionam, se desenrascam, então ele podia ajudar sim senhor, o I. até recomendara nesse sentido. Também eu já o conhecia: era um ex-fapla meio bêbado que no dia de Natal, em casa do I., me havia perguntado, quando lhe disse que ia para outro lado e não lhe podia dar a boleia que me pedira para o Sayona, se assim então é que era a tal democracia...

*
\* \*

Se de facto era para entender como os Mucubais vivem e funcionam, se resolvem no contexto ecológico, económico, social, cultural, etc., que é o seu, a estadia no Vitetehombo tinha-me colocado perante um quadro que já me adiantava alguma coisa. Mas a agitação tinha sido muita, apesar de longos lapsos feitos só de calor e moscas, eu próprio me debatia então com a coerência e a orientação que era preciso conferir e atribuir ao meu programa de trabalho, e o *sambo* do Hamuhapwa era uma extensão apenas subsidiária e circunstancial do habitat kuvale que me era indispensável aprender de imediato. Revendo as notas que ali produzi constato satisfeito que muitas dessas impressões gerais não vieram a ser postas depois em causa pelo desenvolvimento e pela confirmação do meu inquérito. Mas foi de facto na área do Sayona, que adoptei com regularidade daí para a frente, e até hoje, como base das minhas operações, que me instruí sobre o pouco que hoje sei dos sistemas e práticas dos Kuvale.

O *sambo* do Hamuhapwa, no Vitetehombo, é igual a outros milhares, talvez, de círculos de ramos de espinheira espalhados por todo o território kuvale e, tirando a especificidade mais morfológica do que material das construções que envolve, por toda a mancha pastoril africana e do mundo. São recintos constituídos para acolher no seu interior rebanhos e pessoas durante lapsos relativamente curtos de tempo e ao sabor dos imperativos que determinam os calendários, os ritmos e os rumos dessa prática que dá pelo nome de transumância. O investimento energético que a sua construção e a sua manutenção mobilizam é de uma maneira geral reduzido e serve-se de recursos que o próprio lugar da sua implantação disponibiliza: matéria arbustiva da flora local, ramos de espinheira que podem até resultar do derrube ou do desbaste de vegetação inscrita dentro do raio que a aplicação humana vai definir. Hoje, que o leão desapareceu dos terrenos da exploração pastoril kuvale, os *sambo*s do comum, mais do que preservar o espaço doméstico contra um envolvimento potencialmente agressivo, têm sobretudo em atenção, do ponto de vista operativo e funcional, conter no seu interior os animais mais móveis e exigentes de atenção e controle, os vitelos. Por isso existe sempre no interior dos *sambo*s um outro círculo de espinheira, mais pequeno e de bordadura mais espessa, onde os vitelos são encerrados e donde são extraídos segundo as necessidades da prática da ordenha. O espaço interior de um *sambo* revela-se assim, na prática, um recinto de ordenha e de implantação das casas dos homens. As suas entradas, sobretudo numa situação de seca como a que vigorava quando estive junto do Hamuhapwa, permanecem sempre abertas para que as vacas entrem e saiam à sua vontade. Durante a noite há constantes movimentos de grupos de animais que chegam do pasto e voltam para o pasto segundo as necessidades que lhes dita o comportamento: comer, beber e vir dar de mamar às crias retidas ali quer porque ainda não atingiram porte ou idade para acompanhar as mães, quer porque essa é a maneira de obrigar as vacas a recolherem ao *sambo* para aí serem ordenhadas.

Um *sambo* como aquele em que o Hamuhapwa estava instalado na altura é ocupado apenas durante o tempo em que o pasto e a água à volta o justificam, e é oportunamente abandonado segundo as decisões que o ciclo anual aconselhar. O mesmo não acontece com as *ongandas*, de que eles constituem uma extensão. Todos os indivíduos, famílias e gado kuvale podem ser normalmente reportados a uma *onganda*. Uma *onganda* será assim um espaço físico inscrito em determinada área, embora dentro dessa área a sua implantação não venha nunca a assumir um carácter estrita e permanentemente fixo, devido a razões tanto naturais (acumulação de estrume), como sociais, por exemplo a morte de um dos seus titulares. Quando necessário, o local de uma *onganda* é abandonado e ela transita para algures dentro da mesma área. Mas é de facto transferida, não se trata de acabar com uma e fundar outra.

O conceito de *onganda* aplica-se tanto ao terreno doméstico e permanente habitado por uma ou mais famílias kuvale como à entidade social que esse grupo de pessoas constitui com todos os seus pertences, móveis e imóveis, vivos e inanimados, materiais e simbólicos, filhos, criados, gado, utensílios do leite e Fogo, por exemplo. *Onganda*, desta maneira, exprime também o conceito universal de "casa". Referidos a uma determinada *onganda* há pessoas e animais que de facto jamais habitam ou utilizam o espaço físico restrito, cercado, que a assinala. Mas pertencem a essa 'casa', a essa *onganda*. É esta uma noção que me parece convir-te reter se queres entender a prática pastoril e social dos kuvale.

Mas do ponto de vista físico e palpável uma *onganda* é também, e antes do mais, um grande círculo de ramos de espinheiras ou outras espécies arbustivas, no interior do qual raramente se acolhe uma só família e o gado de um só pastor. As si-

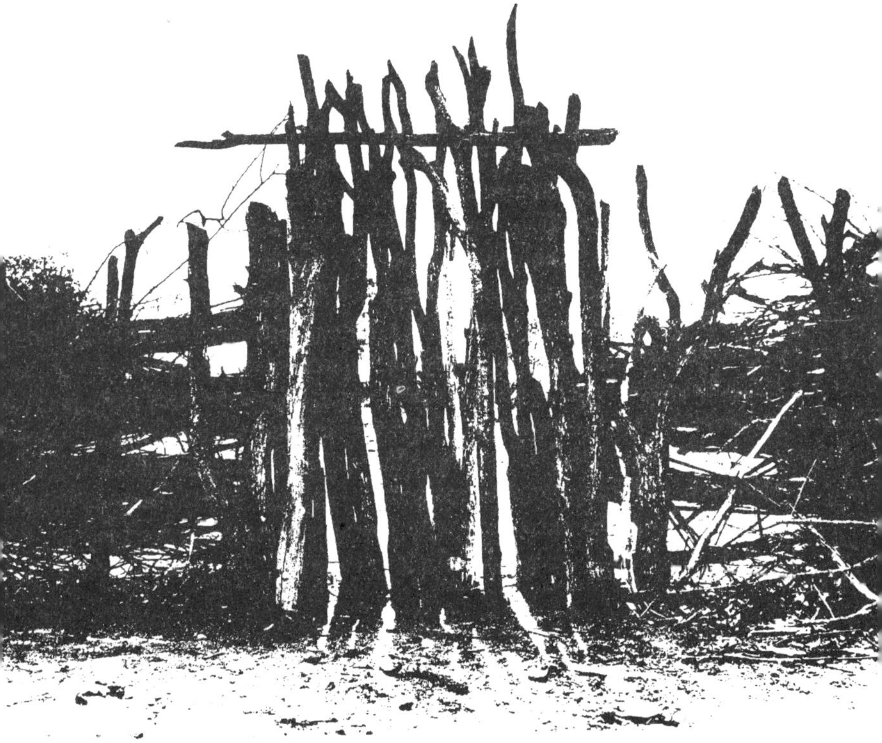

tuações mais comuns que assinalei correspondem a quadros de co-residência que envolvem quase sempre famílias de três homens com idade suficientemente avançada para terem já perdido os seus ascendentes directos e poderem contar com filhos já adultos, de família nuclear constituída e a viver também ali ou a operar a partir de *sambos* muitas das vezes implantados relativamente perto porque na realidade são extensões dessa mesma *onganda* embora tenham carácter mais estável do que os simples *sambos* da transumância distante. Cada família que se associa a outras dentro do imenso curral que uma *onganda* é do ponto de vista físico, constrói e mantém no seu interior as próprias casas em que habita e dentro desse espaço cabe-lhe um território que abrange o seu local de implantação e parte do terreno do círculo total. O gado afecto a cada uma dessas famílias vive e pasta misturado e circula à vontade por todo o espaço comum, e o curral para os vitelos é também um só. Mas quando uma família abate um boi deve fazê-lo dentro do território que lhe está imputado e é aí também que os seus membros irão fazer as suas necessidades nocturnas, ninguém defeca no *mucolo*, no *otyiha* do outro. Mais dados sobre a constituição física da *onganda*? Está bem, encontrei *ongandas* com mais de 80 metros de diâmetro e elas têm sempre duas portas abertas em secções opostas que definem uma linha diametral. O curral dos vitelos – *tyinyongo* – não se situa exactamente ao centro mas um pouco sobre a metade do círculo que se opõe àquela onde as casas aparecem implantadas e tanto do lado desse curral dos vitelos como no das casas, encontras no chão diferentes grupos de pequenas pedras. Nelas são cozinhados os diferentes tipos de carne conforme os animais que são abatidos e as circunstâncias em que tal acontece. Não se cozinha carne de cabrito onde se ferve carne de boi e esta será cozida aqui ou ali conforme se tratar de um abate profano ou de um abate ritual.

As habitações são casas cónicas estruturadas por estacas normalmente de *mutiati*, que convergem de uma base circular de dois metros de diâmetro para um vértice central que pode situar-se a nem dois metros de altura, sobre as quais se aplica uma argamassa feita de terra comum misturada com capim e bosta de boi. Vais vê-las, e vê-las-ás talvez primeiro em alguma *onganda* ou *sambo* que se situe à beira da estrada, e é melhor definir-te já estas características mais evidentes antes que venhas a confundi-las com fornos, como tem acontecido a muito boa gente que se vê assim exposta à troça de quem a acompanha. As entradas destas casas – *dyiuvu* – são baixas, só as atravessas de joelhos, e algumas comportam um breve túnel projectado para o exterior para evitar a incidência da chuva. São obstruídas com peles ou disposivos mais complexos de paus ou tábuas. Se espreitares lá para dentro vais ver uma pele de boi estendida no chão, é onde as pessoas dormem, e se esse for o abrigo de um casal saberás que o lado direito é dele e o esquerdo é dela, encostadas a cada um dos lados as imbambas de cada um, sendo que o lugar para o Fogo, todas as noites transportado lá para dentro, bem como o dos instrumentos do leite que se guardam ali, se situa no espaço do homem. Fora e à frente de algumas destas casas, mas só de algumas, encontras um conjunto de pedras e de paus deitados no chão, arrumados estes de forma a constituirem um rectângulo de troncos paralelos mais comprido do que largo. No topo que lhe fica mais afastado da casa, ergue-se uma paliçada feita igualmente de paus paralelos mas agora implantados na vertical onde acharás entaladas enormes armações de boi que provêm de animais sacrificados. Cada uma das pedras e alguns dos paus e dos conjuntos destes têm nome, e o todo constitui um altar, um lugar de culto, um *elao*. *Elao* é exactamente o nome daquela pedra onde arde o Fogo de um homem e da sua família e debaixo da qual estão enterrados, num buraco fundador, os produtos, os pós, as farinhas, as relíquias, as unhas de animais ou as escamas de pangolim, por exemplo, que o dono desse Fogo tirou da saquinha – *thipo* – que o seu pai lhe legou e fazem daquele lugar, e daquela fogueira, objectos sagrados de que depende a sua sorte. Sorte, em olukuvale, é *elao* também. É um lugar catalizador de numerosos interditos como não podes deixar de estar já a pensar, e é um espaço eminentemente masculino, afecto ao dono da casa e à sua gestão

das relações que tem e mantém dentro e fora da família. O espaço social das mulheres e das visitas indiscriminadas, ou de qualquer visita antes que o dono da casa a chame ali, é na retaguarda das casas, entre elas e a bordadura exterior de ramos de espinheira, e chama-se *ketambo*. É aí que se encontram os telheiros – *kapata* – e as pedras para a cozinha do comum. E é lá que as mulheres comem. Os homens, se quiserem actuar dentro da regra, comem sentados junto do seu *elao* a comida que as mulheres ou a filhas ali lhes trazem depois de cozinhada à parte, e chamam para comer com eles as crianças que entenderem, os filhos varões e as visitas também masculinas que os critérios admitirem. Há portanto dentro da *onganda* uma pluralidade de espaços: de trabalho e produção, de relação e de consumo, espaços produtivos, sociais, culturais e políticos. É todo um programa ao teu alcance se quiseres analisar o universo que se te oferece e poderás saber e inferir tudo o que entenderes sobre os Kuvale mesmo sem sair dali. Mas como quero é pôr-te a viajar e apenas te introduzi numa *onganda* para ajudar-te a entender o que hás-de ver e ouvir durante a viagem em curso, o que me ocorre a partir daqui é sublinhar o carácter de uma *onganda* enquanto unidade de consumo.

\*

É nas *onganda*s que encontras as enormes kindas, *tyimbundu*, os celeiros onde são acumuladas as reservas de cereais sempre que existam, saídas da produção directa e local ou adquiridos através da troca de excedentes animais. A produção local será a que resultar do trabalho das mulheres sobre os terrenos das margens dos rios e das correntes de enxurrada, aproveitando a sempre problemática água das chuvas para a exploração das maiores extensões, e a das cacimbas para a de pequenas *onaka* mantidas por vezes, mas de facto muito excepcionalmente, ao longo de todo o ano.

O leite e essas reservas de cereal, milho principalmente e massango, asseguram o grosso do consumo nutritivo dos Kuvale. Junta a isso o consumo circunstancial que advém da morte natural de bois e carneiros velhos, doentes ou acidentados, ou então de animais saudáveis e em bom estado mas abatidos a pretexto de situações socialmente previstas e sancionadas, de cultos diversos, de sacrifícios que asseguram o contacto com os antepassados e acções de redistribuição e ostentação justificadas pelas mesmas razões, e terás o quadro quase completo da economia alimentar kuvale. Mas não te passe pela cabeça que a carne é uma constante na dieta normal. Há um tempo da carne, de que havemos de falar, mas de resto, e ao longo de todo o ano, o consumo da carne é esporádico e circunstancial. Podem certas famílias abater um cabrito de vez em quando. Mas apenas quando há de facto muita fome e é só para alguns, para os mais necessitados. Muita gente não come carne de cabrito porque lhes repugna ou o seu Fogo lho interdita, e afinal um cabrito não pode satisfazer muitos comensais ao mesmo tempo. De galinha então nem se fala, ninguém abate, é só para aproveitar os ovos que se trocam por sal ou outros pequenos produtos. As crianças, e talvez algum adulto, comem os ovos às escondidas. Mas quem vai matar uma galinha para comê-la sozinho num contexto humano em que tudo se partilha? Pela mesma razão é desprezada a carne de pequenos animais selvagens. Do mato saem ainda os frutos de algumas arbóreas, mas a maior parte de tais recolhas acaba é por destinar-se ao fabrico de bebidas alcoólicas e não ao consumo directo. Sai também *mahungo*, que é a larva comestível de um lepidóptero grande que cresce na rama dos *mutiati* no tempo das chuvas. Ela é cozinhada fresca com sal e gindungo ou é seca para consumir mais tarde, mas uma vez mais uma grande parte, se houver mercado, acaba por ser exportada porque é um produto caro, 7 a 20 sacos podem valer um carro na Namíbia e há sempre, em Moçâmedes, Zairenses à procura de *mahungo* para o negócio, um só deles pode comprar 4 sacos de uma vez, é muito dinheiro, pode traduzir-se em muito boi, não haverá mulher ou homem kuvale que não pense assim. Do mato saem também os *lombis* como a *ombwa*, a popular gimboa, as ramas, as verduras que, quando a chuva vem, crescem principalmente nesse espaço semi-doméstico que são as *onganda*s e os *sambo*s abandonados – *etundo*. Aí o estrume antigo é uma excelente cama para a preservação e a germinação da semente circulada pelo intestino dos bois e as mulheres adoram cozinhar esses capins com sangue, quando podem, ou então utilizá-los, com manteiga ou sem ela, como conduto para substituir o leite quando é logo no princípio da época e este não abunda ainda.

Mas é de facto à volta do leite que gira todo o consumo kuvale. Quando ele é escasso os vitelos gozam de toda a prioridade e dos humanos só lhe têm acesso as crianças para quem na prática o leite nunca chega a faltar completamente, até porque consomem o leite das cabras, o que nenhum adulto faz, e o das ovelhas, a que alguns velhos também recorrem. Mas de Março a Setembro, pelo menos, toda a gente de uma maneira geral pode contar com o leite das vacas tanto para "comê-lo" de imediato como para fazer a manteiga que há-de constituir-se como uma reserva láctea destinada a consumos posteriores, quando a produção das vacas vier a reduzir-se ou elas estiverem longe, ou como gordura indispensável aos usos cosméticos a que o vento leste e o frio obrigam, ou ainda a usos terapêuticos porque a manteiga entra em muitos tratamentos. De qualquer forma o leite original passa sempre, antes de ser consumido, por uma transformação tecnológica. Nem as crianças tomam o leite tal como ele sai da vaca, que é quando se chama *mahini*. Atenção porque na Huíla *mahini* é o leite já fermentado que aqui se chama *mavele* e cujo processamento se opera deixando-o repousar e desdobrar-se dentro das cabaças onde o fermento que fica de uma ordenha actua sobre o leite da seguinte. É este o leite azedo que nós, os de fora, referimos. E é ele que toda a gente, podendo, consome misturado com pirão de milho ou de massango, na falta do primeiro. Ou então há quem o prefira misturado com água e então chama-se *onpembe*.

O leite destinado à fabricação da manteiga vai entrar noutras cabaças, as *ontenda* do *malulu*. *Malulu* é o soro que sai depois de formada a manteiga, depois de bater esse leite embalando-o regular e demoradamente, é trabalho para a tarde, dentro das cabaças suspensas de um pau atravessado que se chama *mwakelo*. O *malulu* bebe-se muito com água, desaltera e alimenta também. Há portanto, repara, diferentes destinos dados ao leite original e diversas categorias de leite manipulado.

Detém-te agora um pouco sobre as operações de recolha e de distribuição deste leite. Só depois disso poderás presumir saber alguma coisa sobre o consumo alimentar entre os Kuvale e a partir daí encontrarás algumas das linhas de força que fundamentam o seu sistema socio-económico. Vais verificar que também sociologicamente o leite que sai das vacas é sujeito a diferentes destinos e categorizações explícitas e rigorosas que o transformam imediatamente em produto cultural.

\*

A ordenha é em princípio feita pelas mulheres com a ajuda de crianças às vezes muito pequenas, já a partir dos 4 anos de idade, que regulam a saída dos vitelos de dentro do *tyinyongo* para que venham, um por um e por escassos momentos antes de serem de novo afastados, chupar as tetas das mães para abrir-lhes o leite. Este é recolhido para recipientes de madeira, *maholo,* ou para kindas pequenas, *tyilandwe,* e depois trazido para as portas das casas, a da mulher mais antiga de um homem se o leite está a sair de vacas suas ou do homem em questão, para as das outras, se sai das vacas delas ou daquelas que o homem lhe atribuiu para seu consumo e dos filhos que tem com ela. Observa um caso que tenha lugar junto da mulher mais antiga de um dos titulares da *onganda*. Os utensílios do leite, cabaças, kindas, *maholo* e funis vão sair de dentro da casa para serem dispostos à frente das pedras que balizam a sua entrada, onde a mulher se senta. Para ti os utensílios que tens à frente "é tudo igual" e o leite que chega até ali também o é, mas, com a atenção assestada sobre o que estás a ver fazer, hás-de constatar que não se enchem as cabaças todas uma após outra, pegando na seguinte quando a anterior já estiver cheia. O leite de umas kindas entra numa e o de outras noutra, por aí fora, e são usados funis diferentes com cada uma delas. Quer dizer, nem o leite nem os instrumentos do leite são utilizados indiscriminadamente.

O que determina esta complexidade é a proveniência do leite, são as vacas donde esse leite saiu. E não é exclusivamente a referência de quem é o seu dono nem a quantidade ou a qualidade da sua produção que determinam a triagem. É antes a sua colocação no quadro da categorização estatutária que cabe a essas vacas. Das vacas de um mesmo homem há leite que entra numas cabaças e outro noutras e o mesmo acontece com o dos animais de que cada uma das mulheres se ocupa. E dessas cabaças, que se destinam logo à partida umas a transformar o leite fresco em *mavele* e outras a acolher aquele de que há-de fazer-se manteiga e extrair-se *malulo*, das primeiras, que são várias porque o leite que as vai encher também provém de sub-grupos de animais diferentes dentro da mesma categoria (e posso desde já adiantar-te, sem contudo querer ir mais longe por enquanto, que esse é o leite de vacas ligadas à patrilinearidade), das primeiras cabaças, dizia, o leite azedo que daí vier a resultar também não vai ser consumido de forma indiscriminada por todos os elementos da família, mesmo nuclear, nem pelas outras pessoas que estiverem presentes e for preciso alimentar. As crianças pequenas comem de toda a parte. Mas se o pai do dono desse leite ainda estiver vivo, do leite que sai das vacas que ele lhe entregou come só esse homem, a sua mulher e os seus filhos e mais ninguém. Se o pai já tiver morrido então é só a sua família que come lá, o homem não, e essa será uma comida radicalmente interdita a estranhos. Nós, eu e tu, mesmo sendo visitas importantes, comeremos do *mavele* que sair das vacas associadas à matrilinhagem de quem no-lo estiver a oferecer e nessas se incluem mesmo aquelas que o seu dono tiver obtido através, por exemplo, do negócio ou da prestação de trabalho ou serviços pessoais. É por outro lado dessas vacas, e só dessas, o leite que vai ser batido para fazer manteiga. Compliquei muito? Sim, instaurei vários enigmas para uma mentalidade ocidental como a nossa, só preparada para aferir a colocação social dos produtos de consumo a partir das capacidades aquisitivas que lhes darão acesso. Aqui entram em jogo outras capacidades e qualidades sociologicamente configuráveis. Levarás todo o curso da tua viagem a tentar dar conta disto.

\*
\* \*

Porque se a questão é a de tentar perceber não só como vivem mas também como "funcionam"os Kuvale, então é preciso ir até mais longe, entender, por exemplo, o conjunto das pessoas que habita o espaço doméstico de uma *onganda* como um grupo doméstico de consumo e partir então daí para constatar que há outros grupos domésticos de consumo, embora de características diferentes, filiados também a essa *onganda* enquanto "casa". São sub-unidades de exploração de um rebanho comum, tal como o grupo doméstico sediado na *onganda* o é. Uma *onganda* é exactamente isso enquanto unidade de produção. Excedi-me na síntese ou na extensão do parágrafo? Ou parece mais uma conclusão do que uma abertura? Quase sempre me acontece assim quando tenho que produzir escrita demonstrativa e desta vez vou aproveitar, não vou contrariar e nem sequer disfarçar.

Se chegares a ir ainda ter comigo ao Vitivi assinalar-te-ei, em redor, pelo menos três configurações diferentes de unidades de consumo. Verás que elas constituem ao mesmo tempo três modalidades diferentes de exploração de animais e que estes mesmos animais, conforme os casos, formam por sua vez rebanhos de diferente composição. Eu distingo-os entre rebanhos de consumo-reprodução e rebanhos de aumento-produção, mas não leves muito à letra, há outras tipologias e talvez melhores que esta...

Vens comigo à Malola, que fica perto, 6 ou 7 quilómetros à esquerda da picada que passa no Vitivi e segue para o Cahinde, e vais encontrar uma extensa e bela área de terrenos planos ao longo de uma *mulola* que a atravessa no sentido Leste-Oeste. Os *mutiati* são aí de grande porte e as *Acacia albida* magníficas. Vais encontrar gado por ali, bois, carneiros e cabras, crianças que te observam, hirtas e curiosas, e porções de terreno, por vezes grandes, cercadas por sebes mortas de espinheira. Já é tarde, o cacimbo vai avançado, mas talvez possas ainda ver gado a pastar alguns restos da cana do milho no interior. São lavras, terrenos de cultura, *hepia*, onde, se a chuva chega a tempo, as mulheres cultivam milho, feijão, abóbora e melancia ou então massango quando vem tardia. As *onganda*s não estão longe. Como em todos os assentamentos humanos estáveis quando ligados, pelo mundo inteiro, à exploração de recursos naturais para produção de alimentos, correspondam eles a sociedades dominantemente agrícolas, agropastoris ou exclusivamente pastoris como a dos Kuvale acaba quase por ser na prática, a implantação das *onganda*s tem em conta a proximidade da água e dos seus efeitos ambientais. As mulheres que cultivam essas áreas agricultáveis e cercadas para garantir o controle sobre a entrada ali de animais, tanto domésticos como selvagens, habitam essas *onganda*s ou os *sambo*s do tipo do do Hamuhapwa que também vais encontrar espalhados pela mata de *mutiatis* baixos que se estende à volta. As mais velhas dessas mulheres vivem muito provavelmente nas *onganda*s, as mais novas aí também ou nos *sambo*s. Nas *onganda*s, de facto, é onde poderás encontrar as pessoas mais idosas que vivem na zona.

No caso em que certamente te introduzirei de imediato, porque é aí que circulo mais à vontade tanto social como profissionalmente por ser nele que se situa o ex-fapla que hoje é soba e decidiu ajudar-me, a mesma *onganda* é partilhada por três mais-velhos que vivem juntos há já muito tempo. Os três estiveram deportados em S. Tomé depois da guera de 40-41, e em grande medida refizeram a vida, depois do regresso, articulados já entre si. Pertencem à mesma classe de idade, à mesma *kula*, à mesma circuncisão, que é a anterior à que me caberia se eu tivesse sido Mucubal, mas não são parentes próximos. É claro que se trabalhares as suas genealogias vais encontrar níveis de articulação parental, mas não são nem irmãos nem primos. Eles partilham o espaço da mesma *onganda* e aí vivem com as suas mulheres e com netos púberes ou crianças menores, com a filha de um deles que é uma mulher adulta com bebé mas sem marido, duas outras mulheres que são viúvas, um rapaz que é perturbado mental e é a coisa mais parecida com um anjo que eu já vi em toda a minha vida, e um outro velho sem família. O sobrinho e futuro herdeiro de um deles habita às vezes ali com a sua família, mas fora do tempo da fartura está quase sempre ausente e então a mulher e os filhos ou o acompanham também ou visitam-no depois pelos *sambo*s que vai ocupando.

Os velhos titulares da *onganda* e as suas mulheres são mesmo muito velhos. Um deles mal se pode deslocar e vive quase só dentro do seu *ndyuvu*. Esta gente mais velha e as crianças pequenas, que já cederam o seu lugar nas costas das mães a irmãos mais recentes, constituem um grupo de pessoas com reduzida capacidade de movimentação. E também com reduzida capacidade de trabalho. E no entanto todos comem e ao grupo que integram estão sempre a vir juntar-se, por exemplo, filhas doentes, em trâmites de divórcio ou zanga com os maridos, ou que vêm parir junto das mães como é da norma, ou cujos homens andam longe ou em viagem, ou então vêm deixar ali os filhos pequenos porque são elas próprias que vão viajar, vender óleo de *mupeke* a Moçâmedes ou ao Lubango, e nestes dois últimos casos elas podem ser, em vez de filhas, noras. E toda essa gente come, embora não consuma a troco de nada porque enquanto permanece participa na vida normal da *onganda*. Esse grupo de consumo precisa assim de ver assegurada uma produção regular de leite. É a ele que vais encontrar associados alguns desses rebanhos a que eu chamo de consumo-reprodução. As fêmeas aí são vacas afilhadas, com filhos, embora algumas muito velhas, vacas com vitelos a mamar mas que, como os seus donos, já não podem ser sujeitas a grandes deslocações, estão a criar, e a custo, talvez a sua última cria. Outras não são tão velhas assim, podem ser mesmo muito jovens. Mas o número total de vacas a dar leite há-de ser obrigatoriamente função das disponibilidades de pasto e água da área que utilizam, tendo em conta que este rebanho praticamente não transuma, e além disso responder às necessidades de consumo e à capacidade de trabalho da pequena comunidade que lhes aproveita o leite. Como esta sub-unidade de exploração é territorialmente estável e constituída dominantemente por mulheres e crianças, junto delas encontrarás também rebanhos de cabras e, se a região for propícia, como é o caso na situação que estamos a considerar, de ovelhas também. Caprino é de uma maneira geral negócio e assunto de mulher e encargo laboral de crianças acima dos cinco anos de idade e até aí aos doze, e esse é igualmente numa larga medida o caso para os ovinos embora a estes os homens dediquem mais atenção.

Cabras e ovelhas vais encontrar também nos *sambo*s que no fim do tempo das chuvas, quando há capim com fartura, se espalham pela área das *onganda*s. Esses *sambo*s são habitados quase sempre por jovens adultos que nessa altura têm junto de si as famílias nucleares, mulheres e filhos, sendo eles, por seu turno, filhos dos mais-velhos das *onganda*s. Considero os rebanhos de que os jovens adultos se ocupam do mesmo tipo dos das *onganda*s, embora tendam a ser mais volumosos e integrem um maior número de vacas jovens, porque transumam. No caso em questão começam a deslocar-se pelo fim do cacimbo e mesmo antes, algumas vezes. Vão para Oeste e permanecem durante algum tempo lá onde a estrada que vem do Virei para a Tyikweia cruza com o Bero. Depois saem daí e vão aguardar as chuvas encostados à serra, a Leste, no Kangai ou no Lute. São grupos que se fazem e desfazem conforme as dinâmicas de resposta a razões ecológicas e sociais e são as estratégias da transumância que determinam a instabilidade estrutural destas sub-unidades, mas integram também de uma maneira geral homens da mesma classe da idade. Entre estes núcleos e os das *onganda*s há uma grande circulação de pessoas e de gados. São as mulheres destes jovens adultos, com as suas crianças, que vão durante largos períodos habitar com as mães e com as sogras, e também muitas vezes os carneiros e as cabras vão juntar-se lá, com elas, quando os homens e os bois têm que deslocar-se para mais longe. Mas também há entre entre estes dois tipos de núcleos de consumo e produção uma constante transferência de vacas produtoras, conforme a idade dos animais, a fase do ciclo reprodutivo em que se encontram, as épocas e o desempenho climatológico do ano, as deslocações a encarar e, uma vez mais, a repartição da força de trabalho. Na verdade, embora seja múltipla, desdobravel e multiplicável a possibilidade de casos, os animais sob a responsabilidade destes jovens adultos não são na sua maioria propriedade sua, se se pode falar de propriedade individual de gado neste contexto pastoril. Eles podem ter junto de si alguns animais que adquiriram, digamos, por meio da cobrança pessoal de multas ou da prestação de serviços individuais, ou eventualmente na sequência de acções de razia ou desvio, ou mesmo de heranças que já lhes tenham cabido. Mas, sendo homens jovens, o grosso do rebanho que manejam será composto sobretudo por animais que os seus pais lhes cederam para poderem dar início à vida, ou mais simplesmente lhes entregaram para conduzir no pasto porque a força de trabalho está com eles e a unidade de produção que integram é única, gerida a partir das *ongandas*. Os mais-velhos continuam no entanto a observar um controle muito restrito sobre estes animais, tal como acontece com os que constituem uma outra extensão do rebanho e estão entregues aos rapazes mais novos, os *buluvulus* da família, que trabalham em conjunto com *buluvulus* de outras famílias formando entre si os enormes rebanhos que transumam mais longe, sobem a serra e no tempo da fartura vêm concentrar-se, no nosso caso, à volta do Evau, que é onde no leito do rio Tyakutu a água ocorre ainda a céu aberto, mesmo depois das enxurradas do tempo das chuvas. Também entre a parte do rebanho afecta aos *buluvulus* e as que estão com os seus irmãos mais velhos e os pais há uma circulação intensa de gado. Vacas a produzir leite vêm dos *buluvulus* encostar às *ongandas* e aos *sambos* dos jovens adultos, e destas duas sub-unidades recebem fêmeas primíparas ou outras a gestar mas não a produzir, *nemas* e *belipas*, tudo fêmeas jovens, e bezerros desmamados e castrados cujo destino é crescer para serem abatidos mais tarde ou introduzidos nos circuitos sociais e comerciais. São animais que podem andar e resistir mesmo ao descuido, à dispersão e à leviandade que é inerente à juventude dos rapazes e dos homens na sua maioria sem família ainda, que os vão cuidar.

\*

O quadro pode ser este. Tentei apresentar-to com o máximo de economia e, com o que haverei ainda de dizer-te, poderás tu mesmo vir a completar esta exposição esquemática. O que eu queria para já era tornar-te claro que um sistema pastoril como o dos Kuvale, e nisso ele não difere de todos os sistemas pastoris assentes prioritariamente na exploração de bovinos, se fundamenta em articulações estruturais que se desenham e reproduzem, ou não, a partir da relação entre os recursos naturais, a força de trabalho e as necessidades de consumo em presença. Resultará daí, em condições normais, a composição e a dimensão do rebanho implicado no processo, ao mesmo tempo que em situação de crise (seca, mortandade ou guerra) poderão ser estas a determinar, de acordo com o que disponibilizam para consumo, o volume e a qualidade da força de trabalho presente ou disponível. E também sobre articulações espaciais que contemplam primeiro a circulação de pessoas e de animais entre as *onganda*s, os *sambo*s dos jovens adultos e os *buluvulus*, e depois entre as unidades de exploração assim constituídas e outras equivalentes dentro da mesma região. Aí deparamos com a noção de grupos locais, de unidades de vizinhança, talvez de comunidade, dimensão, ou categoria sociológica, tão necessária aos agentes da intervenção externa. Estes grupos locais acabarão por revelar-se também, se a nossa intenção teórica for essa, projecções locais e envolventes do sistema de parentesco e, no tempo da carne, *pepela*, que é Julho principalmente, quando os jovens adultos encostam às *onganda*s e os *buluvulus* se concentram perto, assumirão os contornos de unidades de consumo sazonal de carne. Veremos isso mais à frente, quando chegarmos à redistribuição.

Para já não te terá passado despercebido que estás na presença de um quadro nítido, embora complexo, de divisões e de articulações etárias, sexuais e espaciais de trabalho: adultos, adolescentes e crianças acham-se envolvidos num mesmo processo de actividades, masculinas e femininas, em que, havendo recursos e gado, como acontece entre nós, está assegurada a interacção do maior número possível de agentes operativos já que a produção e o trabalho são de ordem doméstica, por vezes de projecção consideravelmente extensa. Recorda-te como nos tempos do antigamente se capturavam crianças Twa para as integrar nas unidades domésticas, esses *Muhienado* donde provêm os *Muluhapahe* de hoje. Eles eram sobretudo um recurso de força de trabalho que iria permitir aumentar os rebanhos. E, se não nos importarmos de correr o risco de passar por funcionalistas tacanhos, talvez a poligamia esteja associada a estas dinâmicas. Pensa por fim que não pode deixar de ocorrer como uma grande desgraça o facto de não ter ou de não fazer filhos, o que explica que a circulação e a adopção de crianças sejam também aqui factos muito comuns e importantes, e finalmente, porque é impossível não passar por lá, como este trabalho infantil e juvenil acaba por colidir com as ideologias desenvolvimentalistas e até com a vaga justa mas abstracta da causa universal dos direitos do homem e com a necessidade imperiosa de

garantir às crianças o direito inalienável de acesso à escola. São questões... mas talvez também não sejam assim tanto questões para já... afinal as escolas estão aonde e estão como, na Angola do presente, mesmo quando se trata de servir populações sedentarizadas e crianças disponíveis?

De qualquer modo terei eu conseguido fazer passar-te agora da noção de boi económico à de boi sociológico, porque o boi é afinal o pivô de tudo isto, como antes tentei fazer-te transitar da de boi ecológico para a de boi económico? *Bos economicus*: consumos totais assegurados pela utilização directa ou mediatizada da produção animal; *Bos sociologicus*: exercício do social totalmente veiculado pelo maneio do boi, o resto é subsidiário. É o que poderemos ir vendo daqui para a frente, se ainda não estiveres completamente farto, porque é através do boi que um Mucubal cresce, casa, faz filhos, prospera e come e bebe, e dança e brinca e sofre e chora e dá sentido à vida.

*…9, 10, 11, 12, 13, 14 …
dias #4 a #11, no Vitivi*

ETNOGRAFIAS, TORRENTES

# Vitivi
*pelo avesso do olhar*

São sete da manhã. Acabo de ouvir as notícias da B.B.C., e portanto a tua voz, que serve sempre de separador. Hoje não falou de nós, de Angola, nem de nada que traga sobressalto nem expectativa sobre o que há-de vir. Ficou só um suave rasto das vozes das locutoras que tantas vezes a esta hora do nascer do Sol, por detrás da serra, limpo, sempre, trazem até aqui a queixa macia e ainda meio rouca, quase íntima, de mulher que acordou quente e lá fora faz frio e teve que vir para a rua (talvez não seja assim mas quem vai se importar?). Estou sentado debaixo da magra copa de um *mutiati* e a uma mesa de trabalho que improvisei, julgo, logo em 93. É uma mesinha de escola primária trazida do Tyakutu, a sustentar um tampo maior de chapa metálica que arranjei no armazém do Betuca, em Moçâmedes. E vou à procura de mais café na cafeteira que está ali no fogo, ao lado. A minha tenda de dormir fica a uns vinte metros, na mesma direcção, e é de lá que oiço às seis menos um quarto o Paulino a pôr a água ao lume. Saio para fora ainda de madrugada e venho acabar de calçar as botas já sentado ao pé do fogo, à espera que a água levante fervura para juntar-lhe o pó, e a espuma preta suba três vezes e então é que entra a brasa para assentar a borra. Se o café for bom não há melhor que este. Desço depois a uma discreta nascente que aqui tem ao pé e é lá que resolvo as higienes matinais. É também um privilégio, esta nascente.

Decidi que vou gravar-te mais cassetes. Já que não estás aqui para saber do gozo que dá acordar e ouvir a B.B.C. tão longe, nem para ficar como eu à espera do que vai acontecer, em lugar de trabalhar no diário como é costume meu a esta hora quando ando aqui no mato, vou-te falando do que for havendo. Um diário não é só útil, faz parte. Para antropólogo, diário é como estetoscópio para jovem médico, é emblema. Não o exibe, mas também não dá para imaginar que se sinta inteiro sem manter o seu, digno das raivas de Malinovsky, da obstinação de Morgan, das repugnâncias de Bateson, das introspecções de Leiris... Esta primeira hora útil do dia é a que normalmente lhe reservo. Já tudo mexe, à volta, mas é ainda uma hora muito trôpega, sobretudo neste tempo de cacimbo. Mesmo nos *sambo*s as famílias deixam-se ficar ainda à volta do fogo, cada um embrulhado no seu *cambiriquito*, e à medida que clareia, todos, adultos e crianças, vão deitando breves olhares aos animais deitados e tranquilos. Se o capim ainda abunda comeram o suficiente durante o dia e passam a noite a ruminar no *sambo*, caso contrário foram pastar de noite e daqui a pouco estarão a voltar de livre vontade, ou não andam longe. Quando chegar a altura e se tiverem desenrolado já o frio e a conversa da manhã, um homem dos mais novos endireita o corpo, espreguiça-se inteiro, lança um grito de ânimo, parte e vai buscá-los. Ele já olhou, já viu, sabe os que faltam: se está a vaca tal, então é olhar para o lado. Devem lá estar as suas companheiras, vivem e dormem juntas, amizades, e se essa voltou, e aquela também, mas falta a terceira, então sim, é preciso ir procurá-la, largada assim pode ir perder-se, afastar-se, pode ser até que a tenham desviado. Mas neste acampamento não há animais, havia um galo tão cantador que andei a poupá-lo ao rancho e viajava comigo para todo o lado mas isso foi há dois anos atrás, é um lugar que fica vazio quando eu não estou cá e que me serve apenas para chegar aqui, restabelecer contactos, decidir os rumos do que há para fazer e inquirir assim parado no intervalo das deslocações, enquanto o B., o ex-fapla que me introduziu aqui, vai dando curso aos seus afazeres de soba e aos sobressaltos da sua quase sempre acidentada vida particular.

Cheguei aqui há dois dias, encontrei-o à chegada mas também o perdi de vista logo a seguir, mandou recado que ia dormir na Malola e durante o dia de ontem não voltou. A minha vinda perturbou-lhe certamente planos que já tinha traçado e voltará quando achar que está disponível para aturar-me. Sempre que venho a caminho fico a pensar como é que vai ser desta vez. É aqui o centro do seu exercício de soba mas muitas vezes não está, anda a rodear as famílias e a olhar pela sua vida pessoal, ele pertence ao número dos jovens adultos que lida já com algum gado seu, mas sobretudo com o dos pais, naqueles *sambo*s imediatamente ligados às *onganda*s dos mais-velhos. Quando cheguei anteontem emergiu imediatamente de um grande grupo de pessoas quando parei em frente da primeira casa comercial. Sinal de que havia abastecimento.

Neste local, situado mesmo à beira do rio Sayona, que é um dos afluentes importantes do Bero, o outro é o Muve, para Sudeste do Virei, permanecem razoavelmente preservadas três casas que foram comércios de Portugueses nos tempos do antigamente. A primeira que se encontra vindo da Tyikweia, há muito tempo que a Administração tomou conta dela. O abastecimento que é encaminhado pelas vias oficiais, ou apoiado nelas, é descarregado e distribuído aqui. Mais à frente existe outra que é mais teórica do que efectivamente explorada por uma senhora de Moçâmedes. Às vezes vem cá, ou vem o marido, e durante algum tempo, depois de eu já andar para estes lados, mantiveram a casa aberta e um Munano a tomar conta dela, a cobrar dívidas e a guardar os animais, sobretudo cabritos mas também *garrotes*, acumulados após remessas esporádicas mais de vinho e aguardente do que qualquer outra coisa. Mas o Munano era tantas vezes roubado pela calada da noite – e cheguei a participar nalgumas aventuras ligadas a isso – e passava tanta fome porque ninguém vinha do Namibe para levar os animais cobrados e trazer-lhe comida, que o sistema revelou-se inadequado e o Munano foi embora. Mais à frente existe ainda outra casa, mas esta nunca mais voltou a funcionar com regularidade e serve apenas a uns sujeitos do Lubango que aqui vêm funar de tempos a tempos. Desta vez parece que andam também por aí.

O lugar estava portanto animado quando cheguei, ao fim da manhã, mas à tarde já todo o mundo tinha dispersado, incluindo o B., e as primeiras notícias sobre o que se tinha passado na zona desde a minha última estadia obtive-as só depois de me ter instalado, quando o André veio visitar-me. O André é um Tymbari fixado aqui há muito tempo já, desde que, ainda miúdo, veio a acompanhar um dos Brancos comerciantes. Vive de uma lavra que mantém todo o ano no leito do rio, pratica um modesto regadio com água que tira de uma cacimba com um sistema de "cegonha" que o colono lhe ensinou, e cria uns cabritos que os seus filhos vigiam de muito perto para não sofrerem descaminho. Por ele fiquei a saber que o comércio não tem andado mal agora. A senhora continua a não ligar muito mas tem vindo milho e até feijão para a primeira casa, extensão da actividade de um comerciante parente de alguém na Administração do Virei, e os senhores do Lubango andam também a aparecer com bebida, estavam hoje a funar na *onganda* do mais--velho Kaluhamwa, tinha sido para lá que o B. arrancara. Tudo bem, portanto, nada que se comparasse àqueles tempos, quando aqui cheguei pela primeira vez, em Janeiro de 93, e encontrei povo espalhado por esta baixa toda, com cabritos amarrados e à espera que a senhora da casa do meio chegasse com milho, como tinha prometido, porque nessa altura não havia mesmo nada para comer. Agora não, milho e bebida não vinham faltando, e como tinha chovido um bocado na estação anterior e estávamos só a meio do tempo seco, sobravam ainda reservas de alguma coisa que as mulheres tinham conseguido cultivar. Panos e mantas faltava sempre, mas isso o pessoal ia trazendo de Moçâmedes quando lá iam fazer algum negócio. E a primeita *vito-hola* ficou por aí.

*Vito-hola* é uma maneira de trocar informações entre quem se desloca e quem ficou, ou se encontra pelo caminho, ou então onde foste visitar. Quem ouve vai dizendo *keto, baketo,* obrigado, é uma forma de estimular a conversa do outro, agradecendo-lhe as informações que presta, e é assim que as notícias correm. *Só não faz vito-hola uma pessoa que não tem juízo*, que está fora do mundo e não sabe pedir nem aproveitar as informações dos outros. É uma modalidade que faz parte da gramática das relações num contexto em que a informação só circula por assim dizer de boca-a-orelha, e sabiamente praticada pode ser até um precioso instrumento de estratégia pessoal. A mentira não está prevista e constituiria uma agressão social muito grave, mas uma *vito-hola* pode ser a maneira de implicar alguém na discussão de um assunto que de outra forma seria delicado colocar-lhe assim directamente. Outras coisas que queria saber guardei-as, nesta perspectiva, para quando o B. aparecesse. E fiquei o dia de ontem por aqui, só a ver. Não é só o B. que está ausente. Os vizinhos, que de outra forma já teriam vindo visitar-me, também foram lá para o Kaluhamwa, foram todos atrás do vinho. Passei assim um desses dias tranquilos do Vitivi, de que o meu diário às vezes dá notícia e que desde o princípio tenho conseguido experimentar nesta zona mal afamada que é a do Sayona. Desde miúdo que oiço referir estes matos como o buraco mais obscuro de todo o território kuvale. Gado que é roubado lá para cima, mesmo para cima do Kamukuio, se chega até aqui está perdido, some-se, dissolve-se, nunca mais lhe pões a mão em cima.

Já depois de ter feito deste local do Vitivi o centro das minhas operações, encontrei na bibliografia referências que lhe são feitas e remontam aos anos 80 do século passado. O tal José da Costa Alemão Coimbra, capitão de segunda linha e chefe do Bumbo, que procede nessa altura a um reconhecimento do "Bero, dos seus afluentes e da zona por eles atravessada", também esteve por cá e assinala as duas nascentes que aqui existem, uma de cada lado do rio, e informa que "Quetibe", como identifica o local, quer dizer "lugar onde nunca se secam as águas". Fala de elefantes, de leões, de zebras, perdizes e galinhas de Angola que por aqui abundam, da boa pedra calcária que há ali à frente, é o morro Pikona que se vê daqui e onde se explorava mármore até à altura da independência, e refere que esta zona, como a do Hoke (Hué) e a do Tyakuto, todas contíguas, eram, tenho uma fotocópia ali guardada, "eram lugares invulneráveis que estes cavalheiros, os Mondombe, escolhiam para ocultar os bois que ainda há poucos anos roubaram em Campangombe e mesmo nos arredores da vila". Durante muitos anos, parece, a região se terá mantido assim remota e resguardada. Era de facto, o povo daqui confirma, lugar de muito elefante e de muito leão, não dava nem para fazer lavras nem para manter o gado. Nem há aqui nenhum cemitério que se possa dizer muito antigo. Aquele que ainda hoje é utilizado é o único e foi inaugurado por um contemporâneo do Tyindukutu, *dyai* também e durante certo tempo seu companheiro, que para aqui se refugiou no tempo da guerra do *Kakombola*. As informações que recolhi fundamentam-me a ideia de que a área foi sendo progressivamente ocupada à medida que as pressões administrativas e militares se intensificavam em território kuvale e ao mesmo tempo a fauna selvagem se ia tornando mais escassa. Os cemitérios onde estão enterrados os pais de todos os mais-velhos que por cá habitam situam-se em áreas distantes, de ocupação mais antiga, e estes só vieram parar a esta zona após terem regressado das deportações que sofreram, de 41 a 43 ou 44, em S. Tomé e outros lugares de exílio. Se indago, por outro lado, sobre quem os terá antecedido, são-me referidos sujeitos *Muluhapahe* que, segundo a reconstituição dos factos a que me vou atrevendo e de que te revelei indícios numa das gravações anteriores, as circunstâncias terão constituído como depositários de algum do gado que restava das rusgas e das razias que foram a expressão da guerra de 40-41 e que talvez só tenha adregado salvar-se porque o esconderam no interior destas matas. Depois os mais-velhos de agora voltaram da deportação, foram descarregados no Tyakuto, ao pé do Cahinde, onde tinham sido concentrados antes, e foi daí que se espalharam para esta zona, próxima, disponível e retirada. Alguns vieram tentar refazer a vida encostados a um certo Lumeta, que ainda conheci mas já estava no fim da vida, homem de prestígio e história antiga. O nome vinha-lhe de ter servido durante muito tempo na fazenda do Tyakuto, precisamente, a um famoso Almeida da Chibia. Saiu de Almeida o nome de Lumeta.

Quando aqui cheguei em 93 dando boleia ao B. e ainda incrédulo em relação às hipóteses de inquérito que se me estavam a abrir, montei as minhas tendas quase ao lado de uma das nascentes que tem deste lado do rio e no leito limpo de uma *mulola* que lhe é tributária. Mais tarde mudei para aqui, onde estou agora, não muito distante desse local do início mas sobre um terreno de encosta, de pedra e *mutiati*, na bordadura de uma clareira que ainda revela traços de uma *onganda* antiga. Daqui vê-se tudo lá em baixo e é um sítio resguardado das vistas. Naquele tempo qualquer carro que aparecia era razão para suspeitas, o "inimigo" andava espalhado, uma ou duas vezes, de noite, passaram carros que ninguém conseguiu identificar de imediato a disparar tiros não sei se suficientemente para o ar que não pudessem atingir-me mesmo deitado e nem que fosse por acidente, e quem quer que transitasse de dia por aquela estrada dava logo conta da mancha branca da lona da minha tenda maior. Por outro lado, onde estava antes, é um lugar por onde se espalha muito povo enquanto aguarda a chegada de algum abastecimento anunciado, ou então a consumir de imediato a bebida adquirida na altura ou no local para resolver *makas* junto do soba, do B..

Refiro estas coisas para sublinhar-te que este é um lugar de muita actividade, comercial e administrativa, e, logo assim, um ponto importante de convergência de todo o povo da região e não só. Ponto ideal, desta forma, para instalar-me à espera do que há-de acontecer. Há coisas que acontecem e de que tenho notícia porque é aqui que as questões são resolvidas. Mas este acampamento serve-me também, e talvez principalmente, para programar viagens a outros lugares onde se vão ou estão a passar eventos que me interessa acompanhar e registar, ou estadias que, sempre que possível e ao sabor das transumâncias e das disponibilidades ou mesmo só dos humores do B., cumpro tranquilamente, só atento à vida comum dos *sambo*s e ao que se passa à volta de bois e de tramas domésticas. É isso que estou a fazer agora, à espera, pronto para combinar saídas, responder a solicitações que me introduzam na cena local ou inquirir aqui mesmo. E ainda quando não aparece ninguém, como foi ontem e pode muito bem vir a acontecer hoje se a bebida que está a correr lá para os lados do Kaluhamwa não se tiver esgotado entretanto, tenho a certeza que o tédio não me há-de alcançar aqui. Há muita coisa para ler, agora é cacimbo e não há calor nem moscas que o impeçam, há questões de inquérito para afinar e decidir o que falta absolutamente saber, e há depois o fim da tarde que é quando vou sentar-me naquela pedra ali, estás a ver, eleva-se acima do nível da mata e dá para olhar até lá muito longe, o sol a pôr-se no redondo de um horizonte sempre brumoso agora neste tempo e a lua a nascer, às vezes calha, na serra a prumo que ao longo do dia, e mais a esta hora, está sempre a mudar de cor. E se é no tempo de chuva perscruto os sinais dela, porque se faísca durante dois dias na direcção do Chiange, lá desses lados onde sai o Kuroka, um lugar que se chama Nyalukekete, no terceiro já pode estar a cair aqui. É do Nordeste que as águas vêm, do mar não, do mar não sai. Agora, que é cacimbo, é dessa pedra que dou conta de como *o verde é tão discreto e integrado na crespa cor do chão e das ramagens que nada na paisagem se exaspera. São dias de suavíssima luz, a oriente, e a ocidente um sol velado que brilha lasso da fúria de arder...*

Mas não... Oiço vozes que sobem pela ligeira encosta e já reconheci a fala do B.. Quando ele chegar aqui vou perguntar: *Então, muito serviço?* E ele vai responder no tom que convém: *Não, muita bebida só...*

*
* *

Após uma intensa hora de contacto e comunicação passada aqui no acampamento, retomo a gravação que estava a fazer para ti. Com o B. vieram visitar-me três figuras marcantes da cena local: o Kaluhamwa, o Mwantanina e o Ketia-Ketia. Depois foram chegando mais homens e meia hora mais tarde, além dos que já estavam sentados à minha volta, havia pequenos grupos espalhados por toda a área descampada. De vez em quando alguém se levantava de um dos grupos e dirigia-se a outro donde também havia um que saía para se afastarem os dois e manterem, de cócoras, um diálogo sussurrado e breve. Ia haver uma sessão de resolução de *makas*, operação para durar horas, à sombra de uma árvore grande que encosta à segunda casa comercial, é esse o local, *tyiompela*, para tais sessões aqui. Presentes, portanto, homens envolvidos nas questões que iriam ser tratadas, os queixosos e os acusados, os *ombangui,* testemunhas, os *epumbi*, portadores de informações colaterais, gente que pode trazer para o debate a memória eventual de outras *makas* mais antigas entre as partes, contenciosos longínquos, que virão certamente a ser levados em conta na resolução destes pendentes mais actuais, os porta vozes, de cada uma das partes, os mais-velhos locais, *tyiveri*, das *mahanda* implicadas, e uma figura de jurisconsulto ao que parece de recente introdução, a do *omupopithe*, investigador, ou *muniompela,* dono da *maka*, a quem cabe veicular as informações, as argumentações e as contra-argumentações entre as partes e é designado *ad hoc*. Visitas ocasionais e mesmo dois Mwilas que andam aí a cobrar dívidas relativas a fornecimentos de milho e bebida que trouxeram em burros já faz algum tempo, todos foram convidados a participar na sessão. Não deixará de lhes ser solicitada opinião sobre os casos, constituirão a voz do senso comum, de alguém que está em condições de ater-se às lógicas da razão sem deixar-se afectar pela emoção ou pela necessidade, legítima, de defender os seus interesses pessoais, que para o caso serão antes os das *mahanda* implicadas. Também sou convidado a participar, nesta condição. Declino, abdico desta oportunidade, a sessão de hoje promete ser demorada, complicada e talvez até improcedente. Toda a gente passou a noite a beber e posso estar enganado mas ela poderá ser mais fértil em comportamentos consequentes, e disso tenho a minha dose bastante, do que instrutiva acerca da substância dos processos locais e dos casos a tratar. Se estivesses cá participaríamos para veres como é, mas afinal esta viagem tenho-a vindo a programar sobretudo em tua intenção – embora, como te disse antes, tenha umas pontas de inquérito para rematar aqui – e optei por continuar esta gravação ao mesmo tempo que os casos se forem desenrolando. O B. voltará, aliás, pediu-me para lhe guardar por enquanto a garrafa de aguardente que trouxe para lhe dar, e há-de vir buscá-la quando a sessão terminar. Nessa altura saberemos o que foi discutido e como foi resolvido.

*

Enquanto aqui estiveram de visita completámos a *vito-hola* que eu tinha iniciado com o André. Como estive cá faz pouco tempo não há muita coisa para contar, nem da minha parte nem da deles. Choveu regular na estação passada e o gado ainda está todo junto por aqui, só um ou dois *sambo*s é que já começaram a mudar. Houve aí um incidente com arma de fogo mas o caso foi remetido à Administração, ao *mbonde*. Também parece que houve outro caso grave de roubo lá para cima, nas Mangueiras, Sta. Teresa, à beira da estrada de asfalto, mas isso é problema de gatunos mesmo, parece que um comerciante mulato do Lubando também está envolvido, é assunto para a polícia, um rapaz que veio de lá é que contou, e falou também que lá no Kamukuio, ou mais acima, para as Cacimbas ou quê, houve mais problemas com grupos armados que desceram de Quilen-gues, mas esse é também um assunto que o Estado é que tem que tomar conta. Por aqui, desta maneira, tudo normal: o filho do Ketia--Ketia foi descoberto que andava a dormir com a mulher do outro, ele agora não aceita pagar a multa, esse caso também vai vir ter que resolver-se com o soba; a mulher de F. fugiu-lhe, a família dela veio lhe buscar, ele tinha batido nela e atingiu-lhe, ele diz que é sem querer, na parte baixa do corpo, isso pertence à linha das mães, vai durar muito para resolver essa *maka*, vai ser outra multa grande e ainda por cima ele ofendeu a sogra; o Batupo está a tratar de um novo casamento, essa menina estava aqui o ano passado, é pequena ainda, sim, vai crescer o resto lá com as outras mulheres que ele já tem; e tem outros casos que depois falaremos em particular, diz-me o B.

\*

Se eu hoje, ao ver chegar o Kaluhamwa, o Mwantanina e o Ketia-Ketia sei como situá-los – o primeiro como um velho que esteve deportado na Damba e na Lunda após a guerra de 40-41 e depois foi soba daqui até ceder o seu lugar ao B., não tanto porque já estava muito velho, mesmo com dificuldades para se deslocar à Administração, mas talvez, sobretudo, porque era necessário manter sob controle esse irrequieto, vigoroso, inteligente e ladino récem-chegado das Fapla com estatuto de herói, e fazê-lo soba talvez tenha sido a melhor maneira de o controlar, mantendo-se todavia o Kaluhamwa a vigiá-lo de perto e a preservar o direito à última palavra; o Mwantanina, um *Muluhapahe* muito finamente dotado para se impôr como representante do seu grupo e como figura local, e o Ketia-Ketia, como personagem menos concertada mas cuja importância advém da popularidade e simpatia geral de que goza, alguém assim tão humano, tão verdadeiro, até nos seus disparates, que ele existir sanciona o direito de cada um ao disparate e também ao desconcerto – eles também sabem, creio, situar-me a mim. A suspeição que ao princípio, parece-me, as populações mantinham muito legitimamente a meu respeito, talvez já tenha desaparecido há muito tempo. O expediente que o I. utilizou dizendo que eu vinha de Luanda porque o Presidente estava preocupado com os Mucubais e queria saber coisas para melhorar as condições, também já se diluiu há muito, espero, e para o pessoal daqui já tanto faz que eu seja antropólogo ou não e é isso exactamente que me acontece muitas vezes a mim também.

*Vito-hola* para cá, *vito-hola* para lá, notícias locais, informações, Fulano como está, aquela *maka* que continuação teve, disputas, agressões, reconciliações, arranjos, compromissos, casamentos, divórcios, roubos, feitiços, mortes, rendas, nascimentos, sei lá, quando dou conta o centro do mundo é aqui, o quadro de referências a que reporto o que observo e indago passa a ser nem sequer o sistema mas muito mais densamente o da absoluta trama local, perco de vista as estruturas e os processos, mesmo aqueles que eu próprio vou conseguindo identificar e extrair, teorizar, pego mais tarde nas notas pessoais que produzi e verifico que não posso atrever-me a utilizá-las em pé de igualdade com os dados que recolhi mantendo-me alerta em relação a esse outro quadro de referências, teóricas e pragmáticas, que constitui afinal o *corpus* das razões e das justificações que me terão trazido até aqui, quer dizer, que constitui a bagagem do antropólogo e a sua razão para actuar. Sabemos dos livros que a etnografia recolhe dados, a etnologia os situa e compara e a antropologia visa extrair as leis gerais que possam adaptar-se a determinadas sociedades ou situações ou mesmo ao universo humano de uma maneira geral. As operações etnográficas em que todo o antropólogo social de formação moderna se vê envolvido não põem, quanto a mim, dificuldades que não sejam as que decorrem da qualidade da sua formação, precisamente, e da acuidade dos seus talentos. Não há receitas para inquirir, da mesma forma que as não há para produzir raciocínios brilhantes e originais, e isso é a única receita que me permito transmitir aos aspirantes a antropólogos que me procuram interessados na minha experiência ou que nela fazem confiança. Quanto a mim, é quando o observador já fez a etnografia bastante – embora não suficiente porque vai sempre ter que continuar a fazê-la – para sentir-se tão *de dentro* que pode começar a situar e a comparar, passar à condição de etnólogo, portanto, que ele há-de ver-se envolvido numa crise pessoal tão comum a todos e matéria tão presente em tudo quanto é diário que eu arriscaria dizer que quem a não sofrer é porque afinal não é (e é tanto assim que até quem a não sofre dirá depois que sim). O seu mundo passa a ser aquele, e ao mesmo tempo que os "observados" deixam de ser "objecto de observação" e se insinuam é por fim impõem como sujeitos, também ele passa a sentir-se, ou quer mesmo ser, faz por isso, um sujeito tão preenchido pela cena local como os outros. O mundo de lá de fora deixa de ser mais importante que este e o que tende a determinar a busca que continua a desenvolver-se, agora mais empenhada e apaixonada que nunca, não é saber coisas com o fim de as situar nas grelhas do saber exterior, que perdeu importância, deixou de valer como referência única e dinamizadora, mas de apreendê-las para *situar-se* na grelha do saber e da interacção locais. Os desenvolvimentos, a partir daqui, são, evidentemente, vários. Há os etnólogos que ficam para sempre no seu terreno, se deixam ficar, a América Latina consta que está cheia de casos destes, e depois a vida local envolve-os mesmo. Ainda que lhes ocorra partir mais tarde, o que também há-de inevitavelmente acontecer, já é tarde, criaram amarras, cortaram outras lá fora. Há depois os que voltam ao mundo exterior e decidem não dizer nada, este mundo exterior a que pertencem não vale nem mais nem menos do que aquele a que não pertencem, por isso voltaram. Mas é o mundo exterior que domina. Então recusam-se a fornecer-lhe informações que passariam a ser outros instrumentos de domínio, ou mais dados a justificá-lo, e a legitimá-lo. Até a literatura tem dado conta do potencial dramático que por aqui vai, lê por exemplo um poema de Borges chamado *El Etnógrafo* ou o capítulo XXI do romance de um francês genial, Georges Pèrec, chamado *La Vie, mode d'emploi...* Outros, ou porque não padecem o drama com tanta intensidade, ou porque, se perdem o pé, não é por razões desta natureza – sentem-se ideologicamente justificados de outra maneira, ou são pessoas de coragem intelectual e cívica, ou então é porque se passa precisamente o contrário – e dão *a volta por cima* de uma maneira ou de outra e a vida prossegue integrando melhor ou pior os contornos e as exigências dos mundos todos possíveis.

\*

Não vou revelar-te como me tem acontecido a mim. Para já continuo a inquirir. Como explicar de outra forma a minha estadia aqui, explicá-la e preenchê-la, porque estar aqui sem fazer nada também não dá e não estou a ver o que é que poderia fazer a não ser isso? Comerciante fixado é mesmo o que faz mais falta à comunidade... Mas só de pensar, não te faz já rir? E quanto a inquérito...

Eu sei que uma das razões que me pode levar a ser lido é a curiosidade por assim dizer generalizada que existe à volta do trabalho do antropólogo. Dizer, como insinuei atrás, que não há receita para inquirir, levará as pessoas a duvidar. A duvidar primeiro da honestidade da resposta, e depois da nossa própria profissão. Se não há método para inquirir, então o que é que andámos a aprender? Mas eu insisto: você pode ler tudo o que há sobre método… quando chegar no terreno vai ter que pensar por si mesmo como é que há-de ser, como é que vai conseguir. Não, não é se usa gravador ou se é melhor tirar só notas manuscritas. Eu gravo tudo, transcrevo tudo, e tiro notas e mantenho um diário. É antes ter a noção do que se quer saber e negociar isso com o que o terreno oferece, sugere, insinua, propicia, coloca, oculta, disfarça ou nega. O que aprendi nos livros e com os outros, a ouvi-los ou a lê-los, foi a saber o que quero saber, a identificar questões, a situá-las, a urdir hipóteses e a perseguir resultados. Agora o meu terreno, os meus terrenos, o das minhas hipóteses e o da minha observação, esse só quem o conhece sou eu. O inquérito tem os seus objectivos, tem uma retaguarda de razões, mas é no terreno objectivo da observação (e é aqui que o "objecto" é recuperado, sem ele, já que estamos a falar a sério, também não dá para trabalhar), é no terreno observado que ele, o inquérito, vai encontrar os seus rumos, reconhecer as fragilidades, suas, enquanto programa, e de quem o conduz – o eu-mesmo que inquire, portanto –, descobrir os atalhos, contornar as obscuridades, aprender a respeitar as evidências, ceder ou não ceder a seduções e finalmente constituir-se ele mesmo como objecto. Vai ter que lidar consigo mesmo, o inquérito, porque depois os resultados extraem-se é do que ficou registado, é do próprio inquérito, assim.

Aqui, por exemplo: quando cheguei aqui depois de ter vindo do Hamuhapwa e de ter andado por aí a rodear à toa, já sabia que era à volta da circulação do gado que eu iria trabalhar para ver se chegava a entender isto, o sistema, os sistemas todos a funcionar como estavam e estão e a inscrevê-los assim na engrenagem nacional. E foi o que fiz, ou o que julgo que fiz. Mas de uma maneira ou de outra fui extraindo o que queria saber daquilo que ia acontecendo, sem nunca perder de vista o meu programa, até para poder adaptá-lo e às vezes modificá-lo, dando um empurrão quando me parecia oportuno e possível, mas jamais sem forçar. Não deve ter nada de original, esta minha estratégia, nem constitui um método, será antes a expressão de uma resposta, a minha. Cada um há-de ter que encontrar a sua. E aí, junto com o que se aprendeu, ouvindo, estudando ou lendo, e raciocinando, vai pesar também o que se é, quer dizer, o que cada um terá aprendido de todas as maneiras e o que no seu foro íntimo determina os seus comportamentos, as suas atitudes, os seus objectivos, os resultados que visa. E é de tudo isto que há-de resultar a dinâmica do inquérito.

A circulação do gado, pois. E os pontos de atrito entre o sistema ou os sistemas que a regulam e o sistema ou os sistemas envolventes. Os momentos de conflito entre este tipo de sociedade e a "marcha dos tempos". A questão do tempo, sempre, é que dinamiza a interrogação, a análise, a invenção e produção intelectuais, sejam elas de que tipo forem, científicas, artísticas, literárias, sei lá, e ela só se põe verdadeiramente perante um espaço específico, localizado, e o espaço da minha aplicação e do meu investimento total tem sido este. Confrontos entre as estruturas e os processos, tanto os da interacção exógena como da endógena. Atacar por aí... A mobilidade intrínseca a tudo e as múltiplas pressões no sentido da sedentarização. A economia desmonetarizada e fundamentada na reciprocidade, o sistema político, as *mahanda*, o parentesco com os incontornáveis quebra-cabeças da filiação, da sucessão, que aqui se complicam com a chamada "double descent" e o casamento preferencial, por exemplo, face ao poder central, à administração e às suas instituições, face ao sistema mercantil global e historicamente irreversível. A organização do trabalho a interpelar frontalmente a escolarização, o abismo que por vezes ocorre evidente, em condições como as nossas, entre "progresso" e prosperidade, entre modernização, dependência do exterior, articulação a ele, e capacidade elementar de sobrevivência. Estas são algumas das questões que me ocorrem no curso da conversa. Mas há outras, evidentemente, mais teóricas, mais ligadas às interrogações da própria antropologia, aquelas que lhe conferem o estatuto de ciência. E há aquelas, aqueles assuntos, que o próprio terreno insinua no inquérito, pistas irresistíveis que acabam por se constituir como fios condutores na pragmática do inquérito. Como não adoptar e adaptar, aqui, a constante informação sobre roubo de gado e feitiço? Como resistir a temas tão férteis e até romanticamente estimulantes como as categorias sociais de *dyai*, de que já sabes alguma coisa, e a de *mwarilume,* de que irás saber a seguir? E há depois o problema dos informantes, e o problema da língua, e os equívocos que surgem, e as colisões de cultura, de hábitos, de etiqueta até...

O impasse nunca fica resolvido. Não é só a difícil operação de, para obteres resultados, ter que passar da cor local e do detalhe etnográfico à abstracção da análise, e desta à linguagem da síntese. Vais ter que haver-te com as várias modalidades que esta linguagem pode vir a assumir. Produzir uma série de artigos científicos não me coloca embaraços para além da obrigatoriedade de produzir material que possa sem equívoco ser considerado de qualidade dentro dos parâmetros da produção desse tipo. Lançar avisos ao voluntarismo, à determinação ou à oportunidade e ao oportunismo humanitários e políticos das intervenções, provenham elas das organizações não estatais ou do próprio Estado, também não assusta, é uma questão de contrapor-lhes, de alguma forma, uma razoabilidade técnica e política convenientemente fundamentada. Mas num testemunho como este que estou a produzir agora hás-de ter que situar-te pessoalmente, totalmente, primeiro perante a particularidade que a situação confere à tua própria realidade cívica, já que estás a actuar no teu lugar cívico, no teu país, e o objecto da tua observação é assim teu par enquanto súbtito do um poder comum, e depois perante ti mesmo e a atitude – de pessoa, de nacional, de etnógrafo – que veiculas. Perante a especificidade da angolanidade das populações que tratas mas também da tua, excêntricas as duas... E é aí que, naturalmente, estou a esbarrar agora...

Assim, para resumir e concluir e se me permites introduzir aqui um pequeno malabarismo de linguagem que puxa para a ironia, gozo perigoso de que nunca aprendi a furtar-me: ando a tentar desvendar certos mistérios, e a viver uns mas a poupar outros, porque há mistérios que é preciso preservar. E o inquérito é isso: há o que vi porque mo disseram, há o que vi sem mo terem dito (e às vezes mesmo enquanto me diziam outras coisas), há o que conto e há o que não conto e pronto!

# Sayona
*onde num óbito se fala de bois...*

O B. voltou aqui depois da morosa reunião, que aliás deve ter sido animada porque durante toda a tarde me foram chegando ecos da discussão. Chegou trazendo a notícia da morte de uma mulher da família do Tendo, que é um dos companheiros de *onganda* do seu pai, ocorrida num *sambo* onde estava a tratar-se, no lado oposto ao da Malola, na direcção do Evau. De facto eu tinha ouvido gritos de anúncio de morte. Normalmente é a um rapaz ou a um homem novo que compete a tarefa de percorrer a zona lançando gritos agudos e prolongados, é o *muhuri kuhula*. Depois, já ao cair da noite, vozes de muita gente junta chegaram até aqui, vindas do *mulola* em baixo, e quando fui espreitar, da pedra que às vezes me serve de observatório, vi que se tratava do transporte de um cadáver a fazer escala aqui, durante a noite, a caminho do cemitério.

Dei ao B. a garrafa que lhe estava destinada e que ele tinha preferido receber agora para não ter que partilhá-la com os numerosos circunstantes que sempre o acompanharam durante todo o dia e poder assim levá-la para casa e consumi-la lá com quem bem entendesse, e abri outra que fica para estes consumos mais privados, entre nós e o Paulino. A *maka* que está a correr é, como de costume, um emaranhado de acções, de razões e de especificidades locais, uma *maka* que já vem de longe e que promete continuar. Envolve um mais-velho, um seu sobrinho e um sobrinho deste e, naturalmente, bois roubados, desviados, acusações e contra-acusações. Tinha o gravador à mão, gravei:

*...esse homem que lhe roubaram os bois tem a mãe dele, essa é que é a irmã do outro que roubou... então esse mais-velho, o que*

*roubou os bois, tinha o irmão dele, morreu, esse que foi roubado é quem substituiu-se como rendeiro. Esse é que é o tio do miúdo da maka. O miúdo da maka... não, não é assim miúdo, é homem assim como eu, já tem os ehako dele, diz que estava a sair numa área... quase é naquela zona do Caraculo, na Tyipia, ele vinha com um boi, o boi era de hupa, que os pais lhe tinham oferecido, passa no sambo do mais-velho, encostado para os lados do Munhino, o mais-velho diz ouve lá, você está a levar esse boi, então empresta, que eu tenho aqui essa nema, qualquer dia quando ele ficar grande você vai vir receber, fica de he musungo... Mas isso é porquê? perguntou o miúdo, é porque aqui as crianças, as suas primas, estão com fome, nos empresta... O miúdo entregou e o avô comeu o boi...*

Estás a perceber alguma coisa? Temo que não. Aproveitei a conversa, em directo, para te introduzir na cena local, mas é evidente que te faltam elementos para a poder decifrar. Ouviste falar em bois de *hupa*, de *ehako*, de *he musungo*. Como é? Lembras-te do que te disse lá atrás sobre a distribuição e o consumo do leite? Havia um leite especial que entrava em cabaças diferenciadas, dele não se podia fazer manteiga, era todo transformado em *mavele* e só era comido pelo próprio homem a quem o seu pai tinha entregue a vaca donde estava a sair esse leite, e pela sua família nuclear, ou mesmo só por esta, se o pai em questão já tivesse morrido. Disse-te ainda que nos *sambo*s de jovens adultos, como será o caso do "miúdo" da estória que ouviste começar a contar, a maioria das vacas que está com eles foi-lhes entregue pelos pais, umas só para beneficiar da transumância que essas sub-unidades de produção operam, outras para eles aproveitarem inteiramente e gerir. São-lhes legadas para poderem dar início à sua carreira de pastores. Mas sobre elas os pais continuam a observar um controle muito restrito, já que estatutariamente esses animais continuam a ser propriedade dos mais-velhos, das suas linhagens, diferentes das dos filhos. Estes não podem aliená-las de maneira nenhuma e terão que prestar conta delas e da sua descendência durante toda a vida, primeiro aos pais, enquanto estiverem vivos, e depois aos seus rendeiros.

Assim não há quem não trabalhe com bois – aqui tenho que te alertar para outra particularidade semântica das conversas de cá, boi aqui é tudo, a palavra refere-se a tudo quanto é bovino, macho ou fêmea, grande ou pequeno – que pertençam à linhagem do pai, mesmo quando já se é mais-velho e o pai morreu há muito. Esses são os bois de *hupa*. *Hupa* é cabaça para guardar leite. *Hupa yo hupa* será uma cabaça onde se recolhe o leite que sai de vacas de *hupa*. Mas *hupa* é também dar, em *lumwila*, e vida, em *tyihelelo*, língua herero, e o B. dir-te-á: sim, é isso mesmo, é o *empurrão* que os nossos pais nos dão para começar a *vida*. Disse-te também que esses jovens adultos podem já trabalhar, com gado que eventualmente tenham herdado dentro da sua própria *eanda*, ou cobrado pela prestação de serviços pessoais, ou adquirido com dinheiro que ganharam, ou recebido pelo pagamento de multas. E esse é gado seu, da sua *eanda*. São os *ehako*. É deles que se faz a manteiga e se dispõe para o negócio. Falta referir os *he musungo*. São *hupa* também, a bem dizer, pertencem de facto a outra linhagem que também não é a tua, e estão também sujeitos ao seu controle, só que saíram do pai da tua mãe...

Estamos portanto perante três categorias sociológicas de gado, *voilà*, entrámos francamente no domínio do *Bos sociologicus* com que te ameacei lá atrás. O meu registo de categorias sociológicas de gado revela-me a surpreendente soma de 140 entradas. Já que elegi a circulação do gado como pista de inquérito e como via de penetração na realidade kuvale, já que era para agarrar por aí... Refiro-me exactamente a categorias sociológicas de gado e não a listas de características morfológicas, como pelagens, configurações das armações ou outras, ou de colocações etárias, por exemplo. De acordo com a sua proveniência, o seu destino, a função social que preenche, cada animal poderá ser situado num quadro de denominações e de imputações que traduzem toda a trama das relações e das actuações de uma sociedade do tipo desta, e até dos comportamentos que hão-de revelar os termos exactos do contexto em que se move, e das expressões culturais e identitárias que forem as suas. E a nossa poderá muito bem ser uma viagem que enquanto escala locais e remete a evocações, atravessará também, às vezes, as categorias de bois que dão corpo a todos os sistemas e conferem substância a todas as situações.

Ocorrem, evidentemente, circunstâncias privilegiadas, mais férteis umas que outras, que podem inspirar e apoiar, e justificar, uma opção expositiva como a que estou a tentar seguir para ver se consigo dizer o que quero de maneira a reter-te e sem te confrontar, por amizade, piedade e respeito, à aridez e ao esoterismo de relatórios ou de comunicações mais ou menos científicas. A identificação e o aproveitamento de situações concretas, em que várias instituições e várias expressões são chamadas a intervir, mais ou menos segundo a fórmula secular de Marcel Mauss, acabam por impor-se sempre no terreno e no gabinete, mesmo que já não se confira a mesma importância ao *facto social total*. Total de quê, se tudo é processo? Um desses momentos privilegiados, do ponto de vista da actualização das relações, será, claro, o da morte de alguém. Por isso, sentado aqui e de gravador em punho, tentando desta vez articular o inquérito à exposição de resultados através das cassetes que estou a tentar gravar para ti, falando com o B. de *hupa*s, *ehako*s e *he musungo*s a propósito das *makas* em vias de resolução e tendo em conta o óbito de que ele me trazia também a notícia, a pergunta era inevitável: – *e o óbito dessa mulher, também vai dar nampingos?* Ele já me tinha dito que essa era uma mulher viúva há muito tempo, encostada à família, ao Tendo, e não me surpreendi quando me respondeu que não, que essa mulher o que ia deixar era dívidas e a necessidade de encontrar apoio para os seus filhos. – *Então não é como aquele de há dois anos...* E ficámos a falar, longamente, de um óbito que eu tinha podido acompanhar numa campanha anterior, pelo menos parcialmente porque houve muita peripécia pelo meio e ao mesmo tempo estavam a acontecer outras coisas importantes, e me abriu a via para elocubrações em que ainda hoje laboro e para a hipótese de algumas articulações que fazem parte do capital de informação que posso agora arriscar disponibilizar-te.

203

\*
\* \*

Ou a notícia tinha chegado tarde, o que é pouco provável porque esse óbito de há dois anos estava a desenrolar-se a uns escassos quinze quilómetros do Vitivi, nas faldas do Monte Sayona, um maciço proeminente na paisagem, estreito, quase perfeitamente fálico, um bloco que na minha ignorância destas coisas me parece ser um desses caroços de vulcão extinto em que tudo à volta erodiu e apenas permanece agora, rija e indesmontável, a lava primitiva que transitava pelo canal ao tempo da última erupção interrompida, ou a notícia tinha chegado tarde, estava eu a dizer-te, ou outras coisas se meteram pelo meio. O certo é que ao enterro não assisti, quando lá fomos já era pelo menos no dia a seguir.

Subimos até ao *sambo* e os corpos de dois bois abatidos no exterior, sem cabeça e inchados, espalhavam já cheiro à volta. Dentro do *sambo* havia familiares e visitas. O B. e o Bolande foram cumprimentando e cumprindo formalidades e eu fui acompanhando, sempre a tentar manter-me o mais discreto possível. Estávamos num *elambo,* que é o local onde se desenrola um óbito, na condição de *ova pinduri,* visitas de óbito. Deitados no chão e cobertos por mantas estavam os filhos do falecido, cumprindo assim essa fase, *kaluapu,* do seu luto, *kutunyanya.* O B. e o Bolande agacharam-se ao pé deles e foram ciciando condolências com uma mão estendida e a tocar as mantas. A viúva – *mwepe, munthu mupengue* – estaria recolhida numa das casas, incomunicável, e só viria a ser cumprimentada durante uma cerimónia – *kupindula pithitha* – do fim do óbito. A isso também não assisti devido a uma das regulares deserções do B. A minha atenção já nessa altura, aliás, estava toda virada para a fértil e aliciante, do meu ponto de vista, movimentação de bois que ali iria ter lugar durante os dias seguintes. Os restos dos bois que tinha visto a apodrecer inchados do lado de fora do *sambo,* sem cabeça e com as pernas traseiras desarticuladas por golpe de catana, eram já os *kambuka,* sobre os quais se salta quando se está a levar o morto para o cemitério, um macho e uma fêmea, o primeiro saído dos *hupa*s que estavam com ele e o segundo dos seus *ehako*, cujos cornos o tinham acompanhado imediatamente à sepultura. Toda a descendência dessa fêmea abatida tinha passado já à categoria de *kakethe* e esses animais estavam agora sujeitos a interditos muito mais rigorosos do que os que cabem aos *hupa*s normais. Esses *kakethe* tinham também acompanhado o corpo ao cemitério, e aí fustigados com ramos, com folhas, *tifwa*, de um pau chamado *mukambi*. Sangue seu, de cortes que lhes fizeram nas orelhas, foi vertido sobre a sepultura, e passaram a ser designados por *betatifwa*, e igualmente por *thilahombe*, de *thila*, interdito. Dentre eles, já no cemitério e antes de descer à cova, o cadáver tinha indicado para cada um dos filhos, de uma maneira que te revelarei mais tarde, a fêmea que passaria a ser o seu *hupa* máximo, aquele, exactamente, de cuja descendência haveria de sair, chegada a altura, o macho de *hupa* que por sua vez daria os cornos que os deveriam acompanhar ao cemitério, quando morressem. Os *betatifwa* passam a ser animais desviados dos circuitos normais de produção, por assim dizer, sujeitos a grandes restrições no que diz respeito ao consumo do seu leite e da sua carne e, quando os machos vierem a ser abatidos para este fim, a sua pele não será sequer aproveitada e os ossos vão ser queimados, tão sagrados eles são que não se pode correr o risco de os ver cair em mãos profanas e mal intencionadas, que os aproveitem para proceder a feitiçarias capazes de afectar a sorte dos bois e das pessoas dessas famílias.

Nesta fase do óbito eram só estes os bois que tinham sido movimentados, mas aguardava-se o desenvolvimento imediato de duas operações muito importantes. Para isso teriam que comparecer os *mwingona* e os *moname* do falecido. Os primeiros haveriam de trazer bois saídos de *hupa*s que tinham recebido do falecido, e os segundos viriam receber o "troco" dos *hupa*s que os seus "pais" tinham por sua vez dado ao morto, de quem ele era, portanto, *mwingona*. *Mwingona* são os filhos "classificatórios" de um homem a quem ele em vida tenha dado alguma coisa para ajudá-los. *Ingona*. Entregar um boi. Filhos teus "classificatórios' são os filhos dos teus irmãos ou, de uma maneira mais lata, os filhos de todos os homens da tua linhagem. Os homens, portanto, da *eanda* do teu pai são todos, e nestes quadros de parentesco, teus "pais". Daí que ocorra ouvires frequentemente dizer que esse, por exemplo, é um boi de *hupa* daqueles que Fulano recebeu dos seus pais.

Pois bem, vão vir os "pais" do falecido, quer dizer, homens da *eanda* do seu pai que lhe deram *hupa*s, ou rendeiros, herdeiros destes, se os que procederam ao acto já tiverem morrido também, e receberão o "troco", os *nampingo* de que falarei abundantemente já a seguir, dos bois que lhe deram. E ao mesmo tempo estarão presentes também homens da *eanda* do pai da mãe do falecido, donde ele recebeu bois de *he musungo*, para receberem os *nampingo* que igualmente lhes cabem.

Estes são os que vêm receber. Os *mwingona* do morto não vêm receber nada, vêm entregar animais descendentes dos *hupa*s que receberam dele na condição de seus "filhos". Esses animais serão abatidos e as suas armações vão acompanhar, no cemitério, as dos *kambuka*, espetadas num ou mais paus – *epango* – à volta da sepultura. Os seus corpos eram antigamente abandonados, a apodrecer ou disponíveis para consumo por animais carnívoros ou populações não Kuvale. Hoje esses bois são recolhidos vivos por um comerciante que é contactado para os carregar e conduzir a Moçâmedes, onde serão então abatidos e a carne destinada ao consumo urbano. Regressam as pessoas da casa, que os acompanharam, com a bebida que resultou do valor da carne, e os cornos que se destinam ao cemitério, para honrar o morto.

\*

A nossa visita daquele dia ficou pelos cumprimentos e só dois dias depois nos vieram avisar que os *moname* do morto já estavam concentrados e ia ter lugar o pagamento dos *nampingo*s. Então na madrugada seguinte seguimos para lá. No interior do *sambo* havia… não sei bem mas para cima de 200 pessoas, homens e mulheres. A primeira a quem fui apresentado foi ao *mwarilume* e eis que, para poder prosseguir, tenho que te apresentar também a essa figura chave nas interacções locais. Passei muitas horas a inquirir da qualidade de *mwarilume* até poder agora muito sucintamente dizer-te que ele é alguém nomeado *ad hoc* para desempenhar funções sacerdotais, de oficiante, de porta-voz junto dos antepassados em situações como as de óbito ou de sacrifício de animais com que havemos de deparar noutras circunstâncias. São homens do comum, de uma idade que já os instalou na vida e lhes granjeou respeito, e que saem dos *moname*, da família afastada (dentro da *eanda*) do pai do falecido num caso de óbito como este, ou do antepassado a quem se oferece um sacrifício. É ao *mwarilume* que em cada situação de óbito é entregue o cadáver. A este *mwarilume* eu já o conhecia de um qualquer encontro anterior, e era um homem *mukwatyite*, da *eanda* do pai do morto, o qual, por sua vez, era *mukwangombe*. Estás a ver que era preciso ter andado lá atrás às voltas com os *clan*s?

Há três *mahanda* a partir das quais se tece toda a trama das interacções grupais entre os Kuvale, lembras-te de já te ter dito isto. Faltaria portanto agora mencionar a dos *mukwambwa*. Pois bem, eles também estavam presentes, eram a família, o *o veto,* do pai da mãe do finado, e vinham também receber os seus *nampingo*s de *he musungo*.

Quando cheguei e fui apresentado ao *mwarilume* os homens já estavam todos agrupados segundo as suas *mahanda*, cada grupo colocado no espaço entre as casas e o curral dos vitelos, dispostos em triângulo e ao alcance das vozes uns dos outros, quer dizer, da voz dos porta-vozes – *vatanikwa* –, que recebem no fim, como pagamento, um garrote chamado *tanikwa* e tinham sido designados já, dentro de cada *eanda*, para veicularem as informações e as argumentações que iam circular de um lado para o outro. A necessidade desta função está ligada ao facto de os principais protagonistas da acção, dentro de cada grupo, o rendeiro do morto e o rendeiro do pai do morto, quando se trata dos *nampingo*s ligados a essas duas partes, estarem recolhidos em situação de luto absoluto, embora ao alcance de consultas para poderem, por vezes, emitir as decisões que os porta-vozes transmitem. Porque de resto toda a gente fala e aprendi muito com os diálogos que decorriam entre um lado e o outro. Há duas discussões separadas em que intervém sempre a *eanda* do morto, mas a primeira é com a *eanda* do pai do seu pai e a segunda com a do pai da sua mãe. Fui instalado do lado da do morto, a que, aliás, o B. e o Bolande, que me tinham levado, pertenciam. Ia ter lugar a primeira discussão e fui autorizado a gravar e a fotografar, só que dessas fotografias, embora guarde os negativos, claro, nunca cheguei a obter provas porque a película parece que já estava fora de prazo, ou então sei lá... O que se passou daí para a frente foi um dos momentos fortes de toda esta minha carreira de observador e tenho neste momento dificuldade, naturalmente, em fornecer-te um relato resumido. Mas é esse o meu ofício e vou tentar.

Ao longo de umas boas duas horas desenrolou-se entre os *Mukwangombe* e os *Mukwatyite* uma negociação, pois, em que aos primeiros competia disponibilizar aos segundos, como compensação, animais que haveriam de corresponder aos *hupa*s que aquela *eanda* tinha dado ao morto. Repara que disse compensação e não devolução. De devolução falaremos mais à frente. De facto tratava-se de compensação, e com uma carga evidente de expressão apenas simbólica porquanto, em condições normais e correntes, desses *hupa* o falecido teria extraído ao longo da vida uma larga descendência, machos e fêmeas, e agora, ali, cada um dos sujeitos que estava para receber só ia levar uma cabeça, macho, a não ser o próprio rendeiro do pai do morto, a quem competiria uma fêmea que é o próprio animal chamado de *nampingo*. Ora a discussão gerada à volta deste processo de circulação de gado, que registei na íntegra, é um repositório de informação susceptível de ser tido como um material etnográfico muito valioso para o tratamento dos mais variados aspectos que poderão caracterizar o universo kuvale. Todas as questões do parentesco, que é a instituição política pertinente embora eu continue a tentar poupar-te a um tal imbróglio, se revelam presentes, mas também outros aspectos de carácter colectivo, de comportamento e de cultura. A natureza e a qualidade do humor kuvale, reconhecido por quem quer que lide com essas populações, o seu "modo" e os termos do seu "jogo" social, encontram numa altura destas uma oportunidade de eleição para intervir e revelar-se, é uma daquelas situações em que cada um mostra o que vale e expõe, ou vê expostos, o seu melhor e o seu pior. Vi demolir a reputação de alguém que eu julgava pessoa influente, e isso explicava o facto de ele não ter aparecido, embora tivesse mandado recado que, sendo da *eanda* do falecido, disponibilizava uma cabeça para o pagamento dos *nampingo*s. Essa sua oferta foi sistematicamente recusada, por parte daqueles que tinham direito a recebê-la, a partir da argumentação de que se tratava de pessoa pouco séria, com antecedentes que o qualificavam como um *walavola,* um "despassarado", um *vitingotingo,* um daqueles que ou não entrega ou então volta para receber outra vez. Aceitar um boi desse homem seria uma vergonha, até a minha mulher ia dizer que eu sou um homem que não presta, como um desses rapazes que quando uma rapariga lhes dá corrida no dia seguinte ainda estão a querer lhe acompanhar outra vez. E quando foi referido que também o importante I., o soba dos sobas do Virei, disponibilizava um garrote, o animal foi aceite mas não deixou de ser ironicamente referido que era perigoso receber um *nampingo* de tal procedência, porque ele é um *"Branco",* amanhã vamos lá para trazer esse bezerro e ele vai mas é nos entregar na polícia, para sermos "batidos". Tudo isto a rir, é bem de ver, e são apenas exemplos. Mas posso pôr o registo à tua disposição e nele encontrarás, além de lances como este, juízos implacáveis que podem revelar-se verdadeiros flashes sobre a sociedade kuvale e os processos que a accionam e configuram, e um verdadeiro manancial de informação sobre o actor principal de toda esta encenação: o boi. Foram discutidos, um por um, mais de 40 animais, sobretudo bovinos mas também carneiros, tendo em conta o sexo, o tamanho, as pelagens (*pintas*), o lugar onde se encontravam e as mãos em que se achavam. Levaria horas a contar-te tudo e embora isso constitua uma frustração mais para mim do que para ti, como o que me importa sobretudo é que fiques a entender o que se estava a passar, mais do que o como, tenho que optar por falar-te de outros aspectos.

Acabaste de saber: esse gado que transita para a *eanda* do pai do falecido, *nampingo*s, é o "troco" de *hupa*s e sai das mãos de pessoas várias, dentro da sua própria *eanda*. Mas há um responsável por toda essa operação, alguém que responde pela sua execução: é o rendeiro, o herdeiro do morto, é ele que responde pelas suas dívidas. Ora na altura dos *nampingo*s esse homem ainda não herdou nada, o óbito ocorreu apenas há dois dias e ele não pode ainda mexer no gado do irmão ou do tio a quem rendeu a não ser para mandar matar os *kambuka*, de que já te falei, e um outro animal que se vai abater, também à catana ou a tiro, no fim desta operação, o *ontwala*, e para designar a fêmea que há-de ser o *nampingo* a atribuir ao rendeiro do pai do morto. Ele nem sequer fez ainda as contas – *tyiela* – do gado deixado pelo falecido, isso fica para depois. Assim, são outros homens da sua *eanda* que vão disponibilizar os animais para o pagamento dos *nampingo*s. O rapaz espalha a notícia do óbito e põe os homens dessa *eanda*, até onde a notícia chegar, a reflectir nos empréstimos ou nos investimentos, como preferires, a que irão proceder junto do rendeiro do morto para o dotar dos meios suficientes, bois ou carneiros, para poder pagar os *nampingo*s. O retorno virá mais tarde, quando tiver lugar outra operação, a de *kupingana*, que é a partilha da própria herança que há-de caber ao rendeiro. É no interior dessa dinâmica de solidariedade e identificação linhageiras, dentro das linhas de sucessão das mães que, se estiveres interessado em mergulhar nas questões pragmáticas do parentesco (as outras é teoria), vais estabelecer os contornos das linhagens mínimas de que já te disse alguma coisa quando andámos pelo Virei, e dos sucessivos escalões estruturais até à linhagem máxima, vaga e abstracta que é a *eanda*, o *clan*. E aí depararás de novo com a dimensão e a expressão de grupos locais, ou menos locais porque até elementos da linhagem mínima, a que é constituída pela descendência da mãe da tua mãe, podem estar a residir muito longe. Mas as notícias correm rápido e pode chegar de longe e a tempo o anúncio de que Fulano manda dizer para contarem com uma cabeça do seu gado para o pagamento dos *nampingo*s. Esses grupos, que definem núcleos de inter-ajuda, de encargo e de benefício comum, são os *turiapamu*. O *turiapamu* é, portanto, o conjunto das pessoas entre as quais circulam bois que são propriedade da mesma linhagem – *oyo ma iumu* – tanto quando é preciso pagar *nampingo*s aos pais dos pais como em situações em que há multas para pagar dentro do sistema de controle judicial em vigor, e ainda na altura de tomar conta das heranças, das *rendas*. Essas pessoas também herdam juntas, quer dizer, a herança de cada uma é redistribuída pelas outras em função das suas ajudas imediatas ou mais remotas, prestadas por elas ou por antecessores seus.

Estou a ser muito optimista ou quererás mesmo saber como é que se passa isso da herança, *kupingana*, e que passos o rendeiro tem que dar após o pagamento dos *nampingo*s? Vou tentar. Mas, é claro, terei que continuar a ser breve e conciso, e omisso até em relação a muitos detalhes, se quero reter ainda a tua atenção e chegar onde me importa.

\*

Esse homem, o rendeiro, está agora, com a morte do tio ou do irmão, virado para muitas frentes. Considera tu o gado que estava com o falecido. Teoricamente ele tinha os seus bois de *ehako*, quer dizer, o conjunto daqueles que na altura própria ele mesmo teria recebido como herança, e aqueles que obteve através do seu trabalho e da cobrança de multas que lhe foram sendo devidas, por exemplo. Esses bois são agora do rendeiro. Mas este não vai pegar nesses bois todos e levá-los para o seu *sambo*. Deixa com o filho do falecido, ou os filhos, uma parte desses bois. É a esse conjunto que se chama *tyikume,* é *o gado que ficou nas mãos dos filhos*. O rendeiro poderá vir aí buscar os animais de que puder vir a necessitar na sequência das coisas da vida, são seus, mas deixou-os nas mãos do primo, são *hupa*s que lhe entregou. De facto, de acordo com o parentesco classificatório, ei-lo outra vez, esses seus primos são seus "filhos", ele "rendeu-lhes" o pai, substituiu-o, e, para todos os efeitos, os filhos deles serão seus "netos", *mutekula,* como os filhos dos seus próprios filhos...

Mas o falecido tinha também consigo gado *hupa* que lhe tinha vindo dos seus "pais", aquele precisamente que obrigou o rendeiro ao pagamento dos *nampingo*s, que são o "troco" e é tudo quanto esses "pais" vão levar dali. Os bois que eram *hupa* do morto ficam na mão do rendeiro e são chamados os bois de *ohandyo,* do vómito. Continuam a pertencer à *eanda* do pai do falecido mas ficaram na mão do rendeiro deste, daquele que era o seu *mwingona*. É bonito.

Considera agora que o finado também tinha os seus próprios *mwingona*. "Filhos" seus a quem tinha dado *hupa*s, a começar pelo seu próprio filho. É junto deste, precisamente, que o rendeiro deverá informar-se acerca dos *hupa* que o seu tio, e pai daquele, foi dando em vida. A residência é patrilocal, o rendeiro tem vivido ao lado do seu próprio pai, quem viveu encostado ao falecido foi o seu primo, ele é que sabe o que o pai fez ou não fez. Da posse destas informações, da *mukanda*, ele vai dar a volta junto de quem recebeu *hupa*s do tio. Aí, junto de cada um, e quanto mais não seja para afirmar a sua autoridade sobre tal gado, ele vai retirar uma ou duas cabeças. A esta operação chama-se *kuhomununa*. Ele junta os bois das *kuhomununa* que fez e esses bois juntos constituem os *oyo mitengue*, plural de *mutengue,* que é o pau duro da empela das palmeiras que há nas baixas, onde se penduram as cabaças do leite para as levar às costas quando se viaja ou muda de *sambo*.

Quando fui ao Xingo num desses anos atrasados encontrei lá um homem daqui, o Mwatyipula, filho do mais-velho Tyikehe, que andava em viagem a fazer esse serviço de identificar e recolher alguns dos *hupa* de um tio que acabava de render. Ele estava assim a actuar muito longe da sua casa, que é aqui na Malola onde faz a vida junto do seu pai, um desses que povoaram esta zona vindos dessas paragens do norte, do Kamukuio, como se diz de uma maneira geral nas conversas, que é para facilitar. Quando o Mwatyipula, depois de fazer as suas *kuhomununa* voltou aqui, terá vindo com os seus *mitengue* para juntá-los aos *ehako* do falecido. Passou por uma cerimónia em que foi sacrificado um boi ou um carneiro, e colocaram-lhe no tornozelo direito uma pulseira feita da casca de um pau que é o *ekoka* (são detalhes...). Teve então lugar aquilo a que se chama *kupingana*.

Aí já passou a estar de novo virado para a sua própria *eanda*, para o seu *turiapamu*. É a altura de se entenderem como irmãos, biológicos, sociológicos (adoptados ou assumidos pelo mesmo pai) e classificatórios (no quadro de correspondências do sistema de parentesco), e de ter em conta uma contabilidade fluida, medrada no tempo e de acordo com as circunstâncias. Alguém do teu *turiapamu* que te ajudou para pagar os *nampingo*s à família do teu tio falecido, não vai vir cobrar taxativamente a ajuda que te prestou. Ele preferirá antes contar com a tua participação quando precisar também. É claro que não desdenhará a hipótese de sair com uma cabeça de gado da *kupingana* que estás a fazer. Mas preferirá que nesse caso tenha sido levada em conta qualquer outra ajuda anteriormente prestada, por exemplo pelo seu tio ao teu, ou o facto de tu ou o teu tio terem recebido alguma coisa quando o seu próprio tio, ou irmão, faleceram e ele rendeu. São estratégias. Tu tens ali um "banco", na expressão do B., da mesma forma que tens um banco junto dos *mwingona*s do teu tio, onde foste fazer *kuhomununa*, e dos teus próprios *mwingona*s, se já começaste a dar *hupa*s aos teus filhos, porque podes sempre ir lá buscar uma cabeça em caso de necessidade (nesse caso estás a fazer *kuridimbula*).

Eu sei que toda esta sistematização te pode parecer uma pura bizarria. A gramática das relações não é aquela a que estás habituado. Mas há duas evidências que já terás apreendido mesmo sem eu te ter chamado explicitamente a atenção para elas. A primeira é a de que o gado que interessa a um sujeito está todo espalhado. Ele pode acumular direitos sobre muitos bois, mas de forma alguma poderia tê-los todos ao pé de si. Há aquela relação entre os recursos naturais, a dimensão e a composição do rebanho e a força de trabalho das unidades domésticas de que te falei quando abordámos o sistema de produção animal. Acrescenta a isso a vantagem, ligada a questões de segurança e tida em conta por todas as sociedades pastoris, de ter o gado disperso. Uma epizotia, uma seca mais violenta, um roubo, uma guerra local, pode afectar o gado que está contigo e acabar com ele. Longe, disperso, nas mãos de muitos outros, a salvo das incidências locais, tu podes ter muito mais gado do que aquele que estava ao pé de ti. Poderás continuar a ser um homem rico apesar da desgraça te ter vindo bater directamente à porta. A segunda evidência diz respeito à natureza da propriedade. Ela é plural. Mesmo o gado sobre o qual se exercem os direitos e as obrigações que te estão imputados e cujo maneio exige da tua parte um empenho muito pessoal, é objecto de atenções e de direitos que te excedem como indivíduo e se reportam às linhagens e por aí fora até às *mahanda*, aos *clan*s. Há, evidentemente, transferências de direitos sobre animais que se processam ao nível das relações pessoais, mas aí não deixam de intervir, à mesma, coberturas institucionais que tendem sempre a neutralizar protagonismos. Constataremos isso lá mais para a frente.

\*

Foi o que, aliás, observaste: tudo se passa entre *mahanda*. A situação em que participámos revelou um quadro exemplar: as três, os *Mukwangombe*, os *Mukwatyite* e os *Mukwambwa* estavam presentes. O jogo há-de passar-se sempre entre três grupos: o do falecido, o do seu pai e o do pai da sua mãe. Se a exogamia clânica, que é a regra, for respeitada, esses três grupos corresponderão, como foi o caso, às três *mahanda* que o sistema retém para poder funcionar. Não há sistema que não comporte regras e que não se atenha a elas para poder reproduzir-se. E são essas regras que as ciências sociais pretendem extrair, formular através de uma linguagem que se vai codificando nos terrenos do conhecimento dito científico que é da lógica ocidental dominante, dentro da qual nós, tu e eu, nos movemos e nos exprimimos, não temos alternativa, enquanto continuarmos a escrever, a querer comunicar a uma escala universal. Repara, fui tentando dizer o que queria comunicar-te recorrendo tanto quanto possível apenas ao material etnográfico de que disponho, mas fui-me vendo ainda assim obrigado, também para tentar garantir a tua compreensão, a abstrair cada vez mais, a insinuar os contornos de um modelo, a introduzir termos de um capital de formulações adquiridas e fixadas, como o de filhos e pais classificatórios e a residência patrilocal. Pois bem, recorrendo ainda com parcimónia a esse capital, poderei colocar-te perante outra evidência que te ajudará a ver as coisas com maior clareza e a situá-las no contexto do exercício pragmático do presente e dos sujeitos com quem estás a lidar. Recorrendo a uma fórmula teórica que é por sua vez um desenvolvimento, uma expressão da exogamia clânica, tu vais constatar que tudo se passa não só entre três *mahanda* mas, absolutamente, entre cunhados. Essa fórmula é a do casamento preferencial.

Aqui, segundo a regra, um homem casa com a filha da irmã do pai, com uma prima cruzada patrilateral, se quiseres usar a linguagem técnica, ou com uma *mulamwangue,* na terminologia local. Com uma filha da irmã da tua mãe, tua prima paralela, jamais poderás casar se não quiseres incorrer na falta de um incesto ainda assim admitido mediante o pagamento de uma multa, porque estás "a cortar" a tua *eanda*. Ela é de facto da tua linhagem, é tua irmã, é tua prima paralela, é *mwangwangue.* Porém, sem cometer incesto e permanecendo ainda dentro do universo da matrilinearidade em que a quase generalidade das sociedades angolanas se inscreve, poderias ainda casar com a filha do irmão da tua mãe. Ela é também de uma linhagem diferente da tua. Vais aos livros, recorres aos inventários de Murdoch e ficas a saber que no mundo inteiro existem muitas sociedades que praticam esta última modalidade e muitas outras que procedem como os Kuvale. E poderás ficar a saber mais: que o casamento com a filha da irmã do pai é a modalidade mais comum entre as sociedades pastoris matrilineares, porque as há também patrilineares e muitas. Explicação? Os funcionalistas é que andam à procura de funcionalidades para tudo, mas todos nós teremos que ser ao mesmo tempo funcionalistas, e evolucionistas, e estruturalistas e dinamicistas, atentos às funções, às complexificações, às estruturas e aos processos, se quisermos entender alguma coisa disto. E se perguntas a alguém de cá porque é que a regra aqui é essa, vão-te responder, invariavelmente, que é para o gado não espalhar.

Faz agora um pequeno esforço, tens cabeça e coração para tanto. Situa-te ainda no pagamento dos *nampingo*s e tenta perceber, tendo em conta o nível generacional do rendeiro do morto. Investe-te tu mesmo, para conduzir o raciocínio, nessa posição. O filho do morto, com quem vais deixar muito gado, é o homem que já casou ou vai casar com a tua irmã, é ela a filha da irmã do pai dele que é a tua própria mãe, por isso é que tu és o rendeiro desse homem que morreu. Ela, a tua irmã, junto dele e do gado que tu deixaste com ele, há-de permanecer atenta aos interesses da sua própria linhagem, que é a tua, e velará para que o marido não "espalhe", não aliene esse gado, que é teu. E o mesmo, claro, se passará em relação ao teu outro cunhado, ao irmão da tua mulher, que é o rendeiro do teu pai. A tua mulher zelará pelo gado que ele deixou na tua mão. Essa é a explicação de cá, a mais imediata. Mas poderemos tentar ir mais longe, cheguei lá através de muita insónia: o teu filho será rendeiro do teu cunhado que rendeu o teu pai de quem o filho será por sua vez teu rendeiro porque é o filho da tua irmã. Sei que estás a acompanhar...

Assim, de facto, o gado não espalha, é uma constatação que casa com todas as lógicas. E tudo, estás a ver, se passa na realidade entre cunhados. E se me permites arrastar-te ainda só por uns momentos mais e insistir no pagamento dos *nampingo*s, o que já começa a fatigar, sendo tu o rendeiro do falecido vais verificar que estás a dar *nampingo*s de *hupa* ao teu cunhado a quem deste a tua irmã para sua mulher, que por sua vez é o rendeiro do rendeiro do pai do morto, e a entregar bois de *he musungo* ao teu cunhado que te deu a irmã para tua mulher, que é o rendeiro do pai da mãe do mesmo morto que é o teu tio. Como diria o nosso amigo I., do Virei, podes ir em qualquer escola, a explicação é esta e consegui dar-ta sem te remeter explicitamente à formulação teórica desse continente de erudição antropológica que são as estruturas elementares do parentesco.

Tu podes passar por cima de tudo isto, e é, temo, o que estás a fazer... Mas para poderes entender o que te tenho dito aludindo só ao que se passa no real e o que certamente ainda terei para dizer-te, convém-te colaborar comigo. Porque é desta articulação toda que saem as metades das *mahanda* que vão constituir pares na sucessão entre pais e filhos e são esses pares que hão-de constituir a substância das patrilinearidades que colocam a sociedade kuvale e os Herero de uma maneira geral no grupo daquelas a que se pode imputar um sistema de filiação a que se chama, em inglês, *double-descent.* Se uma questão tão importante como a do Fogo, que tem aqui um papel regulador fundamental, não lhe estivesse ligada, eu até passava por cima ou ao lado. Mas se não é para chegarmos ao ponto de a poder abordar, então também não valia a pena termos chegado a estes embaraços.

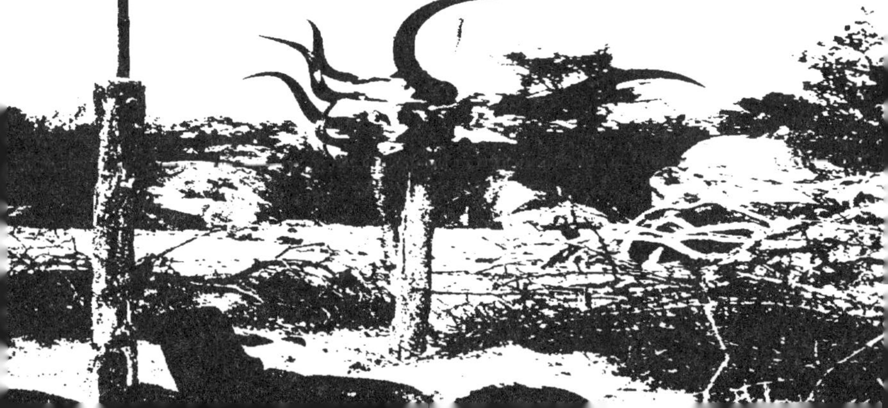

# Pikona
*e num enterro se revelam coisas*

Fui ao enterro da mulher de que tive notícia quando o B. voltou ontem da resolução das *makas* e que foi pretexto para a conversa anterior e é apenas uma versão resumida do discurso interminável que se pode manter a partir de um óbito. Hoje aproveitei a oportunidade e acompanhei um enterro, coisa que não pude fazer antes. Se estivesses cá também tinhas ido e procedido, mesmo sem querer, à tua própria etnografia…

Desci cedo, de manhã, de carro porque o Pico, que ainda escuro se veio aquecer ao fogo daqui para visitar-me, não nos tínhamos visto antes, insistiu em irmos de carro. O Pico é um dos auxiliares oficiais do B., o outro é o Bolande, e tenho que te introduzir estas duas personagens porque certamente elas virão a intervir com frequência no que a partir daqui te for relatando. O Bolande é aquilo que se pode chamar um *ondalawe*, uma pessoa *santa*, pacífica e cordata, *que respeita muito, que não liga dos problemas, não reage até quando lhe falam mal,* mas o Pico é uma figura complexa, de comportamentos imprevistos e estatura cívica duvidosa, embora mais bem colocado estatutariamente no seio da linhagem hegemónica do que o B., de quem é cunhado, casado com uma irmã sua. Mas talvez não sejam apenas estas as razões que levam o B. a não dispensar-lhe a companhia e a assistência. O Pico é um apetrechadíssimo *tyimbanda*, especializado em modalidades e técnicas de intervenção rápida à maneira dos Mwíla, junto de quem é frequentemente chamado a intervir, razão que o leva a ausentar-se com frequência e durante largos períodos para o lado deles. Aqui em baixo é temido, mais do que respeitado, e chamam-no para actuar em situações das mais extremas e das mais confusas.

Estacionei ao pé da casa comercial de baixo e o B. veio pouco depois ter connosco, e com ele me dirigi ao grupo, já numeroso na altura, que rodeava o cadáver junto ao local do meu acampamento antigo. Homens e mulheres. E *buluvulus*, a quem iria caber o transporte da padiola de paus com o cadáver, revezando-se quatro a quatro, dois a segurar as pontas da frente e dois as de trás e reagindo todos em simultâneo ao impulso de se deslocarem com o cadáver aos ombros numa direcção ou noutra, a passo ou em corrida, e de parar também de súbito. Posso jurar-te que é assim e é tão pronto e rápido que se não houvesse uma sincronização perfeita aquilo desconjuntava-se tudo.

Foi um cadáver que correu muito, o que pode significar a morte futura de muita gente, compreenderás pelo que vai seguir-se. Antes de tomar a direcção do cemitério houve muita deambulação, dirigindo-se a um ou outro grupo e depois partindo para mais uma corrida à volta. Consultei o B. e fui fotografando, ninguém se mostrou perturbado, se é esse o meu serviço... O *mwarilume* do óbito veio entregar-me um raminho de folhas de *mutiati* para entalar atrás, no cinto, e era o que fazia cada um dos acompanhantes que ia chegando. *É sempre muito perigoso, mesmo para as pessoas que estão só a acompanhar e para as famílias, é por isso que pomos esse ramo de mutiati no cinto, para se protegermos... Agora se você está a carregar a pessoa que morreu e está a ver que caiu, então vai ficar doente... sem dúvidas, se você se feriu, entrou aí nessas bissapas, fica doente, doente, até que morre....*

Encontrei muita cara conhecida e sucederam-se os cumprimentos. Ontem, já de noite, tinha vindo também o Biloa, cumprimentar, e pediu para deixar aqui a arma. Ainda cá está. Quando um homem deixa a sua arma a guardar na mão de outro a relação é firme e há confiança.

Depois partiu o cadáver, sobre a padiola, às costas dos *buluvulus*, muita corrida. Aproveitei uma paragem – *kwola* – e ultrapassei, acompanhado pelo B., pelo Pico, por um mais-velho e por uma figura de "dandy" local, e fui esperar já afastado da estrada, no interior do desvio para o cemitério. Aí o cortejo veio a fazer alto de novo e a paragem seguinte foi já o cemitério. Novas corridas. Foi escolhido o lugar de abrir a cova, tendo em conta a colocação das sepulturas de outros parentes. As pessoas dispuseram-se à volta, homens e mulheres separados, alguns sinais de choro, muita conversa, a padiola sempre em movimento, aos ombros dos *buluvulus*, visitas às sepulturas, corridas pelo mato à volta. *Você (o cadáver...) está dentro do cemitério, depois de chegar dentro do cemitério dá a volta, naquelas pedras, naquelas sepulturas, a cumprimentar, está a dar bom-dia às pessoas que estão lá enterradas.* Investidas na direcção de alguns dos circunstantes, despedidas. Não há bois presentes, era uma mulher muito pobre, caso contrário seria agora que o cadáver iria indicar *hupa*s para os filhos. O *mwarilume*, um homem gordo, do Kamukuio, vai dando orientações, dirigindo-se em voz alta ao cadáver. É preciso que seja indicado quem se vai ocupar dos filhos que a mulher deixa, três rapazes, um é já grande, o outro é um adolescente e o terceiro é miúdo. Ela não tinha marido e vivia encostada ao Tendo, matrilateral. O cadáver investe contra uma mulher, que inicia choro. O *mwarilume* diz que não pode ser, terá que indicar um homem que possa assumir tal responsabilidade. O cadáver parte e perco o desfecho, se é que houve.

A cova está a ser aberta. Sou alertado pelo B. para a iminência da operação de perguntar ao cadáver da mulher quem enfeitiçou. *Sim, é quem pergunta quem matou, porque aí já tem uma desconfiança, se os feiticeiros foi na parte da mãe ou na parte do pai...* É o próprio cadáver que escolhe quem há-de interrogá-lo... *pode tirar duas pessoas, um na parte do pai um na parte da mãe... afastam-se para uma distância como daqui até lá, para as pessoas não verem. Depois aí é que começa a indicar quem lhe matou... Então não é o teu irmão? Ele às vezes não vem, não avança, fica... É o teu tio? Afinal é o teu primo directo... É o primo do teu pai? Está a vir... Quer dizer, ele é que matou o filho para receber nampingo... Então ele te matou mesmo naquela maka, naquela conversa? Está a vir...* Vão ter a uma clareira mais afastada, o que, diz-me o B., é o habitual. O escolhido põe as questões, os *buluvulus* com o cadáver estão postados à sua frente. Quando o cadáver quer confirmar a pista de indagação que lhe é posta avança abrupto para o inquiridor. Este estende os braços para suster o avanço da padiola. A mãe do B. lança também perguntas. Parece esclarecer-se: esta mulher foi morta não por quem se estava a supor mas por quem já tinha morto o pai dela.

Voltámos ao local da cova mas tivemos que retroceder logo a seguir. O cadáver quis ser interrogado por outro homem. Mas parece ter-se chegado de novo à revelação anterior. O homem escolhido para inquirir agora, por nova arremetida do cadáver, revela ao condutor da cerimónia, com humor, que não é papel que ele leve muito a sério e quando acaba é para dizer que é melhor ficar por ali, de qualquer maneira há sempre alguém que matou. O cadáver parte de novo em direcção à cova, corre, investe contra quem se quer despedir e evolui em nova deambulação, pelo mato e entre as sepulturas.

A cova está pronta, as pessoas trazem pedras para a sua beira... *Essas pessoas que vieram com ele, que lhe trouxeram no cemitério, fazem uma fila, quase parece é uma reunião... Ele passa ... está a vir nesse para despedir-se... Agora a pessoa fala: de kumuna – te vi, vai descansar... Está a passar no outro: de kumuna... vai descansar... Todas as pessoas... Se teve confusão com o filho, por exemplo, às vezes recusa despedir-se desse filho... Aí está a dar o sinal... Amanhã vai ver, daqui a um ou dois anos o filho está doente... o kazumbi já veio, você morre...* Aguarda-se que o cadáver se disponha a estacionar, o que ainda leva o seu tempo, depois a padiola é arreada e o Biloa desfaz os nós, corta as cordas de *mutiati* que mantinham o cadáver preso, e este é colocado ao lado, sobre a manta em que já vinha assente. Uma mulher fica à frente da morta, com uma pedra a bater no chão: *é igual àquela mulher que estava também no óbito do ano passado, chama-se mutwevondola, é aquela que faz ulululu, o pagamento dela é os panos, é gritar... até nos kimbos assim dos mais-velhos é proibido bater com uma pedra no chão devido a isso aí... só tem que se bater quando há a morte... :* – Então isso não tem uma relação com essas pedras do Ndele-Ndele...? – *É isso, pois sim, bate na pedra para anunciar uma morte, sem morrer a pessoa não se pode tocar... isso de bater nas pedras para avisar que a pessoa morreu ou de dar o tiro, chama-se kulondola, é dar esse sinal... esses sinais... se há uma casa em que uma pessoa está doente, se sai um tiro ou esse grito aí, é kulondola, se estamos aqui temos que dar conta que aquele doente que estava aí já morreu...* As pontas da padiola são cortadas à catana para que caiba e possa ser colocada no fundo da cova. Em cima é posta a outra manta que embrulhava o cadáver e este desce sobre ela. É coberto com os dois panos que já trazia também. Um é talvez, dado o padrão, daqueles que há dois anos dei às famílias da Malola, na *onganda* do pai do B., do Kombwa e do Tendo. Depois o cadáver é coberto com terra e por cima são colocadas as pedras. A da cabeceira chama-se *ompato*, é o fecho da sepultura. Quando abandono o local todos os circunstantes estão acocorados debaixo das sombras que circundam o local. Dispersão a seguir.

Estou a fazer este relato e sinto-me a falar-te de *um país distante*, como Michaux, donde poderia abrir lugar para toda a fantasia, para toda a imaginação. Não se trata disso. Tudo isto está fortemente condimentado de feitiçaria. Como a coisa é sentida nos íntimos não sei, não me atrevo nesses campos, só a sei como a vejo e pode ser que as narrações que me fazem, e eu te faço, exagerem pela necessidade de objectivação implícita ao acto de narrar. Mas o feitiço faz parte do mundo que se me desenrola à frente e intervém como componente de todos os enredos. No óbito dos *nampingo*s é claro que a morte em questão também estava ligada a um emaranhado de outras mortes. É muito provável, quase indispensável, que volte a falar-te de feitiçaria. Para já admite que numa sociedade como esta não há desgraça que não seja entendida como o resultado da intenção ou da acção de alguém, é um dado universal. E sobretudo não confundas *tymbanda,* agente dotado de ciência e de poderes para lidar com o sobrenatural, com *feiticeiro*. Feiticeiro pode ser qualquer pessoa do comum que, sozinho ou através da acção de um *tyimbanda,* promove o mal de terceiros para daí extrair vantagens.

\*

Comigo no carro vieram agora o Biloa e o Batupo. A este ainda não o tinha visto. Vai casar mais outra vez. Dá-me a mão quando apeamos e dirigimo-nos assim para a sombra do costume, onde iremos desfiar muita conversa. Esse Batupo é o máximo... assunto de mulher é com ele...

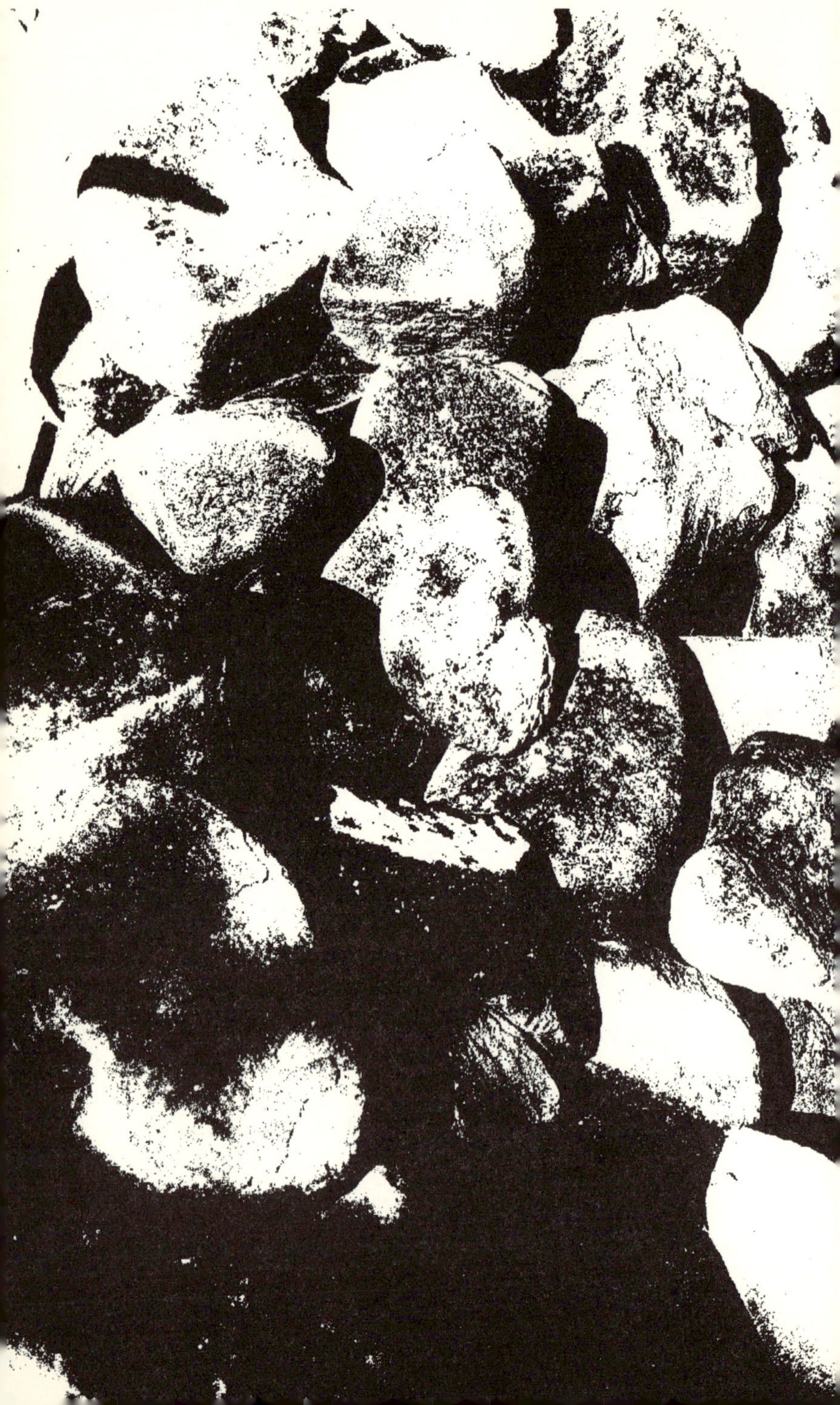

# Bumbo
*onde o assunto é casar...*

*Diário – dia terceiro desta estadia no Vitivi, oitavo desde que saímos de Luanda, e já parece que foi noutra vida:*

Fui ao Bumbo, a cerca de 40 quilómetros, por uma picada que vai acompanhando, na oblíqua para a esquerda, o aumento do porte dos *mutiatis* até encostar à serra. Caminho péssimo, óptima viagem com o B., o Bolande e o André. O Bolande animado por ter bebido antes, ao passar pelo *sambo* do *ahumbeto* do Bahiputa que me tinha convidado para acampar junto dele o ano passado. Deu-se lá um acidente: ardeu o *elao* e a casa, *thifa, thipo,* ficou tudo reduzido a cinzas. Isto acontece depois de o homem ter feito uma *kutonda* a semana passada. É novo de mais para fazer isso, os mais velhos não admitem. Durante o caminho boa conversa, que fui gravando mesmo dentro do carro. Antes da chegada ao destino encontro no caminho com o rendeiro do Tyikehe, que não conhecia e de quem às vezes me falam porque entra no jogo daqui.

Passagem por zonas da transumância próxima, que se faz a partir da Malola. Ekangai, tão referido, ao lado do Lute, onde estive acampado duas semanas em 93. Fotografei uma pedra vertical, aí com uns dois metros de altura, à entrada do Bumbo, com uma pedra de moer, uma *tokwa, etoko,* ao lado, para fazer tratamentos. Tem nome, este monolito, chama-se *ekweria wikwa.*

No Bumbo contacto com um Mumwíla aparentado ao Bolande, ex-tractorista do Tyivinguiro e de um fazendeiro branco, que andou preso pela Unita, e com mais um agricultor local instalado na ex-fazenda do Buraco, mas recolhido agora no Bumbo. Conhecem os vestígios das valas antigas de irrigação. Gregório José Mendes quando passou por aqui em 1785 manifestou a sua surpresa quando esbarrou com um sistema de regadio a funcionar. Luz Soriano mais tarde, 1846, põe de parte a hipótese de se tratar de uma modalidade endógena e alvitra que tenha sido um Português, empurrado até aqui pela necessidade de sobreviver depois de algum naufrágio, quem introduziu a técnica. Gostaria de passar ali dois dias. O Bumbo foi um importante centro da penetração civil e militar (a fortaleza de Campangombe), da colonização e da economia deste sudoeste costeiro durante a segunda metade do séc. XIX. Foi aqui que veio parar um dos engenhos que os *"Brasileiros"* trouxeram do Recife e muita aguardente saiu destes terrenos, que são os primeiros a receber a água que desce da serra em cascatas, no tempo das chuvas. Ainda se mantêm, e tituladas, embora fechadas, propriedades de pessoas do Lubango, estruturas de fazendas cuja fundação remontará a esses tempos. Hoje continua a ser um local muito bonito, onde a água corre por toda a parte, com árvores de grande porte e uma flora que se confunde já com a do planalto, em cima, para além do paredão da serra, que aqui se implanta a prumo. Magníficos *Ficus* e embondeiros. Perante o porte descomunal de alguns não posso deixar de evocar a raquitez de um exemplar que sempre conheci no Pico do Azevedo, junto às antigas casas dos fiscais de caça, no meio daquelas estepes. De qualquer maneira deve ser uma sub-espécie e lembro-me do Augusto Kapolopopo me ter dito uma vez, no Candi, que aquilo não é um embondeiro, é um Mukwisso de embondeiro.

Conhecendo os caminhos, a escola agrícola do Tyivinguiro não está longe e alguns colegas meus, que são ou foram regentes agrícolas, não desdenhariam rever este quadro da sua adolescência. É o caso do Serrano. Quando passo por S. Paulo sempre me pergunta se não tenho ido ao Bumbo.

Ofereceram-nos cana, e dei dinheiro ao André para comprar estacas de sementeira e plantá-las aqui, no Vitivi. O B., julgo que a coberto do crédito que a farda de soba e a presença do Bolande lhe garantiam, trouxe um bidon de *kanyume* que diz destinar-se à vinda de um t*yimbanda* que mandou chamar do Kuroka, mas começaram a bebê-lo e a partilhá-lo, generosamente, desde que aqui chegámos. No regresso dei boleia a um filho do André, que deixou para trás os burros e os companheiros, em viagem para aqui, também, no negócio com bebida. É filho de uma primeira mulher do André que teria sido morta por má conduta por um marido posterior. Tipo mal encarado, o rapaz, exemplar caricatural da produção de jovens atravessados neste deserto. Pôs o B. ao corrente de uma manobra de burla em relação a um comerciante fornecedor do Bumbo.

No caminho, tanto para lá como para cá, a conversa decorreu animada, íamos todos bem dispostos. Numa viagem destas, que é para ir até ali e voltar já, fala-se bastante, se a vida está a correr normal, se as coisas estão a andar. Abordou-se muito assunto, há coisas que não retive, está gravado, mas o acontecimento do dia era o incêndio na *onganda* do *ahumbeto* do B.. Depois falámos de uns *tyimbanda* mukwisos que vivem no Morro Maluco e são mestres nesses tratamentos de *etampa*, para ficar rico, e daí teremos passado, precisamente, para a riqueza de alguns mais-velhos da zona e para o trabalho que era o deles no tempo colonial, e o das gerações seguintes, até agora. Daí, por fim, falámos do novo casamento do Batupo e das suas duas mulheres anteriores, que com a menina nubente me tinham vindo visitar cedo naquele mesmo dia, antes de partirmos para esta curta viagem. Tinham vindo ao Vitivi buscar um saco de milho para a Malola, onde ficara uma sessão de *makumukas* a correr.

Sobre o *ahumbeto* não havia dúvidas, o homem precipitara-se, já o ano passado tinha feito uma *kutonda*, os companheiros lhe avisaram, os mais-velhos não estavam a gostar. Este ano reincidiu: agora o resultado estava aí. De *ahumbeto* julgo ter-te falado lá para trás, quando andámos à volta do Tyindukutu e da sua intervenção em situações ligadas à guerra de 40-41. *Ahumbeto*s entre si são pessoas que pertencem, ou os seus pais pertencem ou pertenceram, à mesma classe de idade. Poderei mais à frente esclarecer-te com algum detalhe alguns aspectos desta questão das classes de idade. O B. e o homem de quem falávamos tinham feito juntos a circuncisão e ambos pertencem à *kula* da raposa, *on bandyie*. Fazer a circuncisão ao mesmo tempo não determina por si só o estabelecimento de relações muito próximas e estreitas. Quando passa a ordem da circuncisão ela cobre toda a extensa área deste sudoeste, planalto incluído, porque é de cima que a ordem vem, dos Hambas de lá. Gente de muita origem, de muito e variado estatuto, de muita filiação étnica e clânica passa a pertencer à mesma *kula*. Nem todos, assim, se consideram pares. Mas indivíduos que aliarem a essa a circunstância de terem nascido no mesmo ano ou de isso ter acontecido em relação aos seus pais e forem, dentro da mesma área, de estatutos identitários e sociais equivalentes, estabelecem entre si laços muito estreitos de amizade, solidariedade e reciprocidade. Eles podem mesmo tornar-se *oyo on bwade*, inseparáveis, *twanendele*, amigos muito ligados, quando um aparece as pessoas perguntam logo onde está o outro. Não seria esse exactamente o caso entre o *ahumbeto* em questão e o B., mas numa dessas *kutonda*s em que participei, sobretudo em 94, ele tinha aparecido e tornara-se a partir daí também muito atento ao meu trabalho. Agora sempre perguntava por mim e eu por ele, e visitávamo-nos quando possível. De *kutonda* acho que ainda não te falei, teremos necessidade de o fazer abundantemente quando chegar a altura, mas para a compreensão do que estava a acontecer basta-me por agora dizer-te que se trata do abate ritual de animais, machos capados de grande porte, que são mantidos até atingirem a estatura e o estatuto de *du mintho* (são esses bois que os comerciantes e a linguagem comum em português designam por bois-soba) para aproveitar-lhes os cornos que vão ilustrar, no cemitério, as sepulturas dos mais-velhos ou para serem sacrificados aos seus pais. *Tonda* significa matar e *kutonda* refere-se aqui a estas últimas situações, que disponibilizam muita carne para consumo e constituem a principal expressão de redistribuição dentro do sistema económico local, porque beneficiam por assim dizer toda a população de uma área, e também de ostentação, de exibição de riqueza. Ora o *ahumbeto* do B., sendo um homem novo ainda, nem 40 anos terá, já herdou muito, já cumpriu muitos lutos, recebeu de tios, recebeu de pais, achou que estava em condições de fazer também a sua *kutonda*, fez no ano passado e agora repetiu. O B. já o tinha avisado, os mais-velhos não vão gostar, então um miúdo desses é que vai matar os *du mintho*, é que vai fazer *thifa*? *Thifa* é aquela paliçada de paus verticais que num *elao* estabelece o topo mais avançado em relação à porta da casa, onde são entaladas e coleccionadas as armações dos *hupa*s que ao longo dos anos o dono desse *elao* for sacrificando. Falei-te disso quando te esbocei a morfologia de uma *onganda*. Os mais-velhos ficam com inveja. Um miúdo desses a exibir assim a sua prosperidade em termos que a prática comum e em condições normais só a eles faculta, é um agravo que lhes custa a digerir. Numa *kutonda* compareçem esses mais-velhos todos, ele tem que convidar, senão também não valia a pena, tem homem de muita maneira que está a vir, podem lhe enfeitiçar. Agora ardeu-lhe a casa, ardeu-lhe a *thifa*, ardeu-lhe o *thipo*, esse saquinho onde se guardam as coisas do Fogo, isso é uma grande desgraça, pode até prenunciar desgraças maiores. O Bolande sabia de um miúdo assim que ganhou muita fama como *tyimbanda*, em pouco tempo adquiriu estatura de mestre, como esse mais velho Miguel do Kuroka. Passado um tempo a casa dele e aquilo tudo ardeu também, pouco depois perdeu a própria vida. Esses mais-velhos muitos deles têm *etampa*, para serem assim ricos foi por meio de tratamentos especiais feitos nos *tyimbanda*s, já acabaram com muita gente dentro da própria família e também não lhes custa acabar com um miúdo como esse *ahumbeto* do B.. Aí no Morro Maluco, que se nos recortava no horizonte à frente, na distância, por cima das copas da mata de *mutiatis* quando a estrada, no percurso, ultrapassava relevos, tem ou tinha um mais-velho chamado Katithi, especialista nesse feitiço de *etampa*, mas o tratamento dele era diferente. Lá tinha uma cobra grande, *ontoka,* ele empregava as *espumas* daquela cobra. Sim, tem essas estórias das cobras nos morros, isso é outra coisa. Tem muita maneira. Lá no Tyinkiti tem uns Mukwisos também, esses batem com um pau na pedra, chama-se *yonkenda*, fazem-te um risco no corpo, marcam com uma agulha, redondo, três marcas redondas, *significa-se que são sambos*, assim três pode ser 60 currais cheios dos bois. Esses Mukwisos eles próprios não têm bois mas são especialistas desses serviços... Todo o homem que é rico a gente tem sempre essa desconfiança. De qualquer maneira, há-de ter as suas seguranças...

Não, na *onganda* do pai do B., com o Kambwa e o Tendo, nunca se falou assim tanto nessas coisas. São homens que trabalharam muito. Quando regressaram das deportações em S. Tomé, na Damba, em Malange, o Musonde, pai do B., trouxe algum dinheiro, trocou por bois. Depois ficou um tempo e foi chamado na Administração do Cahinde para trabalhar na pista dos aviões que estavam lá a fazer. Recebiam comida e, quando regressou outra vez na área, trouxe mais dinheiro para sustentar a família. O Kombwa, que é o pai do Batupo, era correio lá nessa mesma Administração do Cahinde, escreviam o bilhete e ele levava até na Chibia, e tinha mais um serviço que era ir buscar água numa área que chama-se Kasoma, na serra do Tyakutu, tinha aí uma nascente que o administrador gostava daquela água. E o Tendo era homem que vivia no Humbe, era pastor dos bois que eles chamam *embambo,* são os bois dos Brancos, de circular no negócio, ele é que os levava até na Ondyiva. Os da *kula* a seguir, que é o Ketia-Ketia e aqui o Bolande, também trabalharam, sim. O Bolande trabalhou em Moçâmedes e o Pico também, como criado. O B., que é já doutra *kula* a seguir, também foi criado, mas num comerciante da Humpata, depois não aguentou mais e fugiu, esteve ainda junto com os *buluvulus* daqui, depois fugiu de novo e alistou-se nas Fapla, não teria mais que uns 16 ou 17 anos. Mas esses da sua *kula* já não trabalharam muito, só normal. Agora os mais novos, da *kula* que vem a seguir, esses já não trabalharam nada, já foi depois da independência. E os mais-velhos anteriores, os pais desses mais-velhos de agora? Esses também não trabalharam fora, estavam só nesta nossa vida das guerras e dos gados.

\*

O Kombwa sim, dispõe de gado, e é isso que tem permitido ao Batupo, ao longo da sua ainda curta carreira, o pagamento de tanta multa por andar a dormir com as mulheres dos outros e está agora já a adiantar já num terceiro casamento. Ter três mulheres não é comum. Nestes tempos está a aumentar, também porque as mulheres fogem muito, já não estão a respeitar da mesma maneira aquelas ordens dos pais e dos tios, estão a abandonar um homem, ele tem que arranjar mais outra. Das mulheres do Batupo a primeira está sempre com ele, mas a segunda vai muito na casa dos pais, desloca-se, viaja, vai ao Lubango e a Moçâmedes vender óleo de *mupeke*, o Batupo perde-lhe muito o controle. Mas tem voltado e trouxe-lhe agora um filho. E assim ele está a arranjar também uma terceira mulher porque a primeira é maninha, não faz filhos. Esse casamento que ele está a fazer agora, com a menina, está quase completado, só falta fazer isso que é o *otyite*, já passou essa cerimónia que é quando eles dormem na casa dos pais da menina e as companheiras dela passam de manhã com essas flores de *onyanga,* essa cebola, na terra tu olhas parece está seca, basta um pouco de água acorda a florir. A menina ainda é pequena, ainda não é mulher, não dá para dormirem já e fazer filhos. Mas está na idade de vir acabar de se criar junto das outras mulheres do Batupo, a primeira vai tratar bem dela, é uma senhora afiançada. Mas assim como está já é mesmo também mulher dele. Ele já pagou o *twinyia*, esse próprio boi foi comido aí mesmo numa *kutonda* do Kaluhamwa, foi o sogro do Batupo que cedeu ao

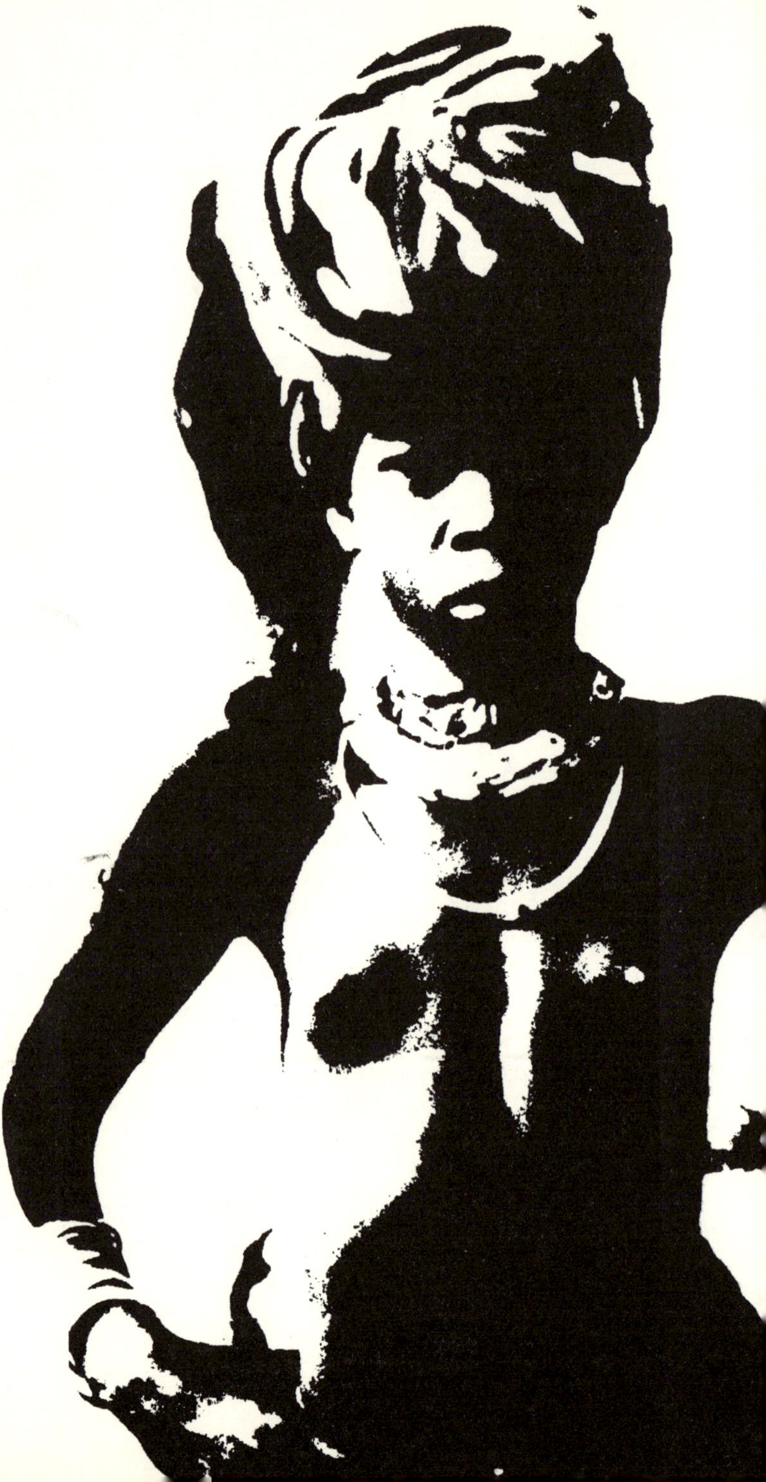

velho para matar como boi de *ehako*, onde toda a gente pode comer. Esse *twinyia* é um animal macho que se entrega ao pai da menina, é para comer, não se pode guardar. E tem mais dois bois, machos também, que se entregam ao pai da mulher. São portanto três: o *twinyia*, o *namatuka* e o boi da *kula*.

O *twinyia* pode sair do *ehako* do teu pai, ele oferece-to para esse efeito. Mas o *namatuka* tem que sair do teu próprio *ehako*, tu é que tiveste de o arranjar, que o ganhar, e daí que muitos jovens, para poderem casar, para obtê-lo e entregá-lo ao sogro, não só antigamente mas ainda hoje recorram por vezes a expedientes de desvio ou a acções de razia. É o *namatuka* que te dá direito à paternidade estatutária dos filhos que tiveres com a mulher com quem casares, caso contrário, embora te seja reconhecida a paternidade biológica em relação a essas crianças, o seu pai sociológico será o pai da sua mãe. O outro boi será uma prestação da tua *kula*, classe de idade, à *kula* do pai da menina. Será abatido também e consumido por ele com os seus colegas de circuncisão, os seus *ahumbene*.

À família da noiva, ao seu *o veto*, à sua linhagem, é entregue pelo menos um outro animal, *o wina, oyo wina*. Quem o recebe é um irmão, ou na sua falta o tio, e esse animal vai ser cedido como *hupa* a um filho de quem o tiver recebido. Não é o caso agora, mas se quiseres ir mais fundo num estudo a sério sobre a circulação de animais em sociedades como a dos Kuvale, este é um detalhe a ter em conta, articula os circuitos matri e patrilineares.

Quando estive em 93 acampado com o B., e o Batupo também, e o Biloa, num *sambo* que eles mantinham em conjunto na área do Lute, à beira da qual estávamos a passar agora, a caminho do Bumbo, perdi-o também aí de vista durante dois dias e a explicação que me foi dada, quando reapareceu, foi a de que tinha andado à procura de uma *nema* que lhe cabia como *o wina* pelo casamento de uma sobrinha sua que não tinha irmão, assim era a ele que competia recebê-la e destiná-la como *hupa* ao seu filho ainda bebé, quando o miúdo crescesse ia encontrar já muitos *hupa*s saídos desse animal. Ao *o wina* compete normalmente ser um macho pequeno, mas neste caso era uma fêmea porque além de ser *o wina* cabia-lhe também a categoria de *tetankova*, tratava-se de um casamento dentro da mesma *eanda*, assumia também a qualidade de boi de multa, *mukona*. Era esse também agora o caso do casamento do Batupo. Dentro da regra do casamento preferencial ele só tinha casado com a sua segunda mulher, que era filha de uma irmã do seu pai.

Aos animais que constituem uma prestação matrimonial entendida como normal haverá só a juntar um carneiro, que é o *bandulalaka*. *Laka* é língua e o pagamento desse carneiro, que vai também para a família da menina, dá-te o direito de admoestá-la verbalmente, na condição de tua mulher, sem todavia, bem entendido, ofender-lhe a família, o que é sempre pretexto para o desenvolvimento de sérios problemas.

Agora em relação a casos como o do casamento do Batupo com a sua primeira mulher, o que se passa em termos de circulação de animais é muito diferente e movimenta muito mais gado. Essa mulher divorciou-se para poder casar-se outra vez. Eles já eram *balese* quando decidiram juntar-se, quer dizer, ele já tinha pago uma multa por andar a dormir com ela e essa circunstância conferia estatuto à relação que mantinham. Para introduzir um pouco de folclore posso referir-te aqui que o Batupo, na condição de *balese*, de namorado, lhe oferecia aqueles cintos, *o muvia,* que a maioria das mulheres casadas usa e exibe digamos quase ostensivamente, e que ela lhe oferecia *tyilandwi,* kindas do leite. Às vezes um marido descobre o que se anda a passar é através disso mesmo, e então não podemos deixar de admitir que é a própria mulher a querer revelar a situação. O homem viu a mulher a fabricar o *tyilandwi*, conhece a sua técnica, amanhã vai encontrar esse exacto objecto no *sambo* do outro. Ou então é um *mutekwa mukweto,* alguém que com ele é neto de um mesmo avô, um *bwandyie,* parente, ou um *ahumbeto* que lhe vêm dizer. Tem então início um processo que conduz invariavelmente a uma reparação que assume a forma de uma multa. Divórcio pode também vir a haver, mas um divórcio, aqui, raramente estará só associado a questões de ciúme. O ciúme da parte de um homem é aliás mal visto, como me parece que tende a acontecer em todas as sociedades que cultivam a virilidade. Aqui, diz-me o B., e destas coisas ele sabe, não há muito ciúme porque as pessoas te fazem pouco, te perguntam você pensa que mulher é quê, você anda a desprezar os teus bois só para acompanhar essa mulher, você deve mas é aguentar a sua riqueza porque a mulher hoje está contigo amanhã vai embora com o teu *ahumbene*, se abandonas os teus bois só a chorar e a acompanhar essa mulher amanhã vais ver também não tens mais bois. Mas o ciúme, *ethipa*, existe sim senhor, e existe o amor, *kuhanda*, e as mulheres, toda a gente o sabe, arranjam maneiras que é para você não lhes abandonar, *mutyieke tyieke, mukathite,* é a farinha de um pau que as mulheres usam para um homem não lhes largar, você é um coitado só à volta delas. Há anos que eu vejo o B. a levar "baile" de uma mulher linda que ele tem. E anda agora a correr aí um problema, desses de que vou tendo notícia nesta estadia, que é a perfeita ilustração de um caso desses. O marido é acusado pela mulher de andar a enfeitiçar o seu *balese*, ele nega, foram em vários adivinhadores e ele nega sempre, acabou por bater na mulher a propósito de uma disputa doméstica ridícula sobre o uso de uma faca, atingiu-a nas vistas, ela fugiu para o Virei para tratar-se lá, aí intervém um tio a quem ela foi queixar, agora o tio vem e pergunta no homem porque é que não a acompanhou ao hospital, assim você vai pagar 25 cabeças de multa, estragou as vistas da minha sobrinha. Aqui estiveram a ver, não estragou nada as vistas da mulher, está só magoada. Assim matou só esse carneiro que se chama *tyivuvulula*, é reconhecer que bateu, dar o sinal que aceita a acusação, e deve pagar um boi só pela agressão, é o *tyivoka,* é um só. Agora vamos ver. Se a mulher não melhorar das vistas então sim, tem que pagar as 20 cabeças, passa a ser uma *maka* grande. O tio aceitou, está bem, ele paga esse boi e pode voltar com a mulher dele. O B. perguntou ao homem se ele quer mesmo ficar ainda com a mulher e ele só respondeu quero sim, se lhe bati é porque ela me faltou ao respeito mas se a minha mulher quer voltar comigo eu lhe quero sim. Ao que o B., investido na sua autoridade de soba e experiente nestas coisas, mais de homem sempre aflito do que de soba, terá recomendado à mulher se você vai dormir mais com o outro também não vale a pena andar a abusar do teu marido, o homem assim fica chateado, deixa de falar que ele te dá azar, a mulher disse está bem.

Voltando ao casamento do Batupo com a sua primeira mulher: parece que foi um caso muito sério. Eles se gostam mesmo, sempre até hoje se gostam muito, está à vista, e apesar de ela ser mais velha que ele, o que é de todo incomum, e não dar filhos, o que o Batupo já sabia, a situação de *balese* não lhes bastava e casaram mesmo. E aí correu muito boi. A mulher divorciou-se e o *namatuka*, que no caso agora da menina, e no da mulher do meio, foi entregue ao pai para adquirir direitos sobre os filhos a haver, foi pago ao ex-marido, caso contrário – nunca se sabe, a mulher continua sempre a fazer tratamentos para engravidar – os filhos que eventualmente viesse ainda a ter continuariam a ser filhos sociológicos deste. Pagou na mesma o *o wina* à família da senhora, mas à família do ex-marido é que pagou a quantidade dos bois. Esse *namatuka*, assim entregue ao ex-marido, chama-se *epala yo muwa*, *epala* é cara e na versão do B. estás a pagar a cara da mulher do outro, de que gostaste. Mas junto com esse vais pagar todos os bois que, feitas as contas, ele vai invocar ter gasto com ela durante o tempo em que estiveram casados, os que trocou para assegurar-lhe comida, panos, mantas, encargos que na vida doméstica cabem ao marido, e com as doenças, os tratamentos que ela fez, *kurikutila*, sacrifícios domésticos de animais, adivinhações, consultas a *tyimbanda*s, *makumukas*, tudo encargos dele. Se gastou *ehako*s dele ou gado dos seus pais ou dos avós, tudo isso entra na conta. E assim pode atingir mais de 20 cabeças. O Batupo ultrapassou, parece que atingiu as 36. Esses são os bois de *yo pindula*, o total dos que entregas à família do ex-marido.

Ao vê-los juntos na vida corrente, e agora não é o B. que fala, sou eu, acho que o Batupo fez muito bem e o pai dele, que lhe deu apoio, esteve à altura. A mulher é bonita, tem o porte de uma princesa, olha para ele com um pestanejar derramado, está atenta a tudo, intervém, rectifica, acolhe o marido com um ar que até parece que lhe acha graça depois das suas frequentíssimas e às vezes imprevistas e prolongadas ausências, é uma famosa *tyimbanda* de *makumukas*, está cheia de cabritos, carneiros e até bois começa já a ter, vai trocando uns por outros, trata bem a sua segunda e agora vai acabar de criar a terceira, que é uma menina também linda, assim também eu queria, o Batupo é um homem de talentos, isso toda a gente sabe ou adivinha, mas é também alguém com muita sorte.

Mudando de tom, tens estado certamente e reparar que os bois destinados a uma prestação matrimonial comum, daquelas que implicam uma mulher que nunca casou antes, não são assim tão numerosos. Acabam por ser quatro ou cinco cabeças ao todo. O trânsito de dezenas de animais só ocorre em situações que envolvem mulheres divorciadas ou viúvas. Mas também não será correcto dizer que uma operação de matrimónio só movimenta o gado previsto pela estrita regra da prestação em si. Num contexto como este um casamento não é nunca um trato entre dois sujeitos, um homem e uma mulher, mas antes a expressão de uma plataforma de relação entre dois grupos matrilineares. A menina que casou agora com o Batupo, por exemplo, trazia, metida num fio à volta da cabeça de forma a assentar-lhe na testa, uma missanga branquinha, *tyiambo*, sinal de que já estava comprometida. O uso dessa missanga está associado à entrega anterior de uma cabeça de gado. A isso chama-se *tyitika,* adiantar um boi para aguentar a miúda com quem se pretende casar. Mas onde pode circular muito gado é já depois de o casamento se ter consumado, quando a família da mulher se mobiliza para cobrar multas ao marido sob qualquer pretexto. E aqui a vida de um homem pode ficar apertada.

Não ter visitado, antes do casamento, todos os parentes importantes da mulher, sobretudo tios, ou tias, mesmo quando vivem longe, pode dar origem a que mais tarde ta retenham e só ta devolvam mediante o pagamento de multas que podem incluir bois, carneiros, cabritos, tabaco, vinho, panos, sei lá. Uma coisa que se paga assim é *o thita. Kurithita* é receber, neste caso a mulher ao outro, mas é também, de uma maneira geral, recuperar uma coisa que já se tinha dado antes. *Kurithita o kurithita* é um vice-versa entre duas famílias, uma tira a filha que tem naquele homem, a família deste vai tirar uma mulher das suas que casou nessa primeira. As multas, assim, entrecruzam-se. *Lupoko,* por outro lado, é a multa que pagas quando reconheces que ofendeste a família da tua mulher, e essa ofensa pode ser tão subtil e arbitrária como teres divulgado, porque lhe tiveste acesso "na cama" (que é onde se revela muita coisa e às vezes se ouve mal, lembro-me de o ter ouvido a alguém), segredos dessa família.

A expressão quotidiana destas questões dá evidentemente lugar a muito caso de figura. Aqui há dois anos o B. – o B. sempre, claro, não só porque tenho acompanhado de perto a sua vida mas também porque ela é fértil em situações de complicação conjugal – o B. ofendeu a sogra, não sei bem em que termos, e quando voltou de uma viagem ao Lubango tinham-lhe levado a mulher. Foi lá ver, à casa da sogra, à terceira visita deixaram-no trazê-la depois de ter pago a multa de um carneiro. A questão ficou resolvida por um ano. Então quando eu cá voltei na campanha passada tinha chegado de visita um tio da mulher que reabilitara o problema ameaçando-lhe que lha levaria outra vez caso ele não o indemnizasse a ele também pela mesma ofensa à sua irmã, à sogra do B.. E sugeriu-lhe, explicitamente, que recorresse a mim para lhe levar bebida. O B. ter-lhe-á explicado que eu não disponho de bebida assim, não sou comerciante, que o melhor era esperar pela senhora da loja quando ela trouxesse mercadoria. Não aceitou. E eu também não cedi, é evidente que o tio tinha descortinado em mim um filão a explorar. O B. correu tudo à volta para arranjar bebida. Passou pelas senhoras que normalmente fabricam *kanyume* mas ou não tinham, ou não estavam, ou não lhe quiseram fiar e ele não tinha nenhum cabrito para trocar. Foi ao Mwantanina também não tinha e dos lados do Lumeta também não. Como eu tinha uma reserva de milho comigo e nessa altura havia fome, acabámos por trocá-la contra uma garrafa, na Tyikweia, estás a ver que a determinada altura também me empenhei directamente na busca, e a mulher do Pico, irmã do B., também acabou por desenrascar outro litro e conseguimos calar o tio e preservar a mulher.

Esta modalidade de pagamento de multas a partir de situações de desentendimento não esgota a circulação de animais no contexto das alianças matrimoniais. Há situações de inter-ajuda, ao invés de situações de conflito, como no caso de pagamento de *nampingo*s. Mas ficas com uma ideia das interacções que se urdem à volta da circulação de bois. Não te passou certamente despercebida a forma como algumas categorias sociológicas de gado se transmudam noutras ou como os animais de umas passam a ser também os de outras de acordo com as funções que vão preenchendo. Um *hupa* que o teu pai te deu pode vir a ser o *twinyia* que vais entregar ao pai da tua mulher, por exemplo, ou o *o wina* que o teu cunhado te entregou porque casou com a tua irmã virá a ser um *hupa* nas mãos do teu filho, porque lho ofereces. E há muito mais combinações, evidentemente. Não poderei, nem te interessaria, dar-te notícia de tudo. Bastar-te-á apreender a densidade das relações e das suas expressões quotidianas, e é isso que tenho estado a tentar fazer sem nos afastarmos muito do pólo de convergência disto tudo, que é o gado. Da fluidez deste exercício social o observador jamais se dará inteiramente conta, aliás. Para entender a mobilidade do Batupo, na sequência fulminante das suas operações matrimoniais, acumulo torrentes de informação mas sou depois obrigado a assinalar e a situar instituições, projectar estruturas, descortinar percursos e cadeias interactivas que não podem senão, obrigatoriamente, resultar em formulações adaptadas a um esforço de sistematização que se baseia num apetrechamento conceptual académico para fragmentar a fluência do real, pragmática, viva, e reduzi-la às fixações de um código de comunicação que aos sujeitos locais é absolutamente alheio enquanto esquema formulável, embora sejam eles que actualizam, tornam verificáveis, os modelos que os sábios elaboram. Por isso não vou aqui mais longe. O que sei ou julgo saber em termos de esquematização científica guardo-o para esses sábios se algum dia vierem a mostrar interesse pela minha versão das coisas. Prefiro alongar-me um pouco mais sobre o inesgotável assunto da condição feminina. Nunca inquiri explicitamente junto de mulheres. O que retenho foi o que vi e conversei com homens e há assuntos que não se abordam em conversa de homens. Mas há coisas que decididamente me tocam.

# Lute
*e se fala é de mulheres*

Não duvidarás certamente, quanto mais não seja porque sou eu a dizer-to, que para investigador no terreno, pertencendo ao género masculino, mulher que faz parte do grupo observado e que portanto também o acolhe, normalmente não ocorre, ou é melhor não ocorrer, como hipótese de entendimentos pessoais de maior intimidade. Quantas vezes aqui no Vitivi, que tem uma nascente ao pé, não me veio à ideia que, de acordo com o que aprendi com os pescadores Axiluanda, onde tem água há *sereia*, tem *kianda*... Como serão as sereias destas águas? E também no Pico do Azevedo, onde tem o tal embondeiro anão, e embondeiro é também um elemento ligado a *yanda* no quadro do imaginário luandense, e tem na área pedras que retêm as águas da chuva durante muito tempo, sobretudo uma caverna subterrânea para onde se pode espreitar por uma escassa abertura ao nível do chão, assinalada desde que me lembro por uma alta pilha de lages que se vê da estrada, também aí me interrogo: que espécie de sereias guardarão aquelas águas? Aí é deserto, é terra de ninguém, é território de fronteira, espaço aberto, é uma paisagem sem figuras que a tua fantasia pode povoar dos contornos femininos que mais imediata e espontaneamente correspondam ao teu arsenal de padrões e apetites. Aqui, porém, será mais restrito o campo para a imaginação. Serão as *yanda* daqui, as que forem fêmeas, à imagem de algumas mulheres kuvale com que às vezes cruzo e retenho na memória mesmo sem querer, porque ocorre com frequência serem das mulheres mais belas e inquietantes com que deparei em toda a minha vida? Pode ser que eu afinal eleja, e retenha, aquelas que vêm adaptar-se aos meus critérios culturais de gosto, mas estou convencido que também nesses domínios há quadros universais de referência. Há mulheres lindas aqui e não temo reconhecer que elas emergem sobretudo da linhagem hegemónica. A diversidade somática dos Kuvale é enorme, encontras gente de toda a tonalidade e feitio, falei-te disso lá para trás, julgo, para te convencer que uma etnia se compõe, recompõe, propõe e expõe incorporando contingentes humanos os mais diversos. Mas ao fim de um certo tempo, e mesmo que a tua intenção não seja essa, passas a reconhecer a presença de estirpes somáticas, a não ser que as tuas determinações ideológicas to impeçam.

Recebo aqui, quando estou acampado no Vitivi, muitas visitas de mulheres e de meninas. As mulheres, as filhas e as parentes dos homens com quem mais lido, não deixam nunca de vir ver-me quando passam por perto, trazem-me ovos e eu disponho de um inesgotável stock de agulhas e linhas para poder cultivar reciprocidades. As meninas, essas, vêm em bandos, mais pela manhã, embrulhadas nos panos que as protejem do frio quando é cacimbo, e trazem consigo, sempre, a alacridade, a malícia, a gargalhada fácil e desenvolta de puberdades saudáveis e ardentes, medradas na liberalidade e até no estímulo com que são encarados os seus jogos pré-nupciais com os rapazes da mesma idade.

As mulheres gostam de aparecer é mais pela tarde, limpas, arranjadas, valorizando o corpo e a graça. A partir da idade que lhes confere inteiramente corpo de mulher, casadas já ou não, passam a usar, à volta do tronco e ao nível do peito, uma faixa aí de uma mão travessa de correias de couro, enroladas em espiral cerrada como as cordas dos arcos que disparam flechas, ligadas umas às outras e que lhes vêm comprimir a parte superior dos seios. Estas faixas, associadas a outros fios que se obtêm enrolando, também em espiral, a membrana lombar de animais sacrificados e que se usam para proteger os filhos e o gado, a cordões de missanga usados a tiracolo que identificam espíritos que as possuem em situações de iniciação, a colares vários e a vários adereços ornamentais, mais aos filhos de mama que transportam às costas sustidos muitas vezes por peles de carneiro cujas extensões, as patas, vêm amarrar à frente, ao nível do peito e das ancas, fazem do seu tronco uma porção de corpo muito marcada e preenchida pela função da maternidade, tanto física como simbolicamente. Nada sei do lugar que aqui ocuparão os seios, matéria tão valorizada pela sexualidade ocidental ou ocidentalizada, quer como recurso de sedução por parte das mulheres quer como objecto de desejo por parte dos homens, quer ainda das funções erógenas que preenchem. Mas do que tenho observado tudo me leva a suspeitar que a função biológica da produção de leite prevalece aqui, em relação aos seios, so-

bre todas as outras. Não intervêm aí, creio, critérios estéticos aferidos a intenções de sedução. Mesmo quando se trata dos magníficos aparatos que algumas adolescentes por vezes exibem? Confesso e assumo que nada sei a tal respeito. Do que não tenho dúvida nenhuma é de como todas as mulheres valorizam a parte inferior do corpo. O pano da frente que usam é por vezes extremamente curto, embora a abundância do pano que é utilizado assegure uma densidade de pregas que sem dificuldade, e a coberto da perícia com que se sentam, nunca revelem mais do que o decoro impõe. O pano de trás, o *dyiondyio*, é no entanto sempre extenso e largo, desce-lhes à barriga das pernas e as pontas de cima vêm entalar-se no cinto suficientemente já sobre o ventre de forma a que o posterior fica inteiramente resguardado e oculto mesmo quando o vento sopra de lado, ao andar, porque aí elas o agarram então com a mão correspondente, gesto de infinita graça, e o cingem à coxa. As mulheres kuvale, aliás – e as Herero de uma maneira geral a julgar pelo que tenho lido e visto na Namíbia, magníficas senhoras metidas em luxuosos vestidos vitorianos que se passeiam pelas ruas de Windhoek, por exemplo – as mulheres kuvale deslocam-se muito lentamente, jamais com pressa. A arte de andar consta da aprendizagem que as meninas recebem junto das mães, das sogras, das mulheres mais velhas dos seus maridos. Mulheres discretas, dignas, estas que aparecem aqui para visitar-me à tarde. Mas elas avançam como se empurrassem as coxas de que o *tyitate* cobre é só mesmo a raiz, e trazem o corpo todo tratado com *gundi* fresco e perfumado, e vestem panos limpos e riem com os dentes todos e os olhos brilham como acontece em rostos de mulheres feitas e satisfeitas e conscientes da sua pujança de fêmeas, capazes de perturbar um homem mesmo quando se sabe que o jogo há-de necessariamente ter de ficar por ali.

\*

Era isto que eu estava mais uma vez a verificar antes de ter partido para o Bumbo. O Batupo no dia anterior, depois de termos regressado do óbito, tinha-me garantido que as suas mulheres viriam ver-me na manhã seguinte. Quando apareceu o B. e o Bolande, e pouco depois o André, para cumprirmos a viagem programada na véspera, apareceu também o Batupo e elas vinham com ele. Também a mais nova, a menina recém-casada, era já minha conhecida. Fazia parte de um grupo de uma meia-dúzia, ladinas e atrevidas, que no ano anterior tinham andado à minha volta numa *kutonda* feita pelo Kombwa. A mulher mais velha gratificou-me com um cumprimento e um sorriso que exprimiam uma amizade e uma cumplicidade já sedimentadas, chamou-me mesmo *bwandyie*, o que nestas circunstâncias significava "meu parente", e a segunda, que sempre foi a mais esquiva, exibiu-me o bebé que trazia. Perguntei por outra senhora que sempre conheci a viver no *sambo* do Batupo e do B., sobrinha deste, mulher divorciada a quem não conheço marido, grande e bonita também que ou me engano muito ou tem provocado, ao longo destes anos, muita insónia ao Paulino. Foi-me dito que tinha ficado no *sambo* a acompanhar mais uma sessão de *makumukas*, culto de espíritos de que ela também é *tyimbanda*, sacerdotiza, se quisermos falar em termos comparativos.

Foi através dessas duas mulheres, desta e da primeira mulher do Batupo, que, em 93, tendo ido acampar no Lute, onde nessa altura tinham o gado, fui tentando aperceber-me do lugar das mulheres, do seu desempenho e da sua colocação social dentro desta comunidade. Não é matéria da minha especialidade, essa das questões de "gender", nem quero marcar posições, mesmo de simples cidadão, em relação a tais debates. Mas eu tinha montado a tenda mesmo encostada à cerca do *sambo*, da parte de fora mas ao lado das casas. Nas horas em que o gado entra e sai, de manhã e à noitinha, ia também para dentro da cerca e me atolava até aos tornozelos na lama de terra e de bosta em que aquele espaço se tinha transformado, porque estava a chover muito, e andava a conhecer as vacas pelo nome e a inventariar-lhes as pelagens, as pintas, e a registar-lhes as estórias, os *mu hoko*, dando-me conta de que há linhagens de animais que as pessoas expõem com mais facilidade e clareza do que as suas próprias, a aprender o que é uma *belipa*, uma *buedipa*, nomes lindos, fêmeas jovens já com filhos, ou uma *lutanga*, que ainda não pariu nenhuma vez, ou uma *tyikandyava* – está prenhe, no intervalo de parir – ou uma *engahe*, que é maninha, não enche, pariu uma vez e depois parou, ou *kupetuka*, que é uma vaca muito agarrada à cria, ou *ongava*, com os cornos tortos, e que sem cornos mesmo é mais difícil de encontrar, os mais velhos não gostam, lembra cavalo, remete a guerras em que o inimigo atacava montado, *Kambari kongolo* e cavalaria colonial – o nome desses bois é mesmo *tyinkendyengue*, é igual para burro. Nessas alturas andava entretido nisto (desculpa, talvez me tenha alargado nestas incompletas alusões ao gado, são entusiasmos e paixões do ofício...) e a acompanhar os trabalhos da ordenha, serviço de mulher e de criança, creio que já to referi, mas durante o resto do dia, se não andava longe, ficava muitas vezes era a ver do lado de fora, debaixo de uma sombra ou dentro da tenda, se chovia, enquanto lia ou transcrevia para o computador as conversas que ia gravando (alimentado por um pequeno gerador que tinha levado, nunca consegui um desses cabos que ligam à bateria do carro). Permanecia assim ao alcance do tempo das mulheres. Às tardes, depois de terem moído um pouco de milho, ocupavam-se elas a brincar com as crianças, sempre com uma grande ternura e conversas sussurradas, e a soprar uma gaita de beiços originária da Namíbia e que tinha sido recuperada a um grupo de jovens *muluhapahe* que naquela altura andava ainda a dar serviço por aquela zona, a matar e a comer gado abatido indiscriminadamente na mata, caso que depois, no ano seguinte, viria a ter um desenvolvimento que acabou por eliminá-los e de que não é ocasião para falar-te. Mais de uma vez me ocorreu, naquela altura, interrogar-me sobre qual seria a melhor maneira de agarrar, sendo esse o objectivo, a questão feminina naquelas paragens, em tal contexto. Que a opinião destas mulheres se manifesta em todas as circunstâncias, que a intervenção das mais-velhas, das mães, é um factor importante de pressão social e política capaz de assumir facilmente a condução de interacções locais, que as mulheres aqui se exprimem com uma grande desenvoltura no que toca ao investimento do corpo e da vontade, capaz de colidir frontalmente com a moral exógena, disso não tenho dúvida nenhuma. Esta é uma cultura, como aliás todas as que conheço, marcada por um protagonismo masculino, sem dúvida. E as mulheres daqui hão-de certamente cultivar e invocar também razões colectivas contra o domínio dos homens. Nas relações conjugais contam porém, pelo menos a nível formal, porque na prática há sempre lugar para toda o ordem de desvios, com uma retaguarda familiar, linhageira, muito ciosa da sua protecção pessoal e da dos seus direitos. Um homem que agrida, ainda que por acidente, a parte inferior do corpo de uma mullher, da cintura para baixo que é onde ele próprio se reproduz mas é onde se reproduz também a *eanda* dela, está a arranjar gravíssimos problemas para si mesmo e, por extensão, para a sua própria *eanda*. Vai haver muita discussão entre as *mahanda* em causa e vai haver grossa multa, vai circular muito gado e vai mexer com a vida de muita gente. A sua situação, nestes domínios, embora não me passe pela cabeça aprová-la ou justificá-la, é de franca vantagem em relação a outras mulheres que o curso dos tempos tem situado, às vezes abruptamente, em contextos urbanos ou peri-urbanos, onde o domínio e o abuso masculinos serão seguramente bem mais marcantes. Aí o que ocorre de imediato é uma diminuição da chamada coerência familiar. A par de um maior isolamento social do indivíduo, a retaguarda de protecção das parentelas perde oportunidade para exercer-se e, dentro das relações de parentesco, a consanguinidade cede terreno à aliança. Por outro lado o sistema económico é integrado, aqui, quer dizer, todas as actividades, dos homens, das mulheres e das crianças, se articulam em função dos recursos e dos meios de produção afectos a uma unidade doméstica. À mulher está imputada uma função produtiva, o que não acontece em todas as sociedades pastoris, nalgumas cabe-lhes apenas um papel exclusivo de procriadoras. Uma avaliação adequada do lugar da mulher kuvale não poderá deixar de reconhecer-lhe uma posição chave em tudo o que diz respeito à reprodução da sociedade que é a sua: reprodução biológica, social, económica e até simbólica. E parece-me que as mulheres daqui estão plenamente conscientes disso e não precisam de receber lições de ninguém acerca das estratégias que lhes convém ou compete desenvolver nesse contexto. E quando as condições tendem a alterar-se, como vai acontecendo, elas sabem também resituar-se em relação a elas.

Para mim, enquanto observador que tenta apreender as lógicas dos grupos que observa, sejam Mucubais ou elites governamentais, não me interessa, neste momento, inventariar evidências que confirmem ou infirmem a filosofia, as razões que a cultura donde provenho cultiva, ou declara, ou decreta universais, globais. Quanto a mim haverá queixas colectivas da parte das mulheres, poderá haver uma razão feminina contra uma razão masculina, mas parece-me muito provável que ela aqui seja mais expressa em relação ao que estas mulheres entendem como o quadro das suas colocações normalizadas, culturais. É nesse quadro que elas situarão as suas razões e, talvez mais importante que isso, poderão encarar a margem de livre arbítrio das suas opções e lançar mão dos instrumentos que a sociedade lhes faculta para defender e afirmar a sua liberdade e a sua dignidade de pessoas e de mulheres. Imagino mais imediatamente aqui queixas de mulher contra o domínio de outras mulheres do que contra o domínio institucionalizado e mediatizado dos homens. Pobres delas, dir-me-ão, alienadas assim sob o peso de modelos arcaicos que é missão *nossa* converter à uniformização civilizacional e civilizadora. Pode ser... mas, tanto quanto tenho constatado, desde que uma sociedade perde o seu norte, depois poderá levar gerações a integrar o norte que a sociedade envolvente milita por impor-lhe, e o que integra de imediato são mais as suas derivas, não são tanto as suas direcções. E julgo que essa ideia de que era legítimo sacrificar gerações em nome de paraísos a instaurar em vida, ou de um progresso redentor e glorioso, pelo menos por agora está um pouco abalada, é até mal vista. Ou não? De qualquer maneira, olhando para estas mulheres, e mesmo para as meninas, dá-me a impressão de que navegando embora as águas de uma mudança irreprimível e tendo consciência disso e situando-se dinamicamente em relação a ela, estão por enquanto a coberto da ameaça da deriva. E a deriva económica, institucional, cultural, ética, etc., é, quanto a mim, um problema maior na Angola do presente. Ou estarei enganado? Ainda assim, e esta é uma colocação pessoal, tento olhar para estas mulheres situando-as em relação ao *norte* que vou tentando identificar como sendo o delas e jamais me ocorreria agir como activista da precipitação da mudança escudado em legitimidades ideológicas e apostólicas que não têm para propor senão programas de desestabilização, e esse é o preço que sociedades deste tipo, a funcionar em pleno e a assegurar a sua manutenção e a sua reprodução, quando não a prosperidade, de grupos inteiros, são convidadas a pagar para acederem, quer queiram quer não, ao universo das lógicas alheias que justificam a nova ordem de acumulação e domínio em que se fundamenta a intervenção de que são "alvo", como dizem os interventores, estatais ou humanitários, que às vezes até se revelam confrangedoramente inocentes mas quase todos ofuscados por uma ignorância exaltada ou mesmo iluminada.

\*<br>
\* \*

Há dias assim, não acontece nada de especial mas entretanto não páras: quando cheguei do Bumbo ainda fui à Malola. O saco de milho que as mulheres tinham vindo buscar continuava à porta da casa comercial porque a família se dispersara e a combinação de dividirem a carga e seguir a pé para o *sambo* acabara por falhar. Ainda tinham conjecturado apanhar um desses burros que andam por aí quase sem dono, embora se saiba que pertencem quase todos aos *muluhapahe* da zona, mas tinha-se metido bebida pelo meio e de qualquer maneira sabiam que eu havia de chegar do Bumbo a tempo de dar um apoio. O Batupo já estava tocado, mas ele é de bom vinho, caso contrário isso seria razão bastante para não dar boleia nenhuma, quem já andou com o carro cheio de Mucubais bêbados é que sabe. Mas a presença da primeira mulher e da menina, porque a segunda tinha seguido viagem para ir dormir numa tia dela, essa mulher anda sempre a arranjar maneira de ir dormir fora, amoleceu-me o coração e lá segui para a Malola com o jipe cheio, as senhoras, o saco de milho, um garrafão de *kanyume* e *imbambas* várias. O B. veio também porque assim aproveitava e dormia nos velhos e mobilizou o Bolande para me fazer companhia no regresso, mais o Batupo e o Biloa que não se largam há 3 dias, desde o óbito da mulher.

Ainda tinha tempo de ir e vir com a luz do dia. Íamos perto, o *sambo* onde agora estavam era encostado às *ongandas*, já aí tinha acampado em anos anteriores, é para onde normalmente trazem o gado quando saem de cima, dos lados do Lute, e onde passam o tempo do *pepela*, o tempo da carne, e depois seguem mais tarde para Oeste, está agora quase na altura, para deixarem ao gado que fica sempre na *onganda* o pasto que ainda há. Eu sabia que ia encontrar muita gente naquele *sambo*, era uma boa oportunidade para fazer mais encontros e se ainda desse tempo aproveitava para ir também cumprimentar os mais-velhos. Afinal não deu e só voltei ao acampamento era já noite fechada embora com a vantagem de trazer comigo uma generosa porção de lombo de um boi que encontrei lá abatido e que a mulher do Batupo e a sobrinha do B. fizeram questão em oferecer-me. O boi tinha sido sacrificado nessa tarde e servira a mais uma complicada cerimónia de culto a esses espíritos peregrinos e caprichosos que descem nas mulheres e obrigam a consumos por vezes ostentatórios. Exigem pelo menos o abate de um boi e já aqui acompanhei uma outra sessão, mesmo neste local, que se prolongou desmesuradamente porque dessa vez o espírito em causa queria comer era olongo e andou um desses miúdos *muluhapahe* que tinham sido agarrados no Hoke a matar vacas – tinham sido colocados aqui sob custódia, um no *sambo* do Pico e outro no do B., e depois foram levados para o Virei, entregues à polícia e nunca mais se soube deles – andou um desses miúdos uma data de dias na mata até que caçou um, mas entretanto já se tinha comido um boi e estava-se já a pensar matar outro porque a operação assim nunca mais chegava ao fim e havia uma grande concentração de pessoal, todas as mulheres iniciadas das redondezas e tudo quanto era homem novo da zona, porque onde há concentração de mulheres sempre há também muito homem à volta.

Desta vez a cerimónia tinha já chegado ao fim após um dia de sucessivos e agitados transes, conversas em línguas estranhas ou vizinhas, *lumwila*, português, fala de Kwanyama e até de Mucancala. Tinham comparecido os espíritos de quase todas as iniciadas e junto com eles aquele por quem se esperava, que andava a perturbar a neófita. Aceitou o boi que já tinham mandado buscar para lhe propor, um *epongo* qualquer, um animal sem família, pela armação que vi ao lado da pele era um desses animais cujo fenótipo ainda revela traços da sua origem exótica, saídos do gado recuperado nas fazendas dos Brancos que os abandonaram na altura da independência, ou então foi de outra maneira, não interessa agora para o caso.

A primeira sessão de *makumukas* a que assisti não foi aqui, foi em 77 na Huíla, para os lados da Kihita, quando andei lá a filmar o *Presente Angolano, Tempo Mumuíla*. Mas para esses lados, pelo menos reportando-me ao que aconteceu dessa vez, os espíritos são mais modestos, menos exigentes, o que esse pediu para comer foi um simples pato, se estou bem lembrado, e acabou por contentar-se com um borrego. Aqui, onde este culto já se introduziu depois da independência e o número de casos de mulheres atingidas não deixou ainda de aumentar, as *makumukas* têm fornecido pretexto para o consumo de muito boi mesmo fora de época, fora deste tempo que é quando o gado está nas melhores condições para ser abatido. Sabendo que o gado tem aumentado muito nestes últimos anos porque várias condições têm concorrido para isso de uma forma muito particular – injecção de contingentes animais decorrentes da retirada dos colonos, razias operadas a coberto da guerra, anos de chuva que embora tardia, impedindo quase sempre a agricultura local, têm no entanto bastado para manter e reproduzir os animais, e falta de escoamento devida à crise de comércio com o exterior – po-

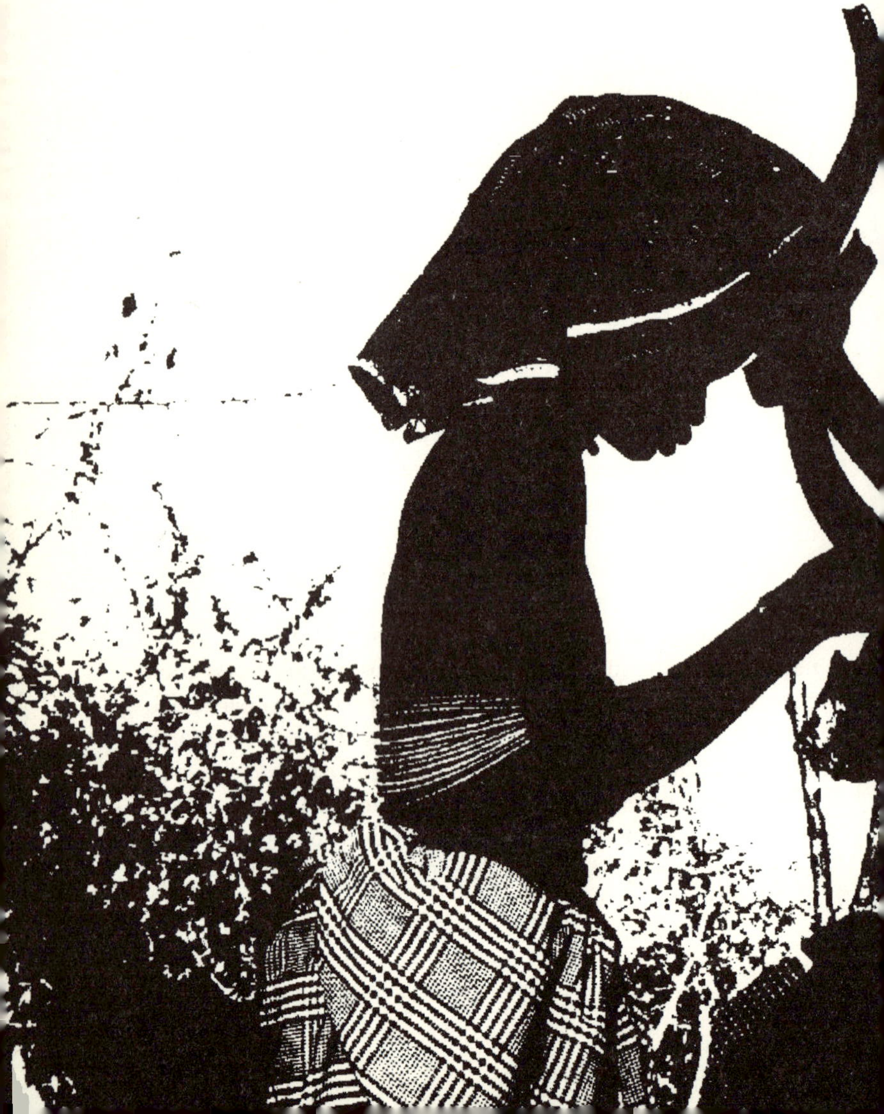

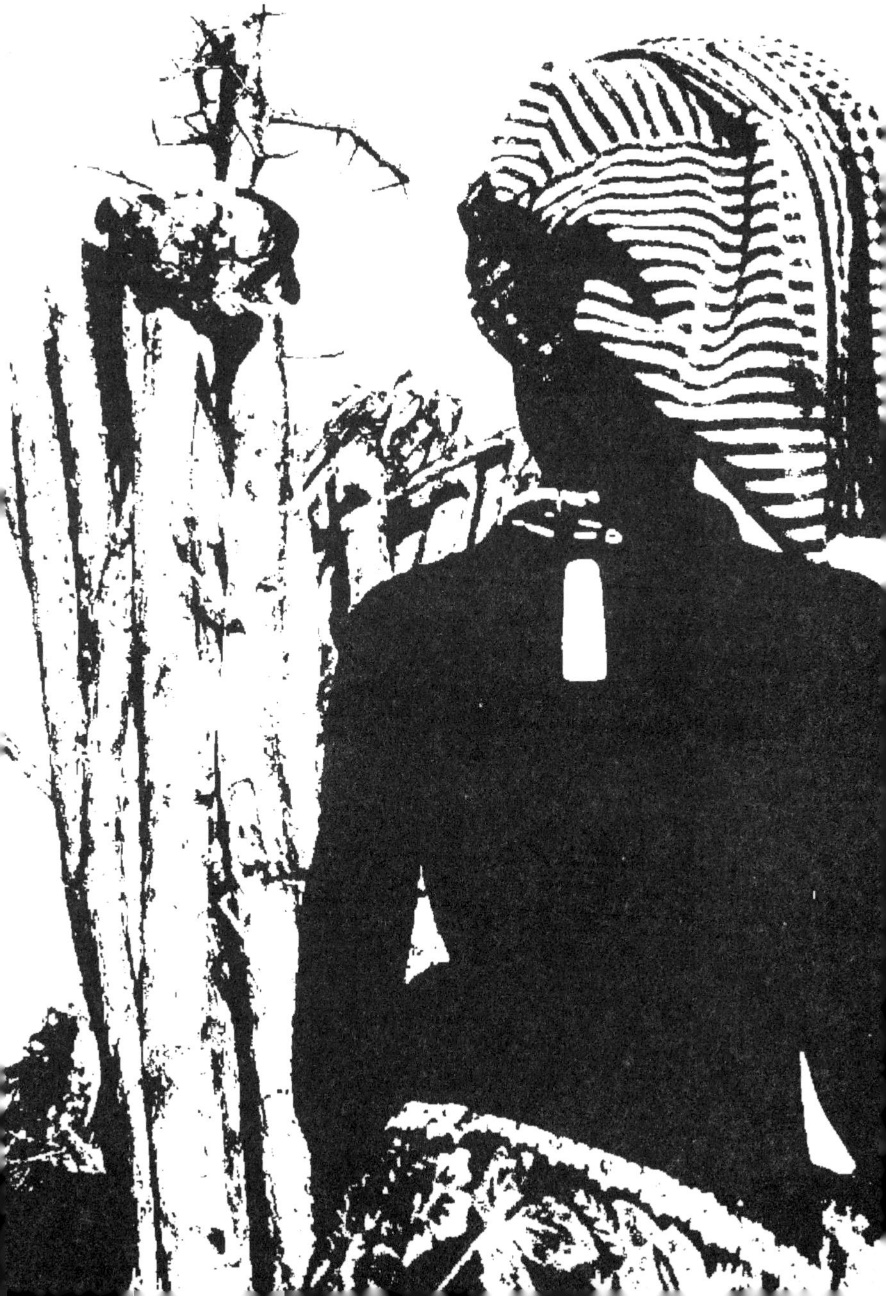

des muito bem fazer o raciocínio de que havendo gado e fome ao mesmo tempo (porque sem chuva e sem comércio ocorrerá necessariamente carência de cereal e tem alturas em que o leite acaba) há-de ocorrer como resposta perfeitamente plausível um aumento de abates rituais, que é praticamente a única forma socialmente admitida de acesso à carne, a não ser que haja mortes naturais. Dá para pensar, de facto, e talvez não estejas muito longe da verdade.

Sempre houve cultos deste tipo, em que os iniciados são sobretudo mulheres, ligados à prática da agricultura, nomeadamente, como o dos *Vakulukadi*, espíritos das velhas cultivadoras, que se contentavam com uma ração de canjica ou um simples cabrito, ou os *Vikamwíla*, ligados aos carvoeiros da Huíla, que prefeririam galinha, os *Matyiata*, provenientes dos Gambos, ou os *Ndundu*, que vêm de cima, dos Tyilengue-Nkumbi... Hoje as mulheres Mucubais aqui da zona estão mais ligadas a esse de *makumukas*, que entrou pelos lados do Hakahona, mas as *Muluhapahe* cultuam ainda muito os *Vikamwíla*. Durante noites inteiras oiço o som que chega até mim, vindo das distâncias que há por detrás do acampamento do Vitivi, dos tambores que usam para induzir os transes. O processo de iniciação corresponde, tal como a feitiçaria, a um quadro que julgo poder considerar-se universal. Uma pessoa passa a sentir-se doente, inapta para os seus desempenhos normais, mata-se um cabrito para adivinhar olhando-lhe para as entranhas – é uma prática tão antiga como a cultura humana, conhecida tecnicamente como aruspiciação e localmente designada por *o kutala* – e lê-se aí que é a acção de um espírito de fora. Não tem nada a ver com os *kazumbis* locais donde emergem os *o hande*, aqueles que, provenientes de um antepassado próximo, transmitem os talentos do falecido a um parente seu que daí para a frente passará a exercer a especialidade que era a do morto. É o que acontece com os *tyimbanda*, por exemplo, ou, no caso estrito das mulheres, com as fabricantes de panelas, mas de qualquer forma, depois dos rituais cumpridos, também estes *makumukas* se tornam espíritos protectores e daí que, em cada novo caso de iniciação, compareçam todas as iniciadas para que os que lhes dizem respeito as possuam e venham partilhar do consumo que houver. Ora quem provém a esse consumo é o marido da neófita. É encargo que estatutariamente lhe é imputado e de qualquer modo ele não pode dar-se ao luxo de manter a sua mulher inoperativa, doente, a sua condição de pastor depende largamente da actividade dela.

A mulher mais velha do Batupo e a sobrinha do B. que também vive junto são reputadíssimas *tyimbanda*s de *makumuka*s. Os *sambo*s que ocupam ao longo dos ciclos da transumância, principalmente este, estão cheios de paus com cornos de bois espetados que correspondem a outras tantas iniciações que elas oficiaram. E também actuam fora, são por vezes chamadas a trabalhar longe. Cobram cabritos, carneiros e mesmo *garrotes* pelo serviço, e são hoje mulheres reputadas ricas, com gado espalhado por mãos de tios, irmãos, sobrinhos e *mwingona*s. São por isso mulheres que dificilmente verás hoje muito espontaneamente inclinadas a investirem-se na agricultura. A agricultura continua a ser considerada como implícita ao desempenho social da mulher mas na verdade eu ando há muito tempo já a suspeitar que a maioria destas jovens senhoras quando olha para o céu como toda a gente a perscrutar sinais de chuva é muitas vezes mais para ver se ela chega, sim, mas já no tarde, de maneira que dê ainda para aguentar o gado mas já seja serôdia para cultivar o milho. As velhas sempre vão cultivando alguma coisa, e as meninas, arrastadas por elas, mas as mulheres desta idade, sempre activas no entanto, investem-se é mais noutras indústrias como a fabricação de bebida a partir da flora local e de farinha e de açúcar quando o comércio os faculta. O mercado do álcool veio numa grande medida parar-lhes às mãos, e criar novas oportunidades para a cobrança de cabritos, com o levantamento do poder colonial, que velava sobre a interdição do fabrico doméstico de bebidas alcoólicas, e o vazio dos circuitos de abastecimento que se lhe seguiu. Cabrito macho capado é depois trocado, em grande, por carneiro pequeno, carneiro grande fêmea por capado pequeno de boi e este, depois de criado, por fêmea jovem também de boi, *nema,* que abrirá caminho à posse de gado e à intervenção nos grandes circuitos socio-económicos. É por isso também que estas senhoras se deslocam cada vez mais ao Lubango e ao Namibe, a pretexto de vender óleo de *mupeke*, e vêm de lá cheias de panos para elas e para os filhos, aliviando a sua dependência em relação aos maridos. Essas, como diz o B., são as que você encontra aí concentradas todas a lavar a roupa, elas querem andar bem limpas. As nossas velhas, mesmo quando estão a ver que têm que lavar a manta, sabem que também não precisa de andar a lavar assim tanto, um vez por ano chega muito bem.

Falei-te atrás das panelas, não foi? Pois é, isso foi mais um serviço do antigamente, depois da guerra de 40-41, em que era preciso arranjar bois, e milho, e tudo de qualquer maneira. Ainda aparecem hoje, na Huíla e nos Gambos, mulheres que sobem daqui com panelas feitas cá em baixo, com argilas da base da serra, ou as vão fazer lá, com barros locais. Saem em grupos e, para quem não sabe, são mulheres mucubais só, mas nos dias que correm são mais é *muluhapahe*. Cobram cabritos também, quando podem, mas o pagamento mais comum por cada panela é a quantidade de milho que cabe no interior do objecto fabricado e transaccionado. E isso eu acho uma maravilha, cobrarem a medida do espaço que criaram…

✷<br>✷  ✷

Isto foi gravado ontem, depois de ter ido ao Bumbo e à Malola, enquanto o Paulino abanava a cabeça por estar a ouvir-me a falar sozinho e no escuro. Aguardo agora a chegada do B., que dormiu na Malola, para dar cumprimento, hoje e amanhã, ao desbravamento daquelas pontas de inquérito de que te falei e foram afinal o móbil para vir de novo aqui. Depois disto feito é que decidirei do rumo que a nossa viagem há-de tomar daqui para a frente. Mas entretanto já se passaram nove dias desde que saí de Luanda e tenho que pensar no cumprimento do meu programa.

# Evau

*vou lá visitar pastores*

Tinha projectado levar-te ao Evau enquanto estivéssemos acampados aqui no Vitivi, e antes de encetarmos o regresso a Moçâmedes. Vou lá na mesma. Ocorrências recentes aqui na zona, de que ontem fui informado enquanto desbravava as tais pontas de inquérito, aguçam-me o apetite. E o Evau, território dos *buluvulus*, é um lugar bonito de ver, com água à superfície e margens verdes no meio deste sertão onde tudo está e estará seco pelo menos durante mais cinco ou seis meses.

O caso que me serve de pretexto para te introduzir no mundo dos *buluvulus* é uma *maka* que anda a lavrar por aí à volta de questões de identidade grupal e em que intervêm *buluvulus* como protagonistas. A questão vem do ano passado e é-me referida como *a pequena guerra da Tyikweia.*

A pequena guerra da Tyikweia começou com um problema de cacete. Um homem daqui deslocou-se à Tyikweia onde um comerciante estava a vender bebida. Tinha um crédito de um ou meio saco de milho, de negócios anteriores, e pediu um litro, ainda dava direito a mais três. Bebeu, ofereceu, afastou-se, quando voltou ao local procurou o seu cacete, um *Muluhapahe* da Tyikweia tinha-se apoderado dele. A instâncias de um terceiro, o cacete foi-lhe devolvido, mas o incidente foi o ponto de partida para altercações em que a referência à subalternidade *muluhapahe* acabou por ser introduzida. A coisa nessa altura ficou por ali mas deu origem a mobilizações das duas partes e a um confronto posterior em que já houve troca de tiros. Os daqui retiraram mas o confronto maior viria a ocorrer mais tarde, depois de os *Muluhapahe* terem agarrado, como provocação, um velho que amarraram e a quem mijaram na boca. Reorganizou-se o grupo daqui, reforçado com *buluvulus* do Evau, e avançaram sobre a Tyikweia. Acabou por dar mortes, feridos e prisões, com interferência dos sobas locais e das autoridades do Virei.

*

Já te falei de *buluvulus*, se estou bem lembrado, a propósito dos vários rebanhos que constituem uma unidade de exploração dentro deste sistema pastoril, e das carreiras pessoais de alguns dos sujeitos que têm aceitado colaborar comigo. Todos por lá passaram na idade correspondente, que é em princípio a de adolescentes e de jovens adultos antes de constituírem família. Eles ocupam-se daquela porção do rebanho de uma unidade doméstica a que chamei rebanho de aumento-produção e onde vamos encontrar fêmeas afilhadas (com filhos) que transitam, conforme as opções de gestão, entre as várias secções do rebanho geral. Mas com eles estão sobretudo as *nemas* e os *garrotes* em crescimento e bois já feitos que aí se constituem como *du mintho*s, bois-soba. Este gado é manejado a partir de grandes concentrações baseadas em pontos de água importantes e aptos a dessedentar milhares de cabeças durante certos períodos do ano, e é essa parte do rebanho, com os seus pastores, os *buluvulus*, que cumpre as grandes transumâncias. Ora se tal gado está entregue aos miúdos em concentrações distantes das *onganda*s, os miúdos aí estão entregues a si mesmos, quer dizer, uns aos outros.

Quando abandonam o aconchego familiar das *onganda*s, esses rapazes já não são assim tão pequenos que não possam aguentar as exigências do pastoreio nem as brincadeiras, os treinos e as aventuras em que vão ver-se implicados. Mas também não podem estar lá sem nenhuma família, os mais velhos iam-lhes abusar e obrigá-los a trabalhar para eles, e, numa situação de doença, ali não tem mãe nem irmã que vão te fazer comida, te trazer água. Se não encostas a um irmão, a um primo, a um filho de *ahumbeto* do teu pai, os outros vão te deixar morrer, saem todos à procura de mulher e você morre mesmo aí sozinho. Essa maneira de se juntar assim, para se apoiarem uns aos outros, chama-se *kuriotola,* e *viwana* é uma reunião de *sambo*s com gado de várias procedências. *Ku wana* é juntar.

Uma concentração de *buluvulus* como a do Evau, constituída de cada vez que a chuva chega cá abaixo, normalmente em Março, e mantida ao longo de toda a época seca até recomeçar a chover nos platôs, reúne vários núcleos de rapazes, conforme as famílias e as áreas donde estão a vir, dentro da zona que essa concentração acaba por definir. Uma observação que priviligie questões de território, ou queira partir delas para estudar esta sociedade, poderá em meu entender apreender a globalidade kuvale incidindo sobre estas concentrações donde os *buluvulus* partem para as grandes transumâncias. Existirão, segundo as minhas percepções, umas duas dezenas delas espalhadas pela totalidade do território kuvale. Cada uma, conforme a sua colocação no terreno, transuma para latitudes mais ou menos correspondentes, em cima da serra. Os daqui do Evau, que provêm da Malola, Kume, Mukavovidi, Ewa, sobem para o Vanavelombe, zona da Unguéria, apontam à Chibia. Há outra concentração no Cahinde, que sobe também para a mesma zona, e tem outra para o lado da Vinganjanganja, esses no tempo seco sobem para as zonas do Caraculo, quando chove juntam-se aos do Munhino e sobem para lá da Bibala, Mwiala, até ao Kamupupa, na direcção da Lola. Os do Xingo vão dar encontro no Mulovei com os do Kamukuio e do Tyinkite, enquanto os do Kavelokamo, Virei, Tyitundu-Hulu vão dar encontro com os Hakahona, outros demandam o Virulundo, do lado do Kuroka. Fico por aqui porque me estou a deixar arrastar pela música da toponímia.

Grosso modo, pois, do ponto de vista territorial estas concentrações podem definir zonas de concentração pastoril dentro das quais será possível assinalar áreas de vizinhança e de interacção parental, estás recordado dos *turiapamu,* por exemplo, e núcleos de consumo e de articulação laboral polarizados pelas *ongandas.* É neste esquema que poderemos entender o gado dos *buluvulus* como uma concentração de animais excedentários em relação à produção de leite imediatamente necessária aos consumos familiares, rebanhos, portanto, de manutenção, reprodução, renovação e reposição de fêmeas e de produção de machos para consumo, prestações sociais, trocas internas e comércio com o exterior. Cada zona, definida assim à volta de um ponto privilegiado de água através dos efectivos de jovens pastores e de bovinos que se conjugam, pode assumir-se como reveladora do tal equilíbrio imperativo que se estabelece à volta da interdependência entre pastos – água – rebanho – força de trabalho – consumo humano. Toda a pastorícia de uma dada porção de território poderá assim dar-se talvez a ler segundo as concentrações de *buluvulus* que lhe correspondem. Ou talvez não...

Ao território do Sayona, que poderemos aqui considerar do Hoke à Tyikweia, corresponderia a concentração do Evau. Mas ele comporta, acabámos de o constatar com o caso da *pequena guerra da Tyikweia*, um sector de produção pastoril cujos *buluvulus* não convergem para o Evau nem se misturam com os outros. São os tais *Muluhapahe*. Os seus *buluvulus* e os dos *yon tyini wo tate*, como eles chamam aos Mucubais de raiz e não te traduzo porque é uma obscenidade, não se juntam, nem os seus percursos de transumância se confundem, a não ser em situações em que é preciso localizar e separar gado disperso e misturado, o que aliás também acontece circunstancialmente entre outras concentrações. Mas não desprezam uma qualquer oportunidade para se desafiarem e eventualmente lutar. Luta entre eles não pode esperar para amanhã, tem que rebentar no mesmo dia. Só que desta vez foi exagerado, deu mortes, deixou contenciosos que ainda não foram sanados. O problema chegou até ao Virei e acabou mesmo por perturbar a corporação da polícia porque um chefe de lá foi suspenso e preso por parcialidade e suborno no tratamento dos casos. Muito sinal dos tempos e de vários tempos simultâneos. Parece que neste momento o incidente é dado como ultrapassado e se está já em vias de poder restabelecer-se um contacto normal entre as partes, indispensável sobretudo para poder localizar o gado que se perde, de um e de outro lado.

Pela minha parte temo que o futuro possa vir a revelar que não é bem assim. Estes acontecimentos são quanto a mim reveladores de uma dinâmica local que excede de longe as suas peripécias mais imediatas. Atesta da parte dos *Muluhapahe* uma estatura grupal sem precedentes e que poderá ser a expressão irreprimível de uma projecção económica ascendente. Antigos cativos ou banidos, socialmente colocados como casta, dispõem hoje do gado que lhes permite confrontarem-se em termos de paridade com os seus antigos senhores e produzir e reproduzir entre si todos os circuitos de um sistema pastoril que os situava até há pouco tempo apenas como uma extensão do domínio kuvale. Por outras palavras, e para condensar e não fugir ao nosso programa, a exploração do gado de que os *Muluhapahe* agora dispõem exige o desempenho de *buluvulus* com tudo o que isso implica em termos de implantação social e espacial, territorial, e política. Aparecem *buluvulus muluhapahe* a confrontarem-se com *buluvulus* dos Kuvale "de raiz". Eis-nos perante uma colocação fértil para desenvolvimentos teóricos: um modelo de cultura pastoril preserva uma pertinência local (talvez mesmo regional), circunstancial (em relação aos tempos que correm) e operativa (em relação ao meio) que o leva a ser inteiramente adoptado por novas populações e a constituir-se como inovação social e económica – apesar de indubitavelmente arcaico perante a ofensiva generalizada da modernidade globalizante e por ela inexoravelmente ameaçado e a longo termo inviabilizável – para grupos que visam assim conquistar uma posição de actores plenamente investidos no desenvolvimento de processos locais. Poderíamos desta forma insinuar e arriscar que a "modernidade", para alguns e afinal, pode passar pela adopção de modelos milenares! Eis um estimulante tema de uma quase irónica actualidade, não é?... Mas não procuraremos, por enquanto, voar tão alto. O nosso objectivo primeiro, ficou combinado atrás, é mergulhar nestas insularidades.

\*

*Buluvulu, m'bunlumbulu, bwaluvulu*, é uma pequena mosca (*Trigona beccari alfobasciata*) que faz mel – é mosca mesmo, é *diptero,* não é abelha – em buracos de troncos de *mutiatis*, muito barulho e causa um grande incómodo. Procura a humidade por toda a parte, mete-se pelos ouvidos, pelos olhos, pelas narinas, pela boca, e pelo menos a mim não me dá descanso quando é no tempo quente, a ponto de ter a determinada altura arranjado um mosquiteiro para suspender no meio da mata e meter-me debaixo dele e tentar assim ler e escrever entre as 10 da manhã e as 5 da tarde. O seu mel é consumido e a cera que produzem serve para aplicar nas trompas de corno de olongo, *on dyembo,* que os rapazes, os nossos *buluvulus*, precisamente, usam muito nas deslocações do gado. O facto de se lhes aplicar a metáfora dispensa, parece-me, explicações. Dezenas ou mesmo centenas de jovens juntos, rutilantes de vigor e de exaltação viril, não podem deixar de resultar em muita agitação e turbulência.

Nada sei do que poderá passar-se aqui ao nível das inquietações, das derivas e das perplexidades da adolescência, que também devem existir, mas no que respeita à necessidade de acção e de afirmação há evidências que são muito facilmente assinaláveis. Adoptam, cultivam e ostentam os sinais de acesso à idade adulta com uma grande galhardia e veemência. Em situações propícias, como quando vêm trazer às *onganda*s os *du mintho*s que serão sacrificados nas *kutonda*s, comparecem com os panos mais limpos e vistosos de que dispõem e com todos os adereços que marcam a diferenciação identitária kuvale. Em relação ao cabelo, por exemplo. Um dos sinais mais evidentes da incidência uniformizante dos tempos é o abandono, por parte dos homens, do uso do cabelo crescido e envolvido por um pano, o que era comum até à independência. Homem com o cabelo cortado curto e a descoberto era coisa que não se via e o *o thumbo* só era desfeito em situações de luto. Mas em 75 a mobilização de homens jovens para o exército do Mpla foi geral, e não só aceite como também reivindicada em massa, e tal aparato manifestou-se incompatível com o uso de uma farda militar. Depois de desmobilizados e reintegrados, a maioria desses homens não retomou o uso do *o thumbo,* talvez também como sinal do seu trânsito pela aventura de uma guerra moderna que ilustrou as suas vidas. Assim, mesmo homens que não foram a essa guerra terão adoptado também a moda do cabelo curto e da cabeça descoberta, as modas são expressões de afirmação, e não creio que o uso generalizado do *o thumbo* venha a reabilitar-se. Jovens porém que no curso do seu acesso à idade adulta passaram a ter estatutariamente direito ao seu uso não deixam de exibir, mas durante pouco tempo, incipientes trunfas. Largaram o *etoki*, a crista de cabelo que usaram durante a infância e a adolescência. Um estudo que aqui pretendesse investir-se na questão das afirmações identitárias poderia com vantagem partir desta fase da vida dos rapazes, e do que de equivalente se passa com as meninas. Todas as mudanças de indumentária e aparato físico envolvem situações rituais reveladoras da incidência do parentesco, por exemplo, e o resto que é preciso saber decorreria com fluência daí para a frente.

Outro aspecto da realidade kuvale que poderia utilizar como matéria de observação o comportamento dos *buluvulus* seria a relação entre as pessoas e o gado. De como qualquer criatura humana, aqui, desde que começa a andar, passa a estar implicada no maneio dos animais, e cresce, é educada e aprende a viver visceralmente empenhada nisso, até as brincadeiras de rapazes aparecem inscritas nessa relação. Não sei se já aludi a disposições de pequenos seixos que se encontram por vezes à beira das casas. São brinquedos de rapaz pequeno e representam bois. Deslocam os seixos, repartem-nos por grupos e antecipam assim as transumâncias que a vida lhes reserva. Mais tarde, então, lidando já com verdadeiras manadas de bois, será a altura de inserir a brincadeira no quadro das tarefas produtivas. As deslocações que fazem com o gado dão-lhes uma excelente oportunidade para isso. As subidas para a serra e o regresso às concentrações cá de baixo implicam a movimentação de manadas que podem comportar mais de mil animais. São viagens que interessa fazer com a celeridade possível. Há grupos que avançam com os *du mintho* à frente, na corrida. Chama-se *muteka on tako* a esta maneira, *on tako* é essa metade dos bois que avança à frente. Eles treinam-nos para isso. À noite, nas estações do trânsito, vão comentar as proezas dos seus animais e programar despiques. E o resto dos companheiros e do gado vem atrás, arrastado pelo estímulo da brincadeira. Outra modalidade é a de avançar com os vitelos, mantendo as vacas presas num curral. Depois largam-nas e elas partem em disparada. A esta brincadeira chama-se *tyivunga,* ficar na porta a segurar as vacas é *ku pakelela.* Quando é a minha vaca que vai na frente em busca da sua cria que já está longe, eu vou a correr ao lado, incentivando-a, e se o meu pai é *Mukwatyite,* por exemplo, grito *vakwanaholongo,* se é *Mukwambwa,* vakakwanyama. São as imprecações clânicas. Sou dos dos pastos, sou dos da carne. Detalhe: não enalteço a minha *eanda*, o meu *clan*, mas sim o do meu pai. Lá chegaremos talvez também, porque tudo se encadeia. Mas agora estamos a falar da agitação que caracteriza a vida dos *buluvulus*, por isso são assim chamados.

A extrema juventude é também a idade da sexualidade irreprimível e ansiosa. Não me atreverei a dissertar sobre o assunto, mas a antropologia universal produziu alguns monumentos de erudição sobre a matéria, olha para Malinowsky e para Margareth Mead e os grandes culturalistas anglo-saxões. De qualquer maneira não arriscarei muito se disser que a sexualidade, com as suas manifestações mais francas, é aqui, mais do que tolerada, estimulada. A produção de filhos é uma obrigação prioritária da sociedade e tudo está disposto de forma a favorecê-la. Daí, em meu entender e talvez não só, que a paternidade sociológica conte mais que a biológica. Nas *kutonda*s, onde a carne é toda dividida, classificada e destinada a consumos diferenciados, há uma parte das costelas que é a parte do *mukongo,* do caçador. Ela é colocada à parte, sobre a cerca do curral dos vitelos. Vai ser como que esquecida e na manhã seguinte não está lá nada. O seu destino é o de ser *roubada* durante a noite por homens jovens que a vão oferecer, e extrair daí a contrapartida prevista e facilmente imaginável, às mulheres, por vezes tão jovens como eles, dos mais-velhos que são os donos da festa. É uma modalidade que poderá dizer só respeito aos *buluvulus* mais velhos. Mas aos mais novos também é institucionalmente garantida a libertação e a expressão da líbido.

Por pouco perdi agora uma dessas festas que juntam *buluvulus* e meninas e a que nunca assisti, mas tenho algum material recolhido sobre elas. Na zona do Virei parece que aconteceu uma ainda não há um mês. Numa dessas festas, *tyipuluvila,* que pode acontecer a pretexto de uma multa aplicada aos rapazes por ofensa à condição feminina, alguma explícita referência à sua especificidade anatómica, por exemplo, as mulheres jovens reunem-se, combinam-se, e invadem um *sambo*. Pode durar uma semana de consumo exaustivo de carne e rédea solta às pulsões da extrema juventude que nenhum mais-velho, homem ou mulher, está autorizado a perturbar. Parece que imediatamente a seguir a 75 houve uma grande profusão destas festas. Depois veio ganhando mais terreno, como oportunidade para consumo de carne e para intensificação de relações, a prática intensa de cultos de espíritos. Da parte das mulheres tem sido tempo de *makumukas*, da dos homens novos, dos *buluvulus* maiores, as de espíritos da guerra, da luta, expressão por excelência da masculinidade numa sociedade em que a guerra, *o vita*, a apropriação de gado, a organização da vida e a afirmação pessoal tanto se confundem e convergem uma vez mais para o boi, *password* para todas as entradas que interessam ao observador.

*
*   *

Uma das muitas visitas que tenho feito ao Evau revelou-se, há uns três anos, talvez, particularmente interessante e instrutiva. Daqui para o Evau é uma extensa mata quase plana de *mu-*

*tiatis* de pequeno porte. Tem muita *mulola* pelo meio, e morro à volta, mas a pé é relativamente perto, está antes das primeiras montanhas que se vêem para sul, na direcção do Virei, e o local descortina-se da pedra que me serve de observatório. Mas para ir de carro tem que dar-se uma volta pelo leste e durante largos troços de picada vais achar-te imerso na mata, sem ver mais nada à volta.

Tem hora de susto e quando numa situação como esta ouves tiros à volta, nas condições que têm sido as nossas, a reacção imediata, instintiva, não pode deixar de ser como a minha. Tentei deitar a mão à arma que de acordo com o hábito da já consolidada diligência do Paulino devia estar a meu lado, debaixo do casaco, no banco da frente. Entretanto da mata saíam dois homens, com os braços no ar e a fazerem sinal para parar o carro. O B. disse então *são buluvulus daqui* e apareceu a atravessar a estrada um cortejo de homens jovens, alguns armados com Akás 47, outros com lanças, *ehonga*, outros en transe e todos a cantar dessa maneira que é como roncos. Enquadravam uma pequena manada de bois. Então quando me dispunha a ocultar outra vez a arma que supunha ter na mão, vi que empunhava era uma câmara de vídeo. A proverbial diligência do Paulino, com que se pode contar quando já atravessou as ressacas que traz sempre do Namibe, é de facto polivalente além de notável, e o que agarrei sem ver, porque estava atento era ao que se escondia na mata, foi a câmara de vídeo que ali se encontrava também pronta para ser usada, ao lado de uma máquina fotográfica e da inútil pistola. Mantive aquele sangue-frio que, além da cicatriz no rosto, é, como se sabe, uma das marcas dos homens de acção, disse para mim *já agora filmo* e accionei o aparelho. Mas não, a eficiência do Paulino não é afinal assim tão irrepreensível porque a bateria estava descarregada. E depois foram já os circunstantes a perguntar-me porque é que não filmava mesmo. E obrigaram-me a prometer que voltava no dia seguinte devidamente equipado porque o que estava a acontecer era para durar.

Naquele dia fiquei-me por umas fotografias e voltei lá na manhã seguinte para confirmar que isto de etnografia e cinema ou é na hora ou não vale a pena. O que se simulava na véspera era um *raid* junto dos Tyilengue e a fase que a nossa chegada de carro tinha vindo interromper, por isso a profusão de tiros, gritos e correrias, correspondia já à representação de uma retirada vitoriosa conduzindo o gado capturado.

Da primeira vez assistimos ao resto da representação e seguimos viagem, até ao próprio Evau, à bacia de pedra e areia onde o Tyakuto emerge à superfície e vi, como tinha acontecido de outras vezes, uma vaca doente a pastar o capim verde que se enraíza no molhado e, do outro lado, sobre o socalco da margem, mais um magnífico conjunto de uma dezena de *du mintho*s surpreendentes de porte, cornos, estado de carnes e altivez de olhar, que por ali deambulavam repletos de pasto e saciados. Insisti numas indagações acerca do maneio local de um número tão exagerado de cabeças, à volta de um só ponto de água, deixado assim deambulante e livre, pastando quando querem, bebendo quando lhes apetece e com vacas doentes à mistura, animais que a *caonha* vai dizimando, naquele ano com uma relativa parcimónia, parece, mas com regularidade. A *caonha* tinha morto alguns animais no princípio das chuvas mas agora estava regular, não constituía problema sanitário de maior. Mas vigora de facto um sistema local de organização do território de pastagem e de acesso à água, e as vacas doentes estão afinal sob controle. O gado de diferentes grupos de pastores pasta, grosso modo, em diferentes direcções conforme as suas proveniências e vem beber em segmentos distintos do afloramento de água, divididos por um conjunto de sebes de espinheira que define acessos e estabelece corredores que os animais não conseguem ultrapassar e aprendem a respeitar. É um sistema de controle que observa razões sanitárias mas também pode prevenir a tendência, por vezes obstinada, de certos animais que procuram sempre encaminhar-se para as suas áreas de origem. E ajuda a combater o roubo. Para poder conduzir os animais para fora da zona, em situações de precipitação e pressa como são as de razia, haverá que abrir passagem nos *ongole,* que são essas barreiras de espinheira, algumas muito distantes, a obstruir a passagem entre dois morros, por exemplo, e o rasto dos animais e esses rombos nas sebes poderão constituir pistas suficientes para tentar a sua recuperação em tempo útil. Gado roubado e a andar desaparece num instante e a sua recuperação, a ser tentada, tem que responder a uma extrema prontidão. Tendo assistido lá atrás a uma simulação de *raid*, veio-me naturalmente à ideia o que Magyar, há mais de 100 anos, escreveu a propósito da eficiência e da prontidão com que estas operações são realizadas e sobretudo a incrível velocidade, são palavras suas, com que percorrem as 30 ou 40 milhas que os hão-de colocar a salvo, conduzidos por esses "salteadores" armados, já nesse tempo e tal como hoje, de "espingardas, lanças e mocas".

Foi a pensar fixar em vídeo uma cena assim tão clássica que no regresso ao acampamento accionei o meu pequeno gerador e carreguei as baterias do dispositivo de filmagem. Mas quando voltei na manhã seguinte ao Evau, para respeitar o compromisso, o programa tinha sido alterado. A cerimónia de iniciação continuava, o boi do sacrifício estava abatido, os cantos e os transes prosseguiam, mas íamos filmar era uma acção de defesa, não de ataque. O combate desenvolver-se-ia à mesma entre Kuvale e Tyilengue, mas *eles,* os *outros,* é que tinham vindo atacar, como convinha dar testemunho, porque estas coisas fixadas pela "televisão" depois podem ser vistas por muita gente. A força e a vocação da imagem reproduzível e manipulável não escapa portanto a ninguém, nem mesmo a pastores em transe e perdidos num buraco qualquer de um sudoeste angolano improvável e esquecido. Para mim e para o efeito tanto me fazia, na realidade. Embora até aqui tenha vindo a investir alguma aplicação nas fotografias que faço, a máquina de vídeo tem-me servido apenas, nalgumas circunstâncias, para os observados me considerarem envolvido nalguma acção e poderem actuar com maior espontaneidade do que se me vissem a olhar directamente para o que fazem ou não fazem, atitude que é difícil, às vezes mesmo para mim, identificar como trabalho efectivo.

Foi desenvolvida a tal manobra de defesa a um ataque de raziadores Tyilengue, gravei umas cenas, outras não, tentei aferir a acção pelo que tinha também lido na véspera lembrando-me de que no terceiro volume dos *Apontamentos...* de Felner, livro que andava comigo, havia também a descrição de simulações de razia registadas aquando da viagem de reconhecimento aos "Cobaes" feita em 1881 pelo Justino Teixeira da Silva. Tratava-se também aí de resposta a um ataque, e finalmente dei por bastante a minha participação naquela farsa quando o Paulino me veio perguntar se tinha registado a surpreendente situação que acabava de ocorrer: um porrinho arremessado de um para outro dos simuladores da batalha tinha sido accionado com tal força que, embatendo numa catana oportuna e eximiamente erguida para sustê-lo, a lâmina da catana quebrara, permanecendo todavia o cabo na mão firme que o segurava. Que mais admirar, a força do arremesso ou a da recepção do projéctil? O caso é que eu não tinha visto nada, a espreitar pelo visor da câmara, e mesmo depois, visionando o material, sabendo a gente vê, mas que distância entre a expressão real e vívida do facto e a insignificância do seu sumido registo no plano muito geral, único possível, de toda aquela sequência. Mais uma evidência, embora não inédita, a sustentar razões para manter as minhas distâncias em relação ao cinema dito etnográfico, outra das frentes de actividade em que talvez pudesse ter feito carreira, desta vez inequivocamente *internacional,* e abandonei por não estar disposto a colaborar na mistificação que o rodeia sempre (e naquele tempo e naquele caso envolvia muita política e estratégia pessoal pelo meio) e a agir no pantanal de relações em que a prática do cinema, de uma maneira geral e tanto quanto fui experimentando, parece ter obrigatoriamente que mover-se.

\*

O que ia passar-se a seguir interessava-me mais do ponto de vista etnográfico. Todo o grupo voltou a reunir-se no interior do *sambo,* em monte, de cócoras, o neófito no meio e completamente perturbado, e o *tyimbanda,* um homem já com alguma idade, insistindo em entrar em contacto com o espírito aguardado. E tudo isto a consumir horas seguidas, cantos, transes e simulações de agressão que por vezes apontavam a mim perante a apreensão do B. e dos que me acompanhavam (o Paulino entretanto já tinha ido colocar-se dentro do jipe) e a conversa, sempre, do *tyimbanda.* Tudo homens. Apenas uma mulher sentada a alguma distância, nova e bonita, a única mulher-perdida, que encontrei por aqui nestas minhas campanhas, mulher sem homem e já quase sem família, que vem passar temporadas junto dos *buluvulus* e acumular, e dar, satisfações sem regra nem medida.

Mais interessantes que as filmagens terão sido as gravações que fiz, cantos e comentários: *ga wila a wila, mesmo com o rio cheio o nosso boi tem que passar, o olongo se fosse boi também seria presa do dyai e são muitos os buluvulus que o seguem, o milho que comem só pode ser mukundyia, só pode ser comido torrado, é a comida das viagens, não dá tempo para moer nem cozinhar. Nós temos o mbindi, a arte da ocultação e das barreiras que recebemos dos filhos do Kavolovolo do Kuroka, não, não nos olhem assim, a vocês nós não vamos picar com as nossas lanças, vocês são nossos amigos, esse tempo já passou, não há nada para esconder. Da ka hono, da ka hono, bom dia, bom dia, o espírito está a falar, não anda longe, não anda longe, canta com força que ele quer mesmo vir comer a carne que matámos para ele, a sua carne, lambamoka, esse grande pedaço de carne, ele quer mesmo é carne, o boi está aqui, é esse ekwala, é esse ekwala...*

O quadro, parece-me, está definido. É imemorial. Servia para ontem e serve para hoje. Um *dyai* recorre aos *buluvulus*, estão na força da idade e do primado da acção, alguns serão iniciados e vão passar a ser *dyai* também. Outros estiveram na guerra e tomaram-lhe o gosto, a guerra é exaltante, quem passou por lá sabe-o bem, e encontram no envolvimento destas concentrações uma massa de jovens prontos a gratificar-lhes a experiência. As tensões e os conflitos da época estimulam e legitimam a agressividade e a "prontidão combativa", e todas as concentrações de *buluvulus* mantêm e reproduzem campos de treino para os rapazes, há mesmo uma tendência para intensificá-los. A educação de qualquer *buluvulu* comporta, com o peso de uma marca de cultura, a preparação para a arte da guerra, da razia. Podem ser iludidas situações de ataque, mas a defesa também exige preparação. Não há sociedade pastoril que não cultive o saber da guerra. O gado tem pernas, anda, é fácil de desviar, corre à frente de quem rouba na direcção em que é conduzido. Lá para onde for levado talvez nunca mais possa vir a ser recuperado, mas ali ou no caminho haverá certamente a possibilidade de encontrar outro que a presteza operativa dos *nossos* há-de ser capaz de encaminhar, por sua vez, para aqui.

Há evidentemente uma dinâmica económica, além de militar, no meio de tudo isto. Ensaiando a aplicação de uma análise teórica, vais também chegar à conclusão de que o fenómeno se pode projectar ao quadro de uma reciprocidade alargada a relações intergrupais, interespaciais, territoriais, em que não intervêm só o ânimo guerreiro dos sujeitos envolvidos mas também determinantes intrínsecas a um sistema económico fundamentado na mobilidade. Já lá para trás, parece-me, te chamei a atenção para isso.

\*

O treino dos jovens *buluvulus* na arte da guerra é precedido, enquanto crianças, pela sua aprendizagem da arte do pastoreio. Tomando conta de cabras e carneiros, que é a sua infantil ocupação, tornaram-se já exímios nas técnicas de arremesso de paus e pedras e estabeleceram já também pequenos campos de treino na vizinhança das suas residências. Num campo de treinos desses encontras armações de paus que sustentam fasquias, *on tambo*. Em operações de guerra os combatentes podem ser cercados dentro dos *sambos* assaltados, a defesa organiza-se obstruindo as saídas normais e será preciso saber saltar as cercas de espinheira. É preciso também aprender a andar no escuro e a conduzir retiradas rápidas com o gado. É isso aliás que estão também a treinar quando brincam com os bois nas viagens que fazem, como te contei atrás. Mas é sobretudo na precisão do arremesso que o treino particularmente incide. *Kuiakula* é a maneira de lutar disparando e aparando pedras e porrinhos e tudo o que puder ser projectado. É nisso que são insuperáveis. No corpo-a-corpo nem tanto, e é modalidade que evitam. Faço-te a mesma recomendação que me foi feita a mim: se um dia tiveres que entrar em vias-de-facto com um Mucubal, tenta agarrá-lo ou pelo menos não lhe facultes distância que lhe permita arremessar-te qualquer coisa. Estarias liquidado, aí não falha. Quando andei a acompanhar aquele óbito dos *nampingo*s de que falei, vi o Bolande atingir, disparando um porrinho a mais de 15 metros, uma cobra enorme, uma *nyoca*, animal que aparece muito quando há óbito e não é de forma alguma bom augúrio, que me fizera dar um salto para trás e lançar uma interjeição de horror quando vi que o tronco de *mutiati* para onde me aliviava, dando satisfação a uma necessidade menor, afinal mexia e se alçava em direcção ao meu corpo...

Não são, dizia eu, grandes especialistas no corpo-a-corpo, mas ainda assim também brincam de agarrar e atingir-se com os braços e as pernas. A isso chama-se *o kweta*. É uma dança, sim, a perna passa por cima e o outro pode agarrar e ele cai... Fico a pensar nos desenhos que o Neves e Sousa, pintor angolano que também se foi embora com a independência, andou a fazer, nos seus tempos, pelos platôs destes suis e que, observados por Brasileiros militantes da recuperação de raízes culturais (desembarcam em Luanda possuídos de um entusiasmo verdadeiramente siderante, quando não intimidante, mas, como não saem de lá, regressam a casa sem ter descortinado nada), lhes revelam movimentos correspondentes aos da *bahianíssima* "capoeira de Angola". Os resultados obtidos, se quiserem preservar alguma honestidade, devem ser equivalentes aos que obteve um repórter da televisão nacional que outro dia, numa reportagem a que assisti acidentalmente, ao perguntar a uma estrela zairense, por acaso mulher, de luta-livre, que é um espectáculo popular em alguns sectores da capital, se capoeira também faziam, ela lhe respondeu que capoeira agora não, porque os gatunos *exagerou-se* muito nestes últimos tempos e roubam as galinhas todas que você quer criar.

*

É o próprio contexto cultural, educacional, político, histórico e económico, portanto, que implica os jovens Kuvale nas artes da guerra. As suas aptidões nos domínios da guerrilha e do golpe-de-mão encantam e seduzem comandantes que os enquadraram em formações armadas de tipo moderno. Alguns combatentes kuvale regressaram de lá carregados de glória, como é o caso do B.. Mas na vida comum os entusiasmos pela actividade guerreira é coisa que normalmente passa com a idade. Há a questão do *namatuka*, aquele boi que se entrega ao pai da noiva e tem que sair do esforço pessoal do noivo, estás a lembrar-te, e a razia é uma das formas de obtê-lo, mas um *buluvulu* apto para a guerra, e mesmo com experiência e talento nesse domínio, não se transforma obrigatoriamente num ladrão de gado. É claro que numa concentração de *buluvulus* encontras filhos de muita mãe, encontras ricos e encontras pobres e mesmo adultos já entrados na idade que, esses sim, se permanecem ali é porque talvez não lhes seja fácil afirmarem-se como homens se não for a investir-se em apropriações violentas, ou a tomar conta de gado dos outros.

*

O gado que está entregue aos *buluvulus* é uma extensão do rebanho completo que pertence às suas famílias, isso já sabes. Ou então é gado que lhes foi entregue para pastar por pessoas que lhes são alheias dentro das malhas do parentesco mas junto de quem podem contar com prestações de solidariedade a coberto de outras instituições, como a das classes de idade, ou sujeitar-se a articulações de dependência. Um animal é-lhes entregue e é sempre bem vindo porque a troco de cuidar dele um pastor passa a ter direito ao seu produto, o leite, sendo uma fêmea. Mas a cabeça em questão continua a pertencer a quem a cedeu, bem como a sua descendência, e não há pagamento para o trabalho desenvolvido além do usufruto da produção leiteira ou do recurso eventual, admitido mas excepcional e vigiado de muito perto, a algum *garrote* para trocar por mercadoria externa. E a hipótese de vir a consumir a carne de algum animal sucumbido por morte natural. Mas aí, uma vez mais, a atenção da *eanda* do dono do animal não deixará de revelar-se muito insidiosa.

Assim, há homens que permanecem muito tempo nos *buluvulus*, mesmo depois de casados, ou porque não dispõem de uma rectaguarda familiar que os possa integrar como adultos, ou porque se incompatibilizaram irremediavelmente com ela. Ninguém vai morrer de fome, porque esta sociedade, não sendo tão igualitária como alguns observadores das sociedades pastoris chegaram a propor, também não é daquelas onde se come sozinho ou às escondidas. Mas desta maneira encontras homens de idade muito diversa entre os *buluvulus*. Na cerimónia de iniciação a que aludi atrás não havia miúdos presentes, ainda não tinham idade para isso, eram jovens adultos qua na sua maioria já tinham passado pelas Fapla e alguns até já nem eram *buluvulus*, estavam lá atraídos só pelo culto da guerra e da virilidade, mas o *tyimbanda* que dirigia a operação ainda é ali que vive e é um mais-velho da *kula* do Bolande. Naquela concentração de *buluvulus* podias encontrar, portanto, homens de três classes de idade, de três *kula*s. A dos *on kombe*, seguramente com mais de 40 anos de idade, a dos *on bandyie*, que é a do B., do Biloa e do Batupo, e a dos *ehingue*, que são os miúdos de agora.

As classes de idade, pois… É a altura de alargarmos as vistas e as perspectivas.

\*
\* \*

A teoria reconhece estar perante um sistema de classes de idade quando depara com estatutos e com privilégios associados à idade. Em todas as sociedades prevalecem critérios geracionais e de senioridade, é um dado universal. Mas a presença de classes de idade apenas se verifica em algumas e pode revelar diferenças significativas de umas para outras. Nalguns casos o mesmo indivíduo transita através de ritos iniciáticos de uma classe de idade para outra. É o caso dos Maasai. Noutras, os indivíduos de um mesmo escalão de idade pertencem durante toda a vida a um mesmo grupo especificamente nomeado. Revelam-se assim dois modelos perfeitamente identificados na terminologia de língua inglesa: os *age grade system* e os *age set systems,* respectivamente. A realidade empírica, porém, oferece quase sempre, como seria de esperar, manifestações das duas modalidades associadas em muitos casos, e é isso que sou levado a reconhecer entre nós. As mudanças de penteado que acompanham a progressão dos jovens Kuvale através da infância e da adolescência constituem verdadeiros ritos de passagem como acontece onde as classes de idade estão destinadas a assumir um papel importante na estruturação política. Entre nós, no entanto, o sistema linhageiro domina francamente os critérios de relação que accionam a sociedade, com a filiação e a aliança sempre como pano de fundo para os desenvolvimentos mais marcantes da vida interna do grupo. E no entanto as classes de idade jogam um papel importante nalgumas situações e preenchem inequívocas funções sociais, guerreiras e económicas. Afeiçoam quadros de companheirismo fundamentais ao exercício da transumância e da razia e constituem termos de critério para trocas de gado e emergência de grupos de consumo, por exemplo.

\*

Como por toda a parte as classes de idade aparecem, entre nós, ligadas à circuncisão. A circuncisão, por sua vez, é uma prática que tanto quanto se sabe tem a sua origem, pelo menos no que respeita a uma sociedade pastoril como a nossa, na cultura Cuxita. Dos Cuxitas já te falei antes e a incidência de traços culturais seus é ainda hoje marcante não só junto de povos onde prevalece a língua cuxita, como os Galla, os Afars e os Redille, como também noutras de línguas nilóticas, Samburu, Turkana, Nuer, Dinka, ou então banta, entre os quais se incluem os Herero e entre eles os Kuvale, mas também populações da vertente oriental do continente, colocadas tão ao norte como as do chamado "círculo kamirojong" da Etiópia e do Sudão. Alguns desses traços são mesmo sistematicamente assinalados, até pelo senso comum, para sublinhar marcantes diferenciações locais: toda a gente que de perto ou de longe lida com os Mucubais ou reteve alguma coisa a seu respeito sabe que se recusam a comer peixe. Ora essa é uma atitude que eles partilham com muitos outros povos pastores e provém exactamente da cultura cuxita. Da mesma forma as mutilações dentárias que praticam: os Kuvale extraem exactamente os quatro incisivos inferiores, tal como os Cuxitas. A sua insularidade cultural, evidente aos olhos de todo o mundo, não é afinal tão particular como isso, é a expressão de uma civilização pastoril, a que alguns chamam a "civilização da lança", geograficamente vasta e historicamente profunda.

A conjugação e a interpretação dos elementos de que disponho, extraídos da bibliografia e da observação, levam-me a admitir que a prática da circuncisão é imemorial no interior da cultura kuvale embora não pareça ser esse inteiramente o caso em relação a todo o restante das populações angolanas que a adoptam. O padre Luis Alfredo Keilling informa, em 1929, que entre os Ganguela (e "os Ganguela" é uma daquelas cómodas mas equívocas imputações etnonímicas de origem colonial que evocam populações muito diferenciadas entre si) a circuncisão teria sido adoptada apenas há 150 ou 200 anos. E que nalguns casos para os Ovimbundo, como os das terras do Galangue, Caconda e Sambo, a prevalência e a generalização da prática só remontava a 50 anos, tendo sido introduzida, e como seria de esperar, isso acrescento eu, através das hierarquias reinantes. Refiro este aspecto porque ainda hoje, mesmo entre os Kuvale que não dispõem nem nunca dispuseram de um explícito poder endógeno centralizado, a circuncisão continua a revelar-se ligada a decisões que provêm do platô *mwila* onde resíduos desse poder subsistem. A "ordem"para circuncisar, para que os operadores locais – *ongwe* – procedam, vem de "cima". A exploração de detalhes como este remeter-nos-ia de novo à articulação, cultural e política, pelo menos, do grupo kuvale com a formação agropastoril que os Nyaneka constituem. Não vamos neste momento, evidentemente, enveredar por aí. Talvez nos baste, para situar sumarissimamente a questão e depois passarmos às implicações locais dessa outra questão que agora nos está de facto a ocupar, a das classes de idade, referir que em 1850 Abreu e Castro, o chefe da colónia "brasileira" então recentemente instalada em *Mossâmedes*, no relato que faz de uma viagem ao Jau e aos Gambos, informa que uma ordem de circuncisão ocorre quando um "Soba reinante" tem um filho entre os 10 e os 15 anos. São nessa altura circuncisados todos os rapazes que ainda o não foram, desde crianças que já tenham dentes. Tudo quanto te posso dizer relacionado com isso, porque há muito detalhe que quero esclarecer antes de produzir afirmações, é que a ordem para circuncisar continua a vir de cima e os critérios de idade se mantêm os mesmos, pelo que muitos dos circuncisados não estarão aptos, por demasiado novos quando a operação tem lugar, a assimilar os ensinamentos que uma tal iniciação formalmente pressupõe. E chamo-te ainda a atenção para o facto de que uma nova ordem de circuncisão não determina por si só a instauração de uma nova classe de idade.

Segundo o que me tem sido assegurado, um novo escalão devidamente identificado é estabelecido quando os homens que pertencem a uma determinada *kula*, classe de idade, passam a ter filhos que irão ser também circuncisados. Faz sentido e confere às classes de idade um carácter geracional inequívoco. A identificação nominal de uma *kula*, por sua vez, assimila-a a um animal ou a um acontecimento que tenha sido marcante, possivelmente *lá* onde a "ordem" saiu, na altura em que a circuncisão que a inaugura tiver ocorrido. A *kula* que está a correr agora é a do *ehingue*, um pequeno pássaro, já to referi. A imediatamente anterior é a da raposa, *on bandyie*, que sucedeu à do *on kombe,* uma espécie de águia, filhos estes dos da água, *o miva*. São estas as gerações em presença no teatro actual das operações. Para trás registei ainda mais três ou quatro que te poderia revelar com uma relativa segurança, mas prefiro reservar-me para confirmações posteriores.

Dentro das pistas de exposição que temos vindo a explorar, e por isso estou a abordar o assunto, há dados ligados às classes de idade em que não posso deixar de introduzir-te. Por um lado, cada *kula* constitui uma plataforma de solidariedade entre os seus membros e vais encontrar dentro delas, por razões institucionais e geracionais, categorias de paridade estatutária como os *ahumbeto*, colegas de circuncisão, os *mutekwa mukweto,* netos do mesmo avô materno, os *mutekwahe,* netos do mesmo avô paterno, e em muitos casos os *bwandyie,* pessoas cujos pais ou mães se situam na condição de mães ou filhos/filhas classificatórios uns dos outros. Também aqui poderia incluir afinações de que te dispenso. Entre estas categorias muita coisa é partilhada, incluindo gado, e isso dá, necessariamente, origem à emergência de novas categorias sociológicas de animais com que também não quero sobrecarregar-te. Por outro lado ocorrem igualmente relações inter-*kula*s. Aqui, o aspecto que me importa destacar é o da ocorrência de multas. As multas, como já deste conta, constituem um importante terreno de circulação de gado. No caso das relações intra e inter-*kula*s elas estão dominantemente associadas a consumos imediatos e nem sempre veiculam animais. Mas os bois de *kula* que intervêm nas prestações matrimoniais, como te assinalei em tempo oportuno, são entendidos como indemnizações ou compensações que se inscrevem no âmbito das multas. *Yo mahante,* por exemplo, é o boi que um homem da *kula* da águia acrescenta ao *twinya* que entrega ao seu sogro quando ele é dos da água. A prestação assume o estatuto de multa, dizem-me, porque traduz a circunstância de os da *kula* mais nova andarem a dormir, na prática corrente mais ou menos discreta e admitida, com as mulheres dos da *ku*-

*la* mais antiga e depois irem casar com as filhas destas. Esse boi, tal como o *twinyia*, também se destina a abate imediato e é consumido pelo beneficiário e pelos seus colegas de *kula*. A essa modalidade de consumo chama-se *tyinpangwe*. Mas produtos menos valiosos, como carneiros, cabritos, tabaco e bebida são os que ordinariamente intervêm em penalidades comuns.

O *muhio* é uma multa lançada dentro de uma *kula* contra algum dos seus membros cujo comportamento se entenda lesivo para a dignidade dessa classe de idade. Simples sinais de imperícia como por exemplo deixar queimar a sua manta, constituem matéria para penalizar um incauto. É campo, como podes imaginar, para muita malícia e brincadeira. O *thita,* por sua vez, compensa faltas de respeito e é a modalidade que acciona os pagamentos menores prestados por uma *kula* a alguma das que a antecedem. Os da raposa não podem mencionar o nome da águia, *on kombe*, é falta de respeito, dá direito a multa. E se um rapaz dos *ehingue* mata uma raposa, ainda que ela lhe ande a comer os cabritos, está obrigado a indemnizar os *on bandyie*. Sendo que, como estivemos a ver, coexistem várias *kula*s nos terrenos de uma concentração de *buluvulus*, e se confundem na articulação de funções de maneio do gado reunido, é fácil admitir que havendo fartura de pasto e de água e uma decorrente exaltação dos corpos e dos espíritos, esta feição ligeira do sistema geral de controle, que as multas materializam, possa jogar um relevante papel dinamizador da alegria de viver em que os Kuvale são mestres. Mas também pode, claro, dar lugar a abusos. Por isso existem chefes nos campos de *buluvulus*. O *meu ahumbeto* Mwatipula, filho do mais-velho Tyikehe, já teu conhecido também, que nasceu em 1941 como eu, foi no seu tempo um desses chefes, *munihambo,* mestre de *sambo,* e dos bons, segundo consta, porque até o nome que aí lhe deram – a todos é dado um novo nome nos *buluvulus* – era o de Tyivihula, que quer dizer aquele que evita, que desfaz os problemas. Mas pode ser também que o próprio chefe, como acontece por toda a parte e em todos os tempos, venha a revelar-se um abusador máximo. É o caso, que registei nas minhas notas, daquele da

Muhunda que se colocava frequentemente em atitude mal resguardada de defecação, de maneira a ser supostamente surpreendido pelos mais novos, pretexto para cobrar-lhes, implacável, multas de vinho e tabaco.

*... 15, 16, 17, 18...*
*Vitivi ainda, dia # 13 da viagem*

# DECIFRAÇÕES, DESAFIOS

# Kahandya
*do outro lado da idade*

O Mwatyipula entra nesta estória porque me constou que vai transumar outra vez para a Kahandya, à beira do Bero, junto à estrada que liga a Tyikweia ao Virei, e esse era um dos sítios que te assinalaria na nossa viagem de regresso. Se pudesse esperava por ele para passar ali agora um ou dois dias. Mas já fui ao Evau, decorreram 13 dias desde que saí de Luanda e tenho que regressar a Moçâmedes. Hoje vou gravar-te as quatro cassetes que se seguem, serão as últimas, e amanhã arranco a horas de aproveitar a luz da tarde para atravessar o deserto pelo caminho que sai dos Paralelos para o km 26 da estrada de asfalto que liga o Tombwa ao Namibe. Decidi gravar de uma só vez o que provavelmente teria para dizer-te no resto do percurso, se estivesses cá. Sei que depois vai meter-se muita coisa pelo meio, viagens, outros assuntos e horizontes, prevejo exaltações e ressacas, longas ausências, até retomar a rotina de uma domesticidade luandense que há-de de novo incomodar-me e devolver-me aqui. Mas o furor expositivo de agora vai seguramente ver-se substituído por outros, ou por vastos silêncios ruminativos, ou pela resposta a tarefas daquelas que asseguram o sustento da vida. Melhor pois é completar já o que tenho vindo a contar-te, caso contrário pode acontecer que nunca mais venha a fazê-lo.

Vou ter que condensar, naturalmente. Vamos tentar vigiar de mais perto a tendência para a torrente de testemunho etnográfico, que deixei fluir enquanto estive aqui no Vitivi, e encarar uma estratégia que te permita integrar o que ouviste até agora. Quando saí ontem do Evau, onde nada aconteceu de especial, vim pelo caminho a programar este trabalho de hoje. Era preciso encontrar e adoptar um fio condutor que prevenisse derivas e conduzisse a remates... Se possível viajando sempre, através das paisagens e das matérias que nos têm ocupado. Acho que encontrei, vou pelo menos tentar. Situei-te os Kuvale primeiro em relação ao que pensa quem lida e cruza com eles, ao que a documentação histórica permite extrair do seu passado e ao que a sua própria memória acrescenta, esclarece ou propõe. Introduzi-te a seguir no meio ecológico em que se movem e esbocei o sistema produtivo que os garante. Instalámo-nos depois na sua quotidianidade. Aí, rememorando o que te terei dito, aflorámos este universo local acompanhando sobretudo os movimentos de jovens adultos, homens e mulheres. Arriscámos uma penetração do lado dos *buluvulus*. Tendo isso em conta parece-me que, encarando mais dois escalões etários, cobriremos o que julgo indispensável acrescentar. Procurei nos meus papéis até encontrar uma nota já antiga: *buluvulus: despertam para os interesses e as razões dos jovens adultos: guerra, mulheres e bois; jovens adultos: atentos ao exercício dos homens-feitos; os velhos: velam pelas regras do jogo.* Vamos portanto ensaiar uma travessia da sociabilidade kuvale encarando o desempenho dos homens-feitos e dos velhos. A narrativa reassume o carácter das primeiras gravações: sugere-te o que poderias ver daqui para a frente. Em termos de deslocação no terreno, vai levar-te a dois lugares que me são particularmente gratos: esse espaço aberto à beira do Bero, onde estive antes com o Mwatyipula, e a Muhunda, que é para lá do Virei, encostada às vertentes dos Gambos e a um sudeste que irá derramar-se no Kalahari. *As portas do Kalahari*, um tema que me acompanha desde sempre.

\*
\* \*

A dose razoável de etnografia que tenho vindo a impingir-te talvez seja suficiente e bastante para que possas reconhecer de que forma tudo isto precisa de ser integrado. Não, não falo de integração por parte do observador. Estou a falar do sujeito mucubal a quem compete resolver-se, integrado neste quadro.

Lá para trás falei-te de recursos naturais e de rendimentos energéticos, do equilíbrio imperativo que se estabelece à volta da interdependência entre pastos-água-rebanho-força de trabalho-consumo, devo ter-te mesmo dito que a par de um equilíbrio ecológico-económico todas as sociedades pastoris estão também institucionalmente aparelhadas para não perder de vista aquele equilíbrio socio-económico que de uma maneira geral assegura com eficiência um acesso generalizado, senão à propriedade dos meios, pelo menos à sua utilização e ao benefício dos resultados, e pedi-te que retivesses a noção de equilíbrio. Equilíbrio ecológico, económico, social. Estratégias sociais e produtivas que visam mais o equilíbrio do que o crescimento que suporta as racionalidades económicas modernas. Quando te falei nisto, aliás, estava a atribuir a perfeita noção desta ciência, desta consciência e desta inteligência, àquele pastor desconhecido que imaginei enquanto divagava e via ao longe uma fogueira acesa, sentado no meio da estepe, sozinho. Já cruzámos até aqui com muita gente, com muito pastor, será que o Mwatyipula é esse? Provavelmente não, eu inclinar-me-ia mais para a figura de alguém como o Biloa, hercúleo e manso, por exemplo, ou para uma outra aparição que tenho encontrado em algumas *kutonda*s e quando venho cá pergunto sempre, *e o príncipe?* A nossa imaginação tende a eleger figurinos de opereta, se não nos cuidamos. Mas o Biloa é um homem demasiado novo, vejo-o atraído e mobilizado por muitas satisfações imediatas. O Mwatyipula não, só o vejo atrás do gado. Tem a sua família, há-de ter as suas coisas, há-de achar-se envolvido em muita complicação, mas mesmo à sua família só a vejo ocupada com o gado. Ele vive já com o pai, o muito mais-velho Tyikehe. Passou uma parte da sua vida de adulto na situação em que estão hoje o B. e o Batupo, a ocupar-se de um *sambo* satélite à *onganda* do velho mas, com o avanço da velhice deste, teve que vir ocupar-se de todo o rebanho familiar. É claro que uma tal redifinição de posições determinou cerimónias e implicou o sacrifício de um animal, o *yomahuba, muhuba* ou *muhuva* é uma corda de amarrar. Mas o velho continua vivo, e talvez esteja ainda para durar, mantendo uma brilhante vivacidade. É um homem pequenino, sempre muito bem tratado, todo untado de gordura da cabeça aos pés, e quando estive aqui instalado à sua beira, neste local descampado, *Kahandya, Mukakahandya,* onde se vê até muito longe, *lu kandya,* no meio das longas conversas que mantivemos, e me revelaram muito sobre o que foram a guerra de 40-41 e a recuperação que se lhe seguiu, foi sempre insistindo que na sua idade, obrigado a chamar já para a sua beira o filho que o há-de substituir, sinal de que a morte se calhar já está para breve, ficar na *onganda,* só a engolir funge e a chupar a carne rija porque dentes já não tem, é estar só a guardar o seu lugar no cemitério. Assim veio também, seguiu as transumâncias, o gado veio todo, o serviço de um homem é estar ao lado dos seus animais, é estar a ver os bois e o coração assim já fica sossegado. Olhando para ele, para o seu filho Mwatyipula e para um neto que tem e de quem tenho vindo a acompanhar o crescimento – era pequenino a tratar dos cabritos e quando aqui estive dessa vez já era ele que controlava o abeberamento das vacas no leito do Bero, agora se calhar já está nos *buluvulus,* encontrei-o outro dia e já é rapaz – estou perante três gerações que só têm olhos para os bois que as cercam.

O Mwatyipula não pára desde madrugada a tocar para o *sambo* as vacas que dormiram fora, a controlar, à hora de beber, os animais que não vê desde ontem ou anteontem, a contornar toda a área para localizar as que deixou de ver mesmo. No *sambo*, com ele, de manhã e à tardinha, vou registando os nomes das vacas, os seus *mu-hoko*, estórias das suas linhagens, vitelos cujas genealogias às vezes remontam às guerras dos *Kambari kongolo*. Apreciamos juntos o estado dos animais, as quantidades de leite que as vacas estão a dar, o desenvolvimento das crias. Às vezes, quando estou embalado nisto, arrisco-me a adiantar previsões acerca do aspecto que o rebanho geral poderá apresentar dentro de quinze dias, coisa que no meu tempo de pecuarista, de regente agrícola, tinha o orgulho de praticar com grande segurança perante qualquer rebanho de 500 ovelhas. Estamos de acordo, esta e outras são percepções que saem do coração e é isso que determina se você é "pastor" ou não. Abordamos questões de maneio, desmames e castrações, tratamentos e doenças, e a magna questão das pintas, das pelagens, as preferências de cada pastor, ligadas ao Fogo de cada um, vantagens e desvantagens que lhes estão imputadas. O Mwatyipula, como muitos outros, gosta das pelagens claras, que dá para ver os animais ao longe. *Pahue* é uma boa pinta e *evuvi* também. Basta olhar à volta. Lá longe, naquela encosta, para além da estrada, há gado *pahue* a pastar. Tão nítida a sua clareza na luz da manhã contra o ocre do capim e o verde pardo do resto da paisagem, dá para contar quantos são. Brilham na distância. Mas aí deixo-me absorver pelo recorte azul do Kanehuia no horizonte brumoso ainda, e fico de novo retido num novelo de ideias que me vem enrolando desde que aqui cheguei. Vejo-me assim do "outro lado" desse Kanehuia que me é tão familiar desde a infância, que era quando o via do outro lado, da Damba da Delfina, encostado aos Paralelos, onde o meu pai teve a concessão, ou então da casa da Bomba, no seu sopé, vertente sul. Daqui agora vejo-me lá, então, a olhar para cá. Ter-me-á ocorrido então ver-me de lá aqui, agora, mais de 40 anos depois, "do outro lado" do Kanehuia, quer dizer, da idade, a olhar para lá?

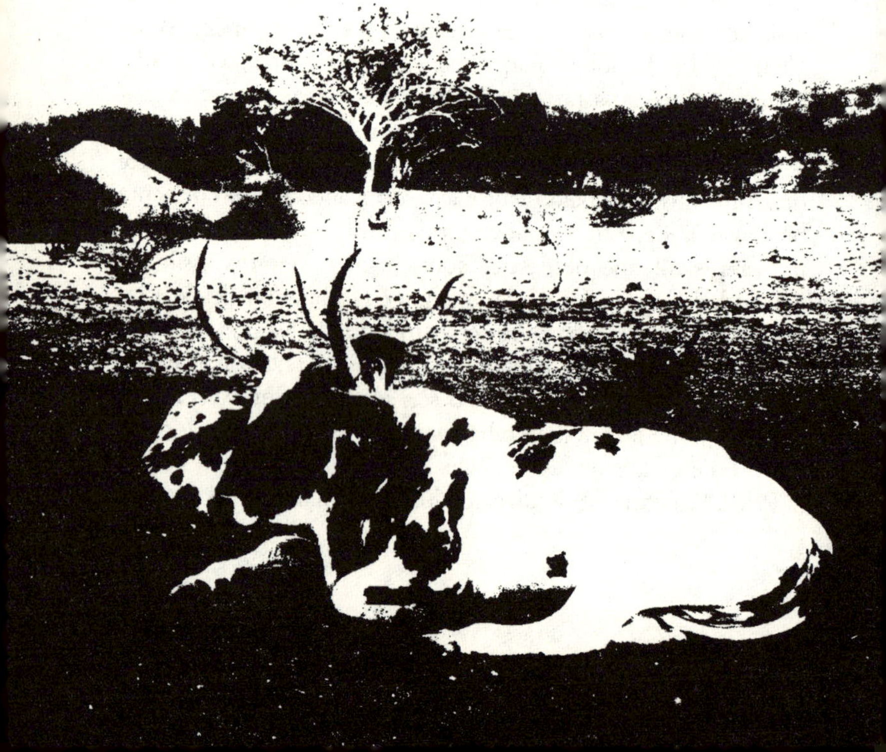

Volto a fixar os bois mas já dei abertura à divagação e como tenho andado a ler, nos escassos intervalos que me imponho apesar de haver tanta coisa para ver, para perguntar, para registar porque ler um pouco e estar sozinho de vez em quando são condições vitais para o meu equilíbrio, um livro da tal Maria Zambrano que se chama *A Metáfora do Coração,* olho para o *sambo* e pergunto-me se não será pertinente atribuir ao "boi" a qualidade de metáfora de tudo isto. Sim, ando sempre com livros atrás. Poesia aqui não leio, ando mais a prospectá-la e a urdir a minha, mas trago muitas vezes filosofia, e romances, e, claro, quando é a sério, bibliografia ligada ao que ando a tentar fazer, fotocópias seleccionadas para vir junto segundo o que me preparo para observar e inquirir de cada vez. Só que, frequentemente, as coisas tomam outro rumo e as fotocópias permanecem na sacola de couro onde as transporto. Sim, é mesmo preciso, neste caso, ler tudo o que há sobre sociedades pastoris, segmentárias, etc.. Para situares o que vês e o que recolhes no *corpus* da informação que te faculta o mundo da especialidade em que profissionalmente te moves; para insistir sobre aspectos que se te ocultam mas sabes, a partir do que estudas, que é impossível não poder assinalar também por aqui; para aferir, recusar ou sujeitar a revisão informações que te prestam, até para evitar gritar *eureka* perante *descobertas* teóricas que outros afinal já alcançaram antes de ti, ou mesmo para não revelares ignorância quanto a aquisições teóricas de que é suposto estares ao corrente porque constituem o capital de ofício ou simplesmente estão na moda. Se for ver no *laptop* quais são as entradas bibliográficas que imediatamente se referem à matéria que é suposto tratar nesta cassete, por exemplo, sei que encontrarei uma ou duas dezenas de tópicos como reciprocidade, solidariedades, acumulação, redistribuição, capital, estratificação, etc., e que o número de autores tratando matéria correspondente há-de multiplicar-se por três ou quatro. Desta vez não trouxe nada, fotocópia nenhuma, vim apenas com a estrita bagagem com que enfrentarei viagens de avião, mas em Luanda poderei fornecer-te as listas que quiseres.

Mas o Mwatyipula, como o pastor fictício lá de trás, há-de sem dúvida saber tudo acerca das interacções locais que me vão agora interessar e o que me disser confrontá-lo-ei a outros registos que tenho feito e ao que se passa noutras sociedades, antes de me arriscar a produzir versões em páginas escritas ou mesmo conversas como esta. Ele *no entanto move-se*, e resolve-se, no próprio terreno que a ciência apenas interpreta. Ele age, e a sua acção precede qualquer teorização.

Para além de visar imediatamente o tal equilíbrio funcional entre pastos, água, recursos animais e recursos e necessidades humanas, a partir do gado que maneja, maneia, manipula, o Mwatyipula está também, segundo a colocação estatutária que é a sua, permanentemente obrigado a ter em conta esse outro equilíbrio que é o das suas relações sociais. Ele é um homem casado e já feito, já voltou a viver com o pai e a substituí-lo na gestão do rebanho geral da unidade de exploração animal que os dois, mais os eventuais companheiros de *onganda*, constituem, já foi o herdeiro principal, preferencial, de um dos seus tios matrilineares. Isso obriga-o a estar virado para muita frente ao mesmo tempo. O velho Tyikehe é um homem ainda activo e lúcido mas já está muito velho, um desses dias vai morrer, e o Mwatyipula tem que manter-se ao corrente de todo o gado que está com o velho mas pertence à matrilinhagem do pai que o próprio velho teve. Desde que ele morra vão vir cobrar *nampingo*s. O rendeiro do velho virá buscar os bois "das custas" do seu tio, deixará algumas cabeças de que no entanto será preciso estar sempre pronto a prestar-lhe contas e é ao Mwatyipula que compete também informá-lo sobre o gado que está nas mãos dos *mwingona* do pai, exactamente como foi junto do filho do seu próprio tio que ele andava a esclarecer-se, quando o encontrei no Xingo. Ele tem por sua vez os seus próprios *mwingona*, a quem cede gado, *hupa*s, que se mantêm seus. E tem gado também espalhado pelas mãos dos seus *ahumbeto*, colegas de idade, *mutekwa-mukweto* e *bwandyie*, e dos *buluvulus* que são os seus filhos, e até de estranhos, algum desses *buluvulus* "profissionais" de que te falei atrás. No meio de tanta implicação alguns serão os outros, bem entendido. Um *ahumbeto* com gado seu poderá ser alguém que vai comparecer para receber um *nampingo* quando o velho Tyikehe acabar, se se der o caso de ser, por exemplo, o rendeiro do rendeiro do rendeiro dalgum daqueles "pais" classificatórios que oportuna e muito remotamente lhe tenha dado uma vaca que passou a ser *hupa*. A trama pode revelar-se, assim, e revela-se sempre, extremamente intrincada. O nosso discernimento de observadores jamais bastará para apreender, *sentir*, a total expressão orgânica da coisa. Isso é do domínio do Mwatyipula. Tu estás a vê-lo ocupado só com o gado que tem à sua beira. Mas a maior quantidade do gado que lhe diz respeito, e para isso não precisa ser nenhum *elombe*, nenhum homem muito rico, nenhum Hamuhapwa, basta-lhe ser um adulto do comum com uma carreira regular, a maior parte desse gado há-de estar fora. Por isso ele jamais poderá produzir uma resposta correcta e honesta quando lhe perguntam quantos bois tem, e os interventores, sejam agentes do Estado ou desenvoltos operadores da "ajuda", insistem sempre nisso. Olham à volta e perguntam, *não sabe como, então não são esses?* Não, não são. Esses, de que ele cuida directamente, a maior parte até talvez nem sejam dele, há bois aí que são da família do pai do seu pai, da do seu próprio pai, dos seus "pais", de *ahumbeto*s e de *bwandyie*s seus, e até, é muito provável, dos seus filhos menores, e das suas mulheres, e da família dos pais delas, que as mulheres também recebem *hupa*s, e por aí fora etc., questão de simetrias, de reciprocidades, de solidariedades, articulações de dependência, alocações, cortesia até.

Na cabeça do Mwatyipula toda esta imbricação, que para nós é apenas o painel de um sistema de propriedade plural, mais do que colectiva, há-de projectar-se de uma forma muito clara mesmo quando os canais de circulação se confundem ou confrontam entre si. É incidindo sobre esse quadro que ele poderá zelar pelos seus interesses e fundamentar os seus direitos, as suas vantagens, as suas obrigações e os seus resultados, gerir os equilíbrios que hão-de configurar a estatura social que for a sua. Acrescenta tu, agora, aos dados que introduzi, os campos de interacção que os dispositivos de controle constituem, tais como as multas e a feitiçaria. Concordarás comigo que "não é pouca tripa", como algum de nós diria à volta de uma rodada de cerveja, e que a cabeça do Mwatyipula tem que funcionar de uma forma que se ajusta pouco à imagem do Mucubal "primitivo", bêbado, arruaceiro e congenitamente ladrão. O Mwatyipula é, nos tempos que correm, um homem próspero que para tal tem que actuar de acordo com a gramática que lhe garante precisamente essa prosperidade, seja ela aplicada à gestão dos recursos naturais, à dos bois, à do seu lugar nas grelhas institucionais ou a relações com o *impalpável*. Uma prosperidade, aliás, que se processa à margem do progresso e das ideologias do crescimento que o pregam. Progresso e prosperidade não são sinónimos, e também a isso nós, observadores, somos chamados a estar atentos se queremos preservar alguma lucidez e não nos reconhecermos palermamente condicionados pela atitude etnocêntrica que a educação, a ideologia e a cultura tudo fizeram para nos inculcar.

\*
\* \*

Mencionei-te algures no decurso desta conversa de que maneira a educação das meninas, aqui, as ensina a não andar depressa mesmo quando se sabe que sobre as mulheres pesa um montante apreciável de tarefas na vida pastoril. Cabe-lhes a ordenha das vacas, embora aí sejam ajudadas pelas crianças e assistidas, ou mesmo substituídas, pelos homens quando estes se acham disponíveis ou essa função lhes está interdita por se acharem menstruadas. Mas são elas que se ocupam também da recolha da lenha e da água para os consumos da casa, e das refeições, incluindo a preparação da farinha que se obtem quotidianamente moendo a quantidade ajustada do milho em grão que guardam nos celeiros. Tudo isto é feito sem pressa. Quando estive acampado junto do Hamuhapwa, em 93, todas as tardes via uma meia-dúzia de mulheres juntar-se numa enorme lage onde passavam longas horas de cadenciado e moroso trabalho acompanhado pelo fluir de uma constante conversa, de interjeições, reparos ou interpelações dirigidas às crianças que gatinhavam ou brincavam à volta, e às vezes de breves coros, de canções. Aquelas horas de serena aplicação laboral preenchiam sem dúvida funções sociais que excediam os objectivos imediatos da tarefa, e não me foi difícil entender o escasso entusiasmo com que nessa altura eram acolhidas algumas partidas de farinha de milho que o abastecimento oficial fazia chegar até ao Virei. O povo era unânime: pedia encarecidamente que lhe mandassem mas era milho em grão. As mulheres, então, não apreciavam nada ver-se assim privadas de uma tarefa que mais do que trabalho constituía um tempo marcadamente feminino. A suposta vantagem da energia poupada não lhes compensava da obstrução assim declarada à oportunidade de comunicarem regularmente entre si estando todas juntas, decantando informações, medindo questões e aferindo posições em relação à trama social envolvente, ao mesmo tempo que o automatismo e a ligeireza da tarefa eram mais entendidos, julgo, como uma inteligente maneira de entreter os ócios dando ao mesmo tempo provimento a um desempenho de mulheres investidas nas suas responsabilidades no quadro da organização do trabalho comum ao grupo inteiro. Uma questão, portanto, de dignidade também. Manifestamente, aqui, não impera a fórmula de que "tempo é dinheiro", talvez também porque o dinheiro, neste sistema, de forma alguma constitui valor padrão por onde aferir os resultados da produção e da produtividade. Evidências como esta, facilmente aplicáveis também aos termos de valorização do gado explorado, terão levado à enunciação e à prevalência daqueles juízos que imputam às sociedades pastoris uma marginalidade económica manifesta, institucionalizada e irredutível, expressão afinal de uma "irracionalidade primitiva".

A tendência para acumular gado sem visar os benefícios financeiros que adviriam da sua venda no mercado, a resistência de todas as sociedades pastoris em participarem nesse mesmo mercado, ainda quando lhes são feitas aliciantes propostas de montantes em dinheiro e a exploração dos animais orientada para a valorização de factores com um interesse mercantil nulo, como a cor da pelagem e o tamanho ou o feitio dos cornos, ocorrem aos olhos do senso comum envolvente e dominante como marcas inequívocas dessa irracionalidade.

*

Existe como seria de esperar, desde que as sociedades pastoris merecem a atenção das ciências que dão pelo nome de economia, antropologia, etnologia, sociologia, etc., um debate sobre a própria racionalidade de tais imputações. Um trabalho que fez data, e continua a ser uma referência incontornável, é o famoso artigo de Melville J. Herskovits "The Cattle Complex in East Africa", datado de 1926. Trata-se de um trabalho notável, que utiliza e relaciona toda a informação disponível ao tempo, mas o que a comunidade científica reteve sobretudo foi a especulação teórica e erudita que aí sublinha, precisamente, o desajustamento da lógica produtiva pastoril às ordens quantificáveis que a racionalidade económica moderna estabelece. Os resultados, traduzidos em carne ou em leite, que o mercado deveria absorver, são aí por assim dizer delapidados em cultos e em acumulações economicamente improcedentes. A reacção a este tipo de assumpções teóricas, marcadamente etnocêntricas e sujeitas portanto a colisões de fundo com a perspectiva relativizante que os tempos foram afirmando, terá levado à afirmação e à defesa de outros pontos de vista que transformavam agora o pastor africano num *homo economicus* absoluto, investido em acções que lhe conferiam o perfil de um autêntico *investidor* nos terrenos de um verdadeiro "capitalismo pastoril". Toda a terminologia da economia moderna passa a intervir na análise. O gado é assimilado a capital, e até a dinheiro, e crédito, seguro, valor, maximização, etc., são conceitos retidos como pertinentes para decifrar, entender, explicar os sistemas pastoris. Novas reacções, evidentemente, não se fizeram esperar. Outros especialistas não deixaram por exemplo de chamar a sua atenção para o facto de o gado, mesmo o gado miúdo, as cabras, dificilmente poder ser equiparado à moeda que circula nas transacções mercantis. Não é portátil nem divisível, entre outras coisas. Por outro lado continuou a entender-se como um vício etnocentrista a assimilação de todos os processos de troca a estritas transacções comerciais, o que levaria, nomeadamente, a considerar as prestações matrimoniais como a satisfação de um "preço" atribuído às noivas ou as multas correspondentes a uma morte violenta como o "preço"de um cadáver. Eminentes desbravadores da antropologia económica, como Meillassoux, entre cujos discípulos me conto, franquearam sistemas produtivos endógenos de muitas sociedades africanas recusando terminantemente o jargão e os termos de um paralelismo com a economia de mercado, considerando-o mesmo, nalguns casos, abusivo e ideologicamente marcado.

A "démarche" antropológica, ou etnológica, ou simplesmente comunicativa, é no entanto intrinsecamente comparativa e esse paralelismo continua a fornecer uma plataforma de inteligibilidade e um recurso de exposição adaptados não só pelos observadores como também pelos sujeitos observados. Das minhas recolhas de terreno constam várias alusões à categoria "banco" e à noção de benefício extraído da alocação de gado. Aludi-te a isso quando tratámos dos *nampingo*s. Os bois que são entregues aos filhos, aos *mwingona*, aos *ahumbeto* e a outros intervenientes nas cadeias da reciprocidade e das solidariedades, além de ilustrarem a necessidade de manter o gado disperso por razões de segurança e a vantagem de fazer incidir sobre eles a aplicação de trabalho alheio, constituem da mesma forma um factor de rendimento, é como se fosse *dinheiro num banco* porque lá esses animais vão crescer, vão reproduzir-se, e assiste-me o direito de apropriação sobre esses resultados. Esse valor acrescentado tem nome, é *ya tyita*. Recorrer a ele chama-se *kuridimbula*.

Ninguém, parece, põe em questão o facto de poder aplicar-se a todas as sociedades do mundo uma fórmula de percepção económica que contemple, já to sugeri atrás, o conjunto das actividades que combinam os recursos, o trabalho e a tecnologia com vista à obtenção de um máximo de resultados a troco de um mínimo de custos. Mesmo quando, na situação a que há pouco aludi, o milho em grão é preferido à farinha, com um correspondente acréscimo de trabalho, a aparente irracionalidade imediata do critério pode facilmente ser desmentida porque em grão o alimento é mais fácil de preservar e de armazenar e sobretudo, talvez, pela prevalência de uma outra racionalidade, aquela que tem em conta o custo social que representa privar as mulheres de uma ocupação que lhes assegura outra ordem de benefícios e até talvez de rendimentos: os que advêm do preenchimento do tempo e do lugar vital da comunicação nos domínios da sociabilidade, e os que correspondem às realizações estatutárias dentro dos parâmetros da afirmação pessoal que o sistema contempla. A economia é uma questão de ganho, bem entendido, mas é também sempre ao mesmo tempo uma questão de cultura, e é a cultura que a inscreve em quadros particulares, específicos, de equilíbrio geral, ecológico, produtivo, social, a que é preciso atender. Por toda a parte as estratégias maximizantes serão uma constante, uma expressão da vida de uma sociedade num determinado meio. Mas maximização de quê? É aí que as lógicas colidem e os confrontos se manifestam.

Para admitir que assim é bastará talvez determo-nos tão brevemente quanto possível em aspectos tão apreensíveis como os objectivos que se visam em termos de produção animal e deitar uma olhada para o lado das operações zootécnicas que lhes assistem. Nenhum homem kuvale desmentirá os méritos do "gado dos Brancos", julgo que já te insinuei isso lá para trás. Ele render-lhe-á toda a justiça em termos de precocidade no crescimento, capacidade de transformação de pastos em carne e em leite e realização de maiores índices produtivos. Mas esse gado anda pouco, anda mal, precisa de beber todos os dias e de maiores cuidados, resiste menos, muito menos, ao calor e à seca, e os machos, os reprodutores, são grandes de mais para muitas das nossas vacas, podem facilmente *partir* uma *nema* em início de carreira. As vacas de raça, por seu turno, são menos chegadas às crias e este apego às crias é um factor muito valorizado porque ajuda a controlar o grosso do rebanho, constituído por um gado de marcada vocação deambulatória, adaptada aliás a um sistema de exploração que se fundamenta na mobilidade. Recorda o que te disse quando te falei do meu *Bos ecologicus:* entre os reprodutores do gado kuvale nenhum é tão valorizado, independentemente do seu porte e da aptidão leiteira que as suas ascendência e descendência revelem, como aquele animal a que se atribui a qualidade de ter *luthipa,* rijeza, resistência à seca e às condições exíguas de pasto e água, intrínsecas ao meio. Assim, as estratégias de selecção e de melhoramento que os pastores kuvale observam com a mesma aplicação e obstinação que investem em tudo o que diz respeito ao gado, atêm-se em prioridade, e muito racionalmente, a razões desta índole. Por isso também o seu gado se repõe com uma incrível, aos olhos dos estranhos ao sistema, rapidez e eficiência mesmo após as maiores calamidades. Outros factores intervirão, sem dúvida, na selecção dos reprodutores: a pelagem, o "berro" e os cornos. São factores que intervêm nessa outra ordem de contas, de razões maximizantes, a que poderei chamar de balanço social. Vigoram padrões de excelência para os produtos que são visados e são eles que naturalmente constituem os objectivos da produção. A produção de fêmeas aptas a facilitar a obtenção de crias e o acesso ao leite é obviamente a intenção dinamizadora de todos os processos. Mas a produção de *du mintho*s, bois castrados que se destinam a funções de representação nos óbitos e a consumos de carne ritualizados e solenes, serve muito melhor como ilustração da lógica produtiva dos Kuvale. Esses animais, apesar de constituírem a expressão máxima da capacidade local de produção de carne, são criados a pensar de facto em tudo menos na sua venda. Quando muito, havendo fartura deles e pertencendo algum a um jovem que não pense vir a morrer tão depressa assim e não esteja ainda investido da posição estatutária que lhe permita sacrificá-lo ao culto dos antepassados, um *du mintho* poderá vir a ser trocado por uma *nema* de que fica a esperar-se a produção de muitos mais *du mintho*s. Ora quando alguém pretende transaccionar com os Kuvale, trazendo até eles mercadoria, panos, vinho e milho, principalmente, para trocar por animais, é para os *du mintho*s que olha, não poderia deixar de ser. São animais adultos a que a racionalidade mercantil não reconhece outro destino admissível senão o do seu abate para a comercialização da carne, e em que a racionalidade técnica reconhece apenas, por sua vez, unidades animais que já atingiram o seu peso máximo, não crescem nem aumentam mais, portanto estão a desperdiçar o capim que comem. Que os *du mintho*s intervenham como elementos chave no âmbito de uma racionalidade social sem a qual todo o sistema que permite produzir animais tão soberbos num meio tão adverso se desmoronaria, escapa de uma maneira geral, e quase inevitavelmente, porque as coisas são mesmo assim, aos comerciantes e aos técnicos. Mas a lógica dos comerciantes e dos técnicos, que domina sobre o senso comum envolvente, é pressionante, e o confronto emerge não como o embate entre duas lógicas ambas estritamente racionais mas como a irredutível colisão entre duas visões, duas dinâmicas do mundo. À dinâmica económica dos equilíbrios contrapõe-se a do crescimento (não te estou a falar de desenvolvimento mas de crescimento) e esta não se compadece perante a evidência gritante, sobejamente ilustrada por exemplo, e só por exemplo, na Nigéria e no Kénia, de que nenhuma fórmula de intervenção deu até hoje bons re-

sultados junto de sistemas pastoris "tradicionais", antes se tem saldado em todos os casos por desenvolvimentos que arrastam populações inteiras, de alguma forma prósperas e aptas a viver e a reproduzir-se satisfatoriamente, para a indigência por vezes a mais total e aberrante, capaz mesmo de assumir uma feição etnicida, por um lado, e pelo outro aniquiladora de recursos naturais donde jamais nenhuma ideologia do crescimento virá a extrair seja o que for, a não ser esgravatando no subsolo de uma paisagem antes povoada por seres humanos inteiramente realizados e agora destruídos como sujeitos ou dali muitas vezes banidos a pretexto de precisarem de ajuda. O carácter invasor, expansionista e imparável – porque parando sossobra – da dinâmica do crescimento, actua muitas vezes por intermédio de um incauto voluntarismo exercido até por pessoas prontas a compadecer-se seja do que for e satisfatoriamente confortadas, no seu foro íntimo, por terem sido chamadas a exercer o apostolado da conversão do mundo inteiro à lógica de uma acumulação divinisada à escala planetária, cuja expressão mais recente, à data em que estou a gravar-te isto – sempre vou ouvindo as notícias e assimilando o jargão – dá precisamente pelo nome de *lógica dos mercados financeiros.*

Atenção, estarei eu a cair no erro de uma radicalização romântica ou de uma beata excentricidade que pretenda contrapor o monstro do crescimento ao quadro idílico de um equilíbrio kuvale? Espero bem que não e nem estou muito virado para a assumpção de militâncias seja em que sentido for.

*

A economia doméstica, desmonetarizada e virada para a exploração de recursos primários a que os últimos vinte e cinco anos obrigaram muitas populações angolanas, vigorava então já aqui em pleno, e não como modalidade alternativa, de sobrevivência. Desenvolvia e desenvolve um modelo coerente que nunca deixou de atender à auto-suficiência quase absoluta do grupo, revelando sempre, mesmo sob a pressão do domínio colonial e da acelerada mudança económica e social que durante os seus últimos anos foi de efeitos tão marcantes para a maioria dos Angolanos, uma surpreendente vitalidade e uma notável capacidade no que respeita à preservação das suas dinâmicas e articulações estruturais, das suas lógicas e das suas racionalidades. As quais no entanto, evidentemente, continuarão a ser postas sistematicamente em causa.

Mas é pura obstrução. Porque está ao alcance de todos reconhecer que a racionalidade é a mesma, apenas as colocações e as extracções são diferentes. Até a proverbial fama da aversão dos Mucubais ao trabalho assalariado é prova disso. Se fores espreitar aos papéis do séc. XIX vais encontrar registos onde já há quem, lamentando-o embora, não se deixe surpreender pelo facto de esses esquivos pastores dos vales do Bero e do Giraul constituírem um débil recurso de mão-de-obra para a frenética urgência com que os colonos se mostravam empenhados em incrementar o aproveitamento das potencialidades agrícolas que ali se lhes ofereciam. À medida que ocupavam os terrenos que até aí justificavam a presença no local de tais populações com os seus rebanhos, viam-nas muito racionalmente abandonar essas paragens sem que as hipóteses que lhes eram oferecidas ou impostas no sentido de colaborarem ou de se deixarem integrar fornecendo força de trabalho se revelassem capazes de detê-las, ainda quando reduzidas pela via do saque e das pressões a uma situação de aparente indigência que aos olhos do ocupante bastaria para sujeitá-las fosse ao que fosse. Não. Fogem, afastam-se, somem-se por esses sertões adentro, de nada adianta garantir-lhes ração e produtos de introdução recente como panos, adornos e aguardente com que satisfaçam necessidades tidas por elementares e lhes alarguem até o espectro, decidindo-as a partilhar dos benefícios do progresso. A alguns observadores e comentadores dá-se perfeitamente a ler que à satisfação das suas necessidades e mesmo ao acesso, pela via da troca, a produtos de introdução europeia, o gado que irão trabalhar longe da costa será sempre uma alternativa ao trabalho praticamente escravo que a iniciativa alheia lhes propõe. Eles estão a agir muito inteligentemente, muito racionalmente, porque afinal para além das escarpas das margens dos rios se lhes oferece um território imenso, cuja aridez, vastidão e mistério intimida os Brancos mas que para eles constitui uma geografia familiar e propícia à manutenção e à reprodução dos seus rebanhos.

E continua a ser assim até aos dias de hoje. É de tal forma assim que os Mucubais estão cheios de bois e de cabritos e mesmo na cidade, quando a ela descem com gado para o introduzir no sistema local de mercado, são pródigos em consumos ostentatórios, sobretudo de bebida, que deixam as outras populações abanando a cabeça de admiração e choque. Há portanto produção e acumulação. A irracionalidade que a óptica urbana assinala é a de não reconverterem essa prosperidade naqueles consumos que a lógica ocidental associa a riqueza. Estão ricos e só esbanjam a riqueza em vinho, continuam a vestir-se com um pano à frente e outro atrás, a dormir em cima de peles e dentro de casinhas que parecem fornos, e até rapazes que aprenderam a ler nas Fapla, e sabem muito bem que há outra maneira de viver, se reconvertem a essa *miséria*.

O modelo é outro, de facto, tanto no que se refere às rentabilidades visadas como ao público junto de quem interessa exibir as provas do sucesso. Exibir colecções de avantajadas e luzidias viaturas acumuladas num quintal urbano confere prestígio ao seu proprietário e dá expressão pública do poder que lhe assiste no contexto em que os seus talentos são rentáveis e rentabilizáveis. Exibir colecções de avantajados e luzidios *du mintho*s preenche exactissimamente as mesmas funções e tem em conta as mesmas absolutas estratégias, só que referidas ao contexto em que os *du mintho*s valem como resultado económico e realização pessoal. Em que domínios se revela a afirmação pessoal no seio de uma determinada sociedade? É isso que dará notícia dos códigos – económicos, éticos, morais e culturais – dessa sociedade. Em toda a parte as manifestações de afirmação pessoal se revelarão aferidas à bolsa local de valores e prestígios. Em toda a parte um agente economicamente activo visará maximizar os resultados que o modelo no interior do qual se move prevê, admite e exige. O que talvez perturbe mais as racionalidades urbanas, porque vêem assim imediatamente relativizado o seu império económico e ideológico sobre o mundo, é que logo ali ao lado existam homens ricos que se afirmam como tal à margem da gramática dominante, desmentida e desafiada dessa forma enquanto programa e bitola universais.

Os Mucubais apercebem-se disso, evidentemente. Mas a sua riqueza faz-se de bois, eles extraem bois do "deserto" porque souberam preservar um sistema de exploração animal que garante essa possibilidade, e esse modelo comporta as exactas modalidades de relação social que o garantem como um sistema operatório e economicamente interessante. Quer dizer, se o modelo fosse outro ou descurasse a prevalência dos seus próprios termos, inclusive no que se refere à relação entre as pessoas com o meio e entre si mesmas, talvez também não houvesse bois, pura e simplesmente. E são esses os termos que muitas vezes confundem o juízo dominante.

*

O modelo económico que baliza a actuação e garante a prosperidade actual dos Kuvale, ao mesmo tempo que dá oportunidade à emergência de homens ricos, uma versão local de "big-men", também exige, por exemplo, que a sua afirmação e preservação como tal passe pela redistribuição directa dos resultados acumulados. Trata-se de um modelo endógeno africano, fundamentado portanto na reciprocidade, e reciprocidade implica redistribuição. Para quem não ande completamente distraído, há-de impor-se a evidência de que a reciprocidade e a redistribuição constituem termos de tal forma sedimentados como traços culturais do comportamento africano que, mesmo nas práticas correntes de algumas economias que se declaram modernas, a sua prevalência pode revelar uma surpreendente tenacidade. Ainda quando inserido em economias que adoptam explicitamente o modelo mercantil e empenhado em projectar-se como produto de primeira qualidade da sua lógica e dos seus valores, não há homem próspero africano, por mais engravatado e empulseirado de ouro que se apresente, que não se sinta, por opção de consciência pessoal ou coagido por pressões de ordem familiar ou outras, levado a partilhar com as retaguardas donde se destaca como sujeito, sejam elas rurais ou urbanas, o benefício que advém do seu sucesso. Ele vai ver-se estimulado ou obrigado a redistribuir vantagens. Quando não riqueza quantificável, pelo menos lugares e posições dentro do aparelho e dos circuitos em que soube vingar. Sendo homem avisado, o que muito provavelmente é o caso pois de contrário também não tinha chegado aonde chegou, saberá naturalmente rentabilizar, económica, social e até politicamente, a sua observância de razões assim tão "tradicionais". É claro que as leis da reciprocidade tradicional transferidas para o mundo moderno dão oportunidade a muita situação pouco ortodoxa quando avaliada seja por que óptica for. Muitos dos aspectos mais marcantes, e chocantes, da actual, endémica e para durar crise dos Estados africanos modernos, como a corrupção e o tráfico de influências, não custa associá-los a tal fenómeno. Por isso é que, em meu entender, qualquer análise da realidade africana tem que tentar ver, sem medo de ofender susceptibilidades, como os vários modelos se articulam e às vezes se integram. As expressões, os comportamentos, as diferenças, as identidades, as *maneiras*, fazem-se disso.

Mas aqui, entre os Kuvale, uma vez mais uma prática como a redistribuição não se impõe como uma sobrevivência cultural, como a incidência de um arcaísmo exercido mais ou menos à sucapa, mais ou menos discretamente para não susceptibilizar em demasia a moral e a generosidade dos gestores da finança internacional. Ela aqui é directa, franca e imediata, isto é, faz parte da substância conceptual e operatória de um modelo económico que vigora e dá provas.

# Malola
*onde se joga ao sistema e o sistema se joga...*

A não ser um maluco que deambula pelos *sambo*s da Malola e não anda nem mais gordo nem mais magro do que os outros porque em toda a parte encontra parentes que partilham com ele aquilo que o gado dá, não encontrei nunca nenhum Mucubal que não se ocupasse de bois mesmo quando nem um lhe pertencia de facto. O próprio sistema de exploração dos animais garante a redistribuição do leite. Quanto à redistribuição da carne, ela assume quanto a mim dois tipos de maneira. Ou ocorre também como implícita ao sistema de exploração dos animais, porque há sempre uns que morrem de doença ou fome e sede, em anos maus, e esses são comidos por quem cuida deles, ou a carne de alguns *du mintho*s é colocada ao alcance de todos em ocasiões que se revelam simultaneamente actos de redistribuição, de ostentação e de culto. Cada vez mais se te vai revelando, espero, que estás perante uma sociedade integrada. O consumo a que o culto de espíritos dá oportunidade, como os de *makumukas* entre as mulheres e os de *londongo* entre os homens jovens, fui-te falando disso quando a conversa apontou para aí, são já modalidades de redistribuição do segundo tipo. Mas a redistribuição de carne mais explícita e instrutiva, para nós, ocorre com abates que se reportam a cultos dirigidos a antepassados de homens ricos, precisamente.

Quando choveu e a chuva já parou, os *buluvulus* voltam a concentrar-se no Evau e os *sambo*s dos adultos jovens convergem para a área das *onganda*s, o gado está gordo e o tempo faz frio, chegou a altura de quem é rico e instalado na vida dar ao mundo a prova disso. É a estação chamada do *pepela*, a da viragem do ciclo anual, a das festas e da afirmação do sistema e dos desempenhos que o sistema enquadra. Os titulares das *ongandas*, na zona, vão estabelecer, a partir do mês de Junho e por todo o Julho adentro, um calendário de abates sacrificiais que, tendo o ano sido bom, hão-de entupir a vizinhança toda com carne. A fartura vai ser tanta que até os cães, como o Paulino me assinalou de uma vez, adormecem com carne na boca.

Nessa altura vais ouvir, de semana a semana, o berro das trompas de corno de olongo, *ondyiembo*, que os *buluvulus* sopram a conduzir os *du mintho*s que trazem do Evau para sacrificar nas *onganda*s. Quando um animal destes é conduzido em silêncio por um só pastor, saberás que o seu destino é ser morto num óbito. Acompanhado por 4 ou 5 pomposamente ataviados rapazes, untados, luzidios e freneticamente empenhados em soprar nos seus "berrantes", ele vai é ser eucaristicamente consumido numa *kutonda*. Uma situação dessas vai congregar muita gente. Durante todo o *pepela* de 94, ano em que acompanhei uma boa meia-dúzia, nenhuma *kutonda* deixou de implicar o abate de dois animais, um de *hupa* e outro de *ehako*, permitindo assim, por razões de que te falarei à frente, alargar os convites a gente de todas as *mahanda*s, de todos os estatutos e de todas as identificações étnicas e raciais, eu incluído. Para mim essa sucessão de *kutonda*s abriu-me vastas possibilidades não só de observação e inquérito mas também de apreensão emotiva de totalidades e de tonalidades muito reveladoras. De alguma forma experimentei o privilégio de ver desenrolar-se à minha frente uma apurada representação de todo o "jogo" social kuvale. A categoria "jogo" impôs-se-me mesmo, na altura, de uma forma certamente excessiva porque regressando a Luanda, depois dessa série de *kutonda*s, andei a vasculhar por tudo quanto tinha lá em casa que pudesse elucidar-me sobre a teoria dos jogos, como anteriormente já me tinha acontecido em relação à das "catástrofes". Desta vez devorei à mesma tudo quanto estava ao alcance, desde a teorização remota e fundamental de Huizinga, a que já tinha recorrido quando o trabalho junto dos Axiluanda me levou a explorar o futebol como revelador de dinâmicas associativas entre aqueles pescadores da costa luandense, até às de Von Neumann e de Mongenstein, matemáticos que aplicam as hipóteses do ganho à interpretação do comportamento económico e das suas estratégias, passando por Goffman e pela sociabilidade como jogo e pelo famoso artigo de Geetz sobre o combate de galos na Malásia. Finalmente deixei-me fascinar desta vez foi pela formulação de Roger Caillois, antiga mas muito da minha simpatia e inclinação, que atribui ao exercício elementar de ser um homem vivo entre outros homens, alguns deles muito mais vivos, o suficiente para fazer da vida um jogo: competição, sorte, vertigem e simulacro. É matéria que fica também para outros serões, talvez para quando fores tu a acolher-me em Londres. Por agora vais achar bem que insista apenas na noção de jogo como uma inocente metáfora tão-só para te colocar face à "regra do jogo" kuvale, já que evidentemente ela tem que existir, e ao corpo de códigos que a instaura, mantém, defende e reproduz.

*

Na véspera, a partir do meio da tarde, vais ver homens que dão um arranjo à *thifa* da pessoa que está a promover o acontecimento. Essa frente de paus de *mwahina*, para aí com dois metros, implantados na vertical no topo de um outro conjunto de paus semelhantes assentes longitudinalmente no chão a partir do conjunto de pedras no centro do qual arde o Fogo da família em questão, falei-te disso quando te descrevi uma *onganda*, é onde se encontram já os cornos de animais sacrificados em ocasiões precedentes. Nesta altura esse conjunto é desfeito, são substituídas as estacas que o tempo fragilizou, o dispositivo é restaurado, as armações antigas recolocadas entre os paus, entaladas pela pressão reassegurada, e a elas virá juntar-se a do *du mintho* cujo sacrifício vai mobilizar a participação, a intervenção e a presença de muita gente, homens e mulheres chamados a desenvolver várias tarefas, um número elevado de parentes do dono da festa. Há serviço tanto para homens como para mulheres, preparar a *thifa*, abater o animal, esfolá-lo, dividir-lhe e cozinhar-lhe a carne, prover aos fornecimentos da água e da lenha necessárias.

Quando a *thifa* já estiver a ficar pronta, o sol já a entrar no horizonte que a mata de *mutiatis* e os morros baixos de granito amarelo fragmentado em grandes blocos sustidos uns pelos outros definem a curta distância, é quando começam a chegar grupos de convidados, nalguns casos famílias inteiras que entram na *onganda* em fila indiana pela porta pequena, os homens à frente com a manta e o seu prato de madeira, *matemba*, suspensos do pau que assentam ao ombro, e as mulheres e as meninas com trouxas à cabeça porque já vêm para pernoitar ali. Esse pessoal feminino vai juntar-se às donas da casa na *kapata* da retaguarda, e os homens vêm cumprimentar à volta do *elao*, desse altar que acaba de ser beneficiado. Pouco depois serão todos servidos de pirão de milho e leite, encargo dos anfitriões.

A primeira *kutonda* a que assisti decorreu precisamente na *onganda* do velho Tyikehe, pai do Mwatyipula, antes de terem mudado para o *sambo* ao lado do Bero onde depois estive com eles, e foi este, o filho, que assumiu a coordenação de todas as operações que se seguiram. Vim também de véspera, para poder acompanhar tudo, e pouco depois da chegada das primeiras visitas, antes de lhes ter sido dada comida, fui, como todos, incluindo as pessoas de casa, homens, mulheres e crianças, marcado com *mpeio,* o caulino branco purificador que intervém em todas as cerimónias de culto e tratamento. Nessa ocasião já estavam em acção os dois *mwarilume,* porque eram dois os animais que iam ser sacrificados. Cada um deles, ao aplicar o pó nas fontes e na testa, nos braços, nas costas e nas canelas dos circunstantes, invocava os antepassados a quem iam ser dirigidos os sacrifícios. Dirigiam-se-lhes mencionando a identificação referencial do *clan* que tinha sido o de cada um deles, *oh tu mukwanaholongo, hendyie, hendyie, kwata, kwata, segura, segura bem os teus filhos,* no caso do muito remotamente finado pai do muito velho Tyikhehe, que tinha sido *Mukwatyite,* e *mukwandongo,* para o pai de uma das suas mulheres, a quem era dirigido o segundo sacrifício. Cada um dos *mwarilume,* preparados para oficiar durante a *kutonda* inteira, tinha sido designado entre os parentes locais dessas *mahanda.* Quando lá para trás te envolvi naquele óbito em que decorreu o pagamento dos *nampingo*s devo ter-te fornecido os dados suficientes para poderes situar um *mwarilume,* alguém do comum designado *ad hoc* para desempenhar funções sacerdotais em situações que impliquem comunicação com os antepassados. Uma *kutonda* é uma dessas situações e amanhã, quando um destes mais-velhos, agora a exercer como *mwarilume,* vier por sua vez a sacrificar também a um dos seus pais falecidos, pode muito bem acontecer que aquele que o investiu agora nestas funções venha a desempenhá-las lá, se for da *eanda* do pai em questão.

Na altura em que se estava a proceder a essa benzedura inaugural o gado vinha já sendo introduzido na área da *onganda,* para dormir aí também, concentrado à volta dos *du mintho*s trazidos do Evau pelos *buluvulus.* Aquele que era propriedade do mais-velho Tyikehe era um magnífico animal claro, de avantajadas proporções de corpo e armação. O da sua mulher era um bicho de cor encarnada, *o sonde,* de porte mais modesto e configuração taurina. Tinha sido castrado já depois de utilizado como touro, o que fazia dele uma vítima muito pouco ideal.

Parte da sua carne haveria de vir a ser consumida como substância sacralizada e um touro é, por inerência de funções, impuro, não porque o seu papel seja o de cobrir as vacas, mas porque desta forma se misturou com muita fêmea estranha, até alheia, na confusão de animais que uma área de pastagem sempre acolhe. Os rebanhos pastam à solta e misturam-se.

Ambos os animais foram abatidos de madrugada e sem derramamento de sangue, por pressão sobre a garganta. O abate de um animal nestas condições é uma operação fértil de disposições rituais de que não é a altura para expor-te todos os detalhes. Ele é derrubado por um grupo de homens jovens. Um deles segura-o então pelos cornos e fixa-lhe a cabeça contra o chão, com o focinho para baixo, e aplica-lhe o seu joelho direito na base da garganta, com o tronco flectido para a frente, encostado à espádua da vítima. Assim todo o seu peso incide sobre o local da pressão, até que o animal expira. Segue-se a "despelagem", *kuliuva,* daquela enorme massa de carne quente, que deita vapor e ainda estremece quando é descoberta. Tudo isto é feito com uma grande perícia, como deves imaginar. Mas de qualquer maneira o abate de um animal desta envergadura física e estatutária não está isento de perigos e implicações. Todos os homens que nele intervêm são benzidos pelo *mwarilume* antes e depois da agitação que acompanha a tarefa, primeiro com *mpeio* e depois com excremento do próprio animal abatido, e a todos é colocada uma pulseira de casca de *mwahína*. O homem que lhe tirou a vida – no caso do *du mintho* do Tyikhehe foi o nosso Biloa – quando a despelagem termina e a pele inteira fica presa à cabeça, que só será esfolada mais tarde, dá um nó, *empu,* com aquela porção de pele que corresponde à papada do animal, *ondanda,* que passa agora a chamar-se *mukova*. Ele está desta forma a amarrar também a sua vida e essa porção de pele pertence-lhe, é a sua paga, é o seu *mukaminu*, com ela forrará o punho da sua *mutunga*, da sua adaga.

Depois é a desmontagem da carcaça, nova demonstração de grande saber e exímia prática, que para mim sempre implica um desdobramento frenético de actividades de registo, a fotografar e a desenhar, às vezes às escuras, no meu caderno pequeno de capa dura, após ter entregue o gravador ao Paulino e falando sempre, a fazer perguntas, porque é da conversa registada que extrairei mais tarde a informação que me há-de permitir decifrar as fotografias, e pedindo a alguém que vigie os meus movimentos para me deter antes que eu vá esbarrar, no envolvimento das minhas atenções e desatenções, com as pessoas e os animais que se mantêm à volta. Cada região, cada músculo, cada membrana e tripa e osso tem nome, significa, tem destino, está ligada a alguma função ritual, e embora não saiba se algum dia acharei maneira de trabalhar e expor toda a informação de que disponho a este respeito, também nunca desprezei nenhuma ocasião para acrescentá-la.

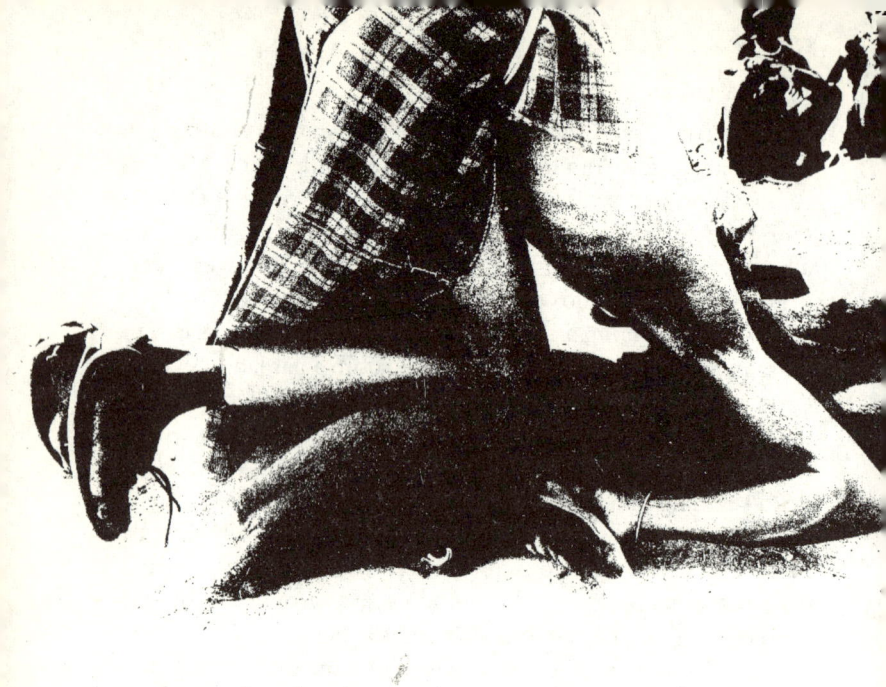

Enquanto isto decorre já há água ao fogo dentro dos meios tambores de 200 litros que durante todo o *pepela* vão circular de *onganda* em *onganda*, onde ocorrerem *kutonda*s. Aí vai entrar a primeira carne, *ehá,* e é com a gordura dessa primeira cozedura – toda a carne é só cozida, sem que nada lhe seja adicionado, nem mesmo sal – que se procede à cerimónia que inaugura a ingestão desenfreada de proteína que vai desenrolar-se ao longo de dois dias. Às 6 da manhã a carne está a ser provada pela família anfitriã – é o *kumakela*. As pessoas são ungidas, pelo *mwarilume*, claro, com o óleo já sacralizado do *du mintho* sacrificado. Está aberta a carne. Mas qual carne? Nem toda a gente vai comer assim de qualquer carne à toa.

Se o boi sacrificado for de *hupa* – e era esse, na *kutonda* que estamos a acompanhar, o caso do boi do mais-velho Tyikehe – o consumo da sua carne está ligado a restrições muito alargadas. Não a come nem sequer lida com ela quem não for considerado Mucubal "legítimo e afiançado". Mesmo os homens que o matam, esfolam, lhe dividem a carne e a cozinham, assim como as mulheres a quem cabe o provimento da água e da lenha necessárias, são designados atendendo a critérios de "pureza". Se o animal for de *ehako*, esses mesmos critérios só se aplicam àquela parte da carne que corresponde à parte do corpo a que se associa a morte do antepassado que através dele está a ser "orado". Como esse antepassado, numa *kutonda*, é de uma maneira geral o pai do dono do animal em questão, a memória do seu passamento assegura a identificação dessa região anatómica. Morreu com dores no peito, ou nas costas, ou em situação de incontinência urinária...

Eu e tu, que somos estrangeiros e estranhos, jamais tocaremos nessa carne, que se chama *vithila* ou *vipotota*, nem em qualquer espécie de carne de um boi de *hupa*. Esta última disposição, porque uma *kutonda* se trata de uma manifestação de riqueza e de fartura que por definição responderá tanto mais a essa função quanto maior for o número de pessoas aplicadas a comer carne, exige a criação de oportunidades paralelas e alternativas de consumo. O problema é, sempre que possível, resolvido com o abate de um boi de *ehako* onde toda a gente pode comer da carne geral, da carne que não é *vithila*, portanto. Mas pode acontecer que a oportunidade, ou as disponibilidades e a prosperidade da família que sacrifica, impeçam que possa recorrer-se a esta alternativa. Ou então que o *ehako* previsto falhe na altura por qualquer motivo. Foi o que aconteceu numa outra *kutonda* em que participei também mais tarde, no mais-velho Kaluhamwa. Já estava a primeira carne do *hupa* abatido a cozer na panela e o *ehako* aguardado não aparecia. Quando finalmente chegou já o Kaluhamwa tinha mandado abater um carneiro donde haveriam de comer eu e os circunstantes a quem estava interditada a carne do *hupa*, e o próprio Kaluhamwa, também. De facto na carne total de um boi de *hupa* e na *vithila* ou *vipotota* de qualquer animal, não comem também, além dos estranhos e dos impuros, os filhos e as pessoas da *eanda* do antepassado invocado. Isto abrange necessariamente muita gente cuja presença é obrigatória. Segundo o casamento preferencial os filhos da pessoa que está a promover o sacrifício serão da *eanda* do pai dela, que está a ser homenageado, e o seu rendeiro também é entendido como filho desse mesmo antepassado, uma vez que de acordo com as regras do parentesco se identifica ao sacrificador, por isso é também pai classificatório dos filhos deste apesar de ser ao mesmo tempo seu primo, *mulamuhangue*, e portanto, sempre segundo o casamento preferencial, cunhado deles, cedeu-lhes as irmãs para mulheres porque devem casar com as filhas das irmãs do pai... Estás a acompanhar? Já te falei nisto... Assim: não havendo simultaneamente um *ehako* donde possam comer é abatido um carneiro. A um animal morto nestas condições chama-se *titha, yo ku titha,* e a sua carne é trabalhada e cozinhada junto do curral dos vitelos, o que também acontece com a carne de um *ehako*. A carne de um *hupa* vem toda para o *elao*, é depositada sobre os paus de *mwahína* assentes paralelamente e ao comprido no chão que vão dar encontro com a *thifa* e cozinha-se em pedras especiais, ao lado.

Em todas as *kutonda*s em que participei houve sempre um boi de *hupa* e outro de *ehako*. Sempre comi carne até enjoar e mesmo depois de já ter enjoado, porque ma vinham pôr à frente e a cortesia ou a timidez me impediam de a recusar. E além disso sempre me foi oferecida, depois da festa, carne do lombo, como na *makumuka* lá atrás, que é carne própria para mulheres e Brancos, os *homens* preferem-na com fibra.

Toda a gente, portanto, come da carne do *ehako*, é uma carne aberta, *kahandya*. Mas também daí se vai extrair a *vithila*, sobre a qual vão pesar as reservas de consumo aplicadas a um boi de *hupa* inteiro. O consumo dessa *vithila* instaura um dos três momentos de tensão que ocorrem invariavelmente numa *kutonda*. Os outros dois são o consumo dos ossos e a repartição da pele. Desses te falarei a seguir. Agora vamos ficar pela *vithila*.

Na *vithila* não comem lá, para além dos parentes do antepassado de que já te falei, nem os estranhos à condição de Mucubal, nem as mulheres, nem, entre os Kuvale, os homens solteiros e aqueles sobre quem, mesmo casados, não se saiba o suficiente, quando saíram de longe, sobre o seu respeito pelo rigor endogâmico, ou então de quem se conhece o bastante para tê-los como impuros a partir desse ou de outros critérios. A carne da *vithila* é cozinhada à parte, claro, numas pedras, *mapikwa*, que se encontram entre o curral dos vitelos e o *elao*, e quando está pronta para ser comida o *mwarilume* que diz respeito a esse boi vai, junto com o dono da vítima, convocando, chamando-os pelo nome, os homens que devem participar na comunhão. É uma ocasião de expectativas. Tanto se pode temer ser chamado como não. Um homem que permaneça solteiro para além da idade em que já deveria ter casado, se é convidado a comer daquela carne está implicitamente a ser tido como alguém que já não casa mais. Nesta sociedade, como aliás em todas as sociedades africanas, mesmo ocidentalizadas, um celibatário é personagem estigmatizada. Por outro lado se não for chamado, um sujeito mucubal em situação para poder sê-lo estará a enfrentar uma declaração de banimento sociológico. É coisa que acontece e ela é particularmente temida por homens que andaram muito por fora. Os jovens que estiveram até ainda há pouco tempo integrados nas Fapla constituem hoje o contingente mais ameaçado. Estes processos de banição estão sobretudo associados, hoje, em que já ninguém anda atrás da carne de caça que os Twa abatiam, a desvios reconhecidos contra a endogamia grupal. Lembra-te que alguns dos *Muluhapahe*, esses que podem ser considerados como constituindo uma casta, se acham nessa situação porque eles mesmos ou ascendentes seus andaram a dormir com "mulheres de fora". Ninguém vai dizer nada, quando se trata de constituir um banido. Ele apenas não é chamado para comungar de uma *vithila*. Mas nunca mais será chamado em situações equivalentes que vierem a seguir-se. Ele aliás pode tirar a prova. É ir a uma *kutonda* promovida por um *Muluhapahe*, que hoje também os há dos ricos, e muito. Se for chamado para a *vithila* de lá a sua recolocação estatutária está confirmada. Foram os próprios *Muluhapahe* a considerá-lo como um dos seus. A vida continua, mas mudou, e toda a sua descendência virá a ser tida como *Muluhapahe*. Na *kutonda* do Tyikehe alguém das nossas muito próximas relações viveu momentos de séria ansiedade, embora tenha acabado por ser chamado. Mas foi evidente que o estavam a fazer sofrer. E das visitas presentes um sujeito do Virei, cheio de bom aspecto e que ali estava por ser hóspede de alguém da vizinhança, foi esquecido e afastou-se com discrição mas manifestamente comprometido. O que se sabia dele, de mais ou de menos? De qualquer maneira a hipótese da sua comunhão na *vithila* podia vir a poluir todo o processo daquela *kutonda* e a afectar assim a *sorte* daquele Fogo e das pessoas e dos animais a ele ligado. Isso foi tido em conta e o homem excluído.

Outro momento importante e significativo é o do consumo dos ossos. Também só lhe tem acesso quem é convocado. Trata-se aí de destacar os mais-velhos titulares de *onganda*s. É uma óptima oportunidade para ensaiar uma identificação da área de vizinhança em que uma *onganda* se inscreve. Para o inquérito é importante, é aquilo a que se chama uma categoria pertinente.

Os ossos são cozinhados depois da segunda carne e há os grandes ossos, os fémures, *etumbo*, e os pequenos, *ethupi*, dos membros anteriores. Ao conjunto deles todos chama-se *matyipa*, e a carne que lhes está agarrada, *ontumba*. Um mais-velho convocado para comer nos ossos vai destinar essa carne às mulheres da sua família que o tiverem acompanhado e elas se encarregarão de comer um pouco ali e de levarem o resto para a família que ficou em casa. Os próprios velhos vão comer *aquela parte branca e macia que tem nos ossos, ontwa*. O tutano, *muhongo*, será comido pelo jovem adulto saído da sua órbita de parentesco que ele chama para separar a carne e destacar essa parte, *ontwa*. Nenhum mais-velho come os ossos sem a assistência de um mais novo. Ele é um homem de poder que está a ser reconhecido como tal e portanto tem que exibir tal estatuto.

Finalmente, destes três momentos de uma *kutonda* que dão lugar a medidas discriminatórias, a repartição e distribuição da pele. É uma operação que no caso desta *kutonda* do Tyikehe teve lugar no dia a seguir ao do abate, porque as regras do seu Fogo a isso o obrigam. A pele inteira, antes de dividida, chama-se *epuku*. Os seus topos e duas tiras centrais, talhadas ao comprido sobre a região lombar, *ondumba*, são para o *mwarilume* e o dono do boi. As vinte tiras que vão ser ainda talhadas de cada lado, dez mais dez, serão distribuídas, também segundo os critérios de cada um. *Va le mwa unene...* tem muita regra...

Nova brisa de ansiedade. A pele é de grande valor de uso, nomeadamente para fazer cintos e sandálias e a maior parte dos circunstantes está de olho na distribuição. Os mais-velhos que ontem comeram os ossos serão seguramente contemplados. Mas como se abateram dois bois, há 40 tiras para distribuir, e muita gente vai receber, conforme as estratégias dos *mwarilume*s e dos donos da festa. Tanto assim que são entregues algumas a terceiros que as deverão encaminhar para benefício de ausentes. Não dá para esquecer que quem oferece obriga a quem recebe, se não estiveres bem lembrado vai ao Livro dos Provérbios 22: 9: *Aquele que faz presentes alcançará vitória e honra, mas ele rouba a alma dos que recebem*, é uma asserção que sai também da prática de uma sociedade pastoril. A carne que está a sair dessas tiras de pele, quando cada um limpa a sua, é a carne dos cães, *vityieko*. Quem não tem cão com ele guarda para levar para casa. Para alimentar cão que é do outro terá primeiro que pedir licença, à volta dos cães também tem muita regra.

A preparação das tiras de pele tem imediato início. Deixam-nas ficar durante algum tempo enterradas no conteúdo da pança dos animais abatidos, tem tanino, e mergulham-nas a seguir em água a ferver para destacar-lhes o pêlo. E a partir daí largas horas serão passadas a esfregá-las para domar a rijeza do couro. Estão a fazer *kutyita*.

\*

Para o observador que tenha conquistado uma certa familiaridade com o meio e uma mínima intimidade com algumas das personagens que o povoam e ilustram, uma *kutonda* pode oferecer, assim, a possibilidade de admitir como matéria de análise, legitimada enquanto resultado do inquérito, a percepção de um pulsar social que talvez só possa revelar-se desde que a subjectividade própria e a alheia sejam apreendidas como emanações dos processos e das dinâmicas em curso. Uma *kutonda* revela um quadro de colocações pessoais que confere à elaboração teórica e intelectual dos modelos e das estruturas a densidade e a plasticidade de que a antropologia extrai a sua especificidade, mas também expõe a ambiguidade de uma leitura do mundo que só pode propor-se como afirmação desde que se saiba cultivar, e vigiar ao mesmo tempo, as exaltações e as emoções da famosa *observação directa e participante,* quer dizer, da arriscada valorização da experiência e do fluir aleatório do empírico.

Outra das percepções que retiro dessa densidade revelada pelas *kutonda*s é que elas definem quadros de uma encenação total e contínua que revela desenvolvimentos de uma representação que em primeira instância responderia à função, talvez a mais importante, de actualizar, no sentido de tornar presente e actuante, as articulações institucionais que ilustram o sistema e lhe garantem a sua própria viabilidade. As modalidades interactivas accionadas pelo primado do parentesco são, no espaço e no tempo de uma *kutonda*, chamadas a intervir e a revelar-se com todo o seu peso e detalhe. As várias tarefas – e elas são muitas porque têm que assegurar todo o expediente a que a preparação e a distribuição ordenadas de tanta carne obriga, observando um protocolo por vezes bem cerrado – são atribuídas pelos donos da festa, e pelos *mwarilume*s, a parentes dentro desse esquema de posições de mando, de obediência e de paridade, e as pessoas dirigem-se umas às outras recorrendo deliberada e generosamente aos termos de apelação que as situam entre si. É *munopangue* (meu sobrinho matrilateral) para aqui, *onyiango* (meu tio patrilateral) para ali, *bwandye* para acolá, tudo decorre pelo melhor e dentro de um clima de gratificante respeito, cada um assume a sua autoridade e as suas responsabilidades e a coisa engrena como numa máquina bem ajustada e oleada. Sabendo que na vida corrente, comum e tantas vezes adversa, nem sempre é assim, não pode deixar de ocorrer que estamos na presença de um empenho colectivo que assume a feição de uma representação concertada. De uma actuação geral ritualizada. Lugar portanto para uma aferição e uma confirmação de colocações pessoais, reveladas pelos códigos assumidos e reiterados, mas também tabuleiro de um jogo a que ninguém poderia nem saberia furtar-se porque é desta forma instaurado um tempo que a todos impõe desempenhos marcadamente pessoais, tanto os mais tímidos, vacilantes ou soberbamente discretos, como os que exibem as marcas de verdadeiros e explícitos, por vezes descarados, investimentos.

Há muita conversa no decorrer de uma *kutonda*. Ao longo de pelo menos um dia inteiro, da noite que lhe sucede e da manhã seguinte, alternam-se momentos de sôfrega ingestão de carne e intervalos em que a palavra reina. Estabelece-se um compasso comandado pela distribuição da carne. De cada vez que é anunciada a cozedura de uma nova remessa vão convergir, para a beira das panelas ao fogo, e colocados lado a lado sugerindo a imagem de um imenso favo de mel muito ampliado, as *matembas*, pratos de madeira dos homens, e os *o luio,* em barro, das mulheres. E isto ocorre cinco ou seis vezes ao longo de uma *kutonda*.

Há a primeira carne, *ehá*, em que grosso-modo entram as porções do terço anterior do animal. Estava pronta às seis horas da manhã. Às nove foi a vez da segunda, chamada *yo ketako*, costelas e pança, mas também entra pescoço. A terceira foram os ossos e a carne dos membros posteriores. Foi pelas onze horas. À tarde saiu a quarta, entraram nela a língua, as tripas, os pulmões, o coração, mais carne sem osso e o sangue que se tinha recolhido quando o boi foi aberto e esfolado. É a comida das mulheres. Mas não comem mais nada? Comem sim, comem de todas as carnes, retiram-se com os seus pratos para os locais que lhes competem e onde se juntam, comem de cada vez um pedaço ou dois, guardam o resto para levar para casa, para os filhos e a família que ficou. Mas o sangue é delas, pertence-lhes. A quinta carne é o *ongambo*, é o terço posterior e dorme, é comida na manhã do outro dia. A sexta será a do peito, *lukoli,* e trata-se de uma carne especial. Ela pertence ao *mwarilume*. É um mais-novo seu que a cozinha e a água e a lenha necessárias são mulheres da sua gente que lhe asseguram o provimento. Uma parte o *mwarilume* oferece aos donos da casa, a outra distribui ali, segundo os seus critérios, ou leva também para casa. Um dos lombos, *luthipa,* também lhe pertence, o outro e o resto das costelas ficam para a casa anfitriã.

Há portanto quatro distribuições gerais e indiscriminadas de carne, as outras são selectivas. Nos intervalos conversa-se e palitam-se os dentes com canivetes ou mesmo com as *mutungas*. Fala-se de quê? As mulheres não sei, bem entendido, mas os homens discorrem sobre assuntos gerais e inócuos, narram-se e comentam-se casos, estórias de bois e à volta de bois, extraordinárias e profundas genealogias, anedotas para mim altamente significativas como aquela do Fulano que tendo subido ao planalto, ao Bata-Bata, na Huíla, encontrou, engatado à carroça, um garrote que tinha trocado cá em baixo por milho com um desses Mumwilas que descem com os burros carregados, e fez lá um barulho desbragado porque estavam a castigar e a humilhar um animal que fora seu. Obrigou o Mumwila a desatrelá-lo e já estava a trazê-lo de volta a casa quando o soba de lá interveio e conseguiu, às boas, desmontar-lhe a fúria.

Ouvirás referir meritórias acções de nobres *watona*, homens confiados, daqueles que quando diz que dá, dá mesmo, você tem confiança neles, são seguros e fortes como paus de *mutona*, e de risíveis *kurilenguela*, que se armam em importantes e afinal não têm nada. De volúveis *dyambadyamba*, que andam assim como o elefante, sem saber bem para onde vão, sempre envolvidos num constante *o kupila*, um passear sem fim, como eu, que já estive aqui no ano passado, agora voltei, estou de novo a ir. Ou de serenos *mapulangue*, gente que assentou juízo, vem de "almofada", apoio para a cabeça, *pulangue*. Entre os circunstantes reconhecerás os *ova nyima*, que não falam, e os *ova dyiandyie*, contadores de estórias, faladores a esmo. É um teatro onde reconhecerás os lances do jogo, da competição, da simulação e da exaltação que podem muito bem levar-te a concordar comigo quando te revelo de que forma a leitura de Caillois me ocorreu tão estimulante e oportuna. A confirmá-lo está o facto de frequentemente ocorrerem situações de *kurionguetha*, que é quando dois sujeitos se afastam para manter em privado uma prolongada *kuvokola*, uma conversa em surdina que me cabe a mim imaginar recheada de segredos e combinas que irão ditar o evoluir dos enredos de que ando tão afanosamente a tentar interpretar os desenvolvimentos, a fundamentação e os efeitos. Como é que me situo a mim mesmo, estando presente e actuan-

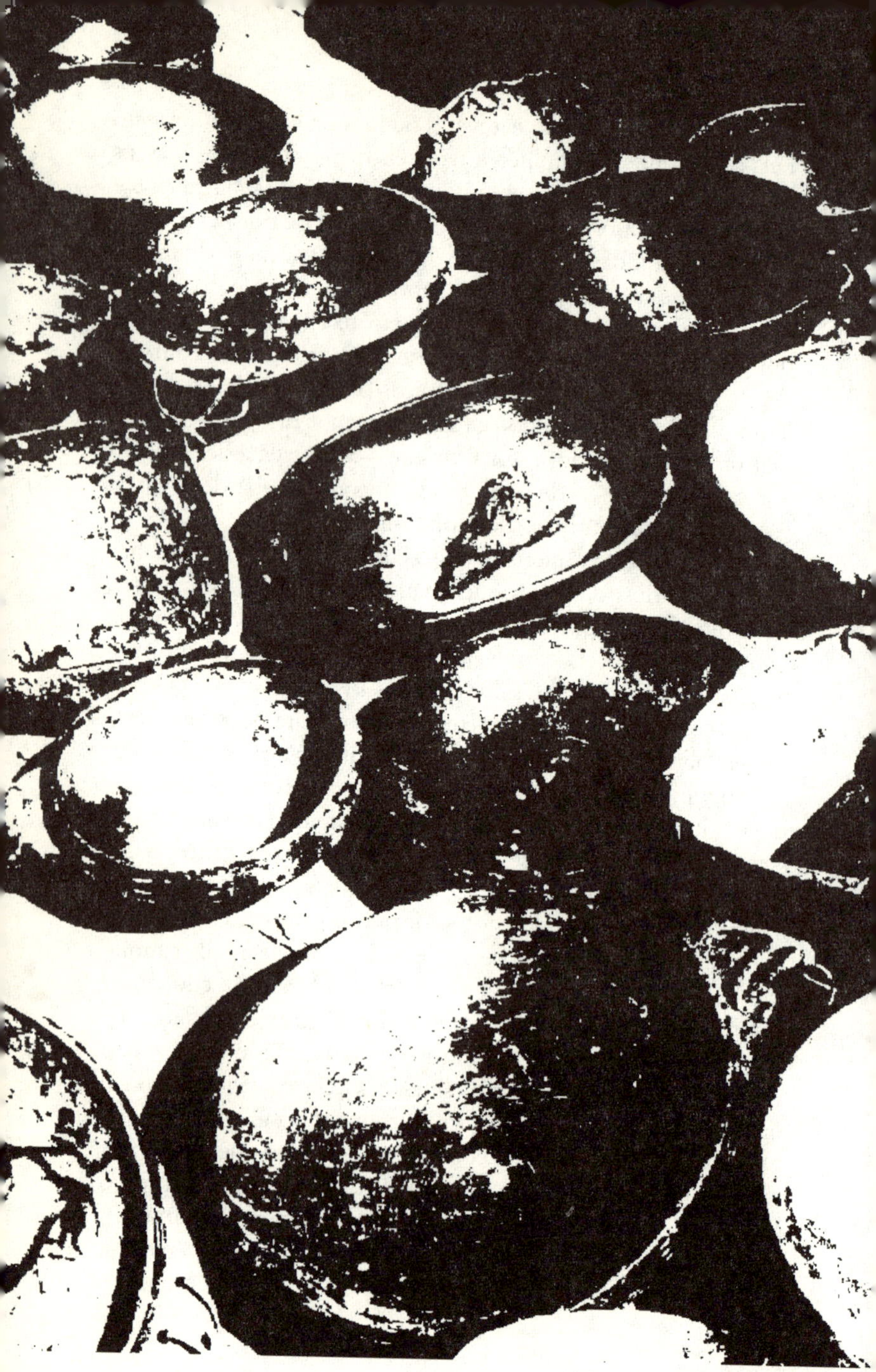

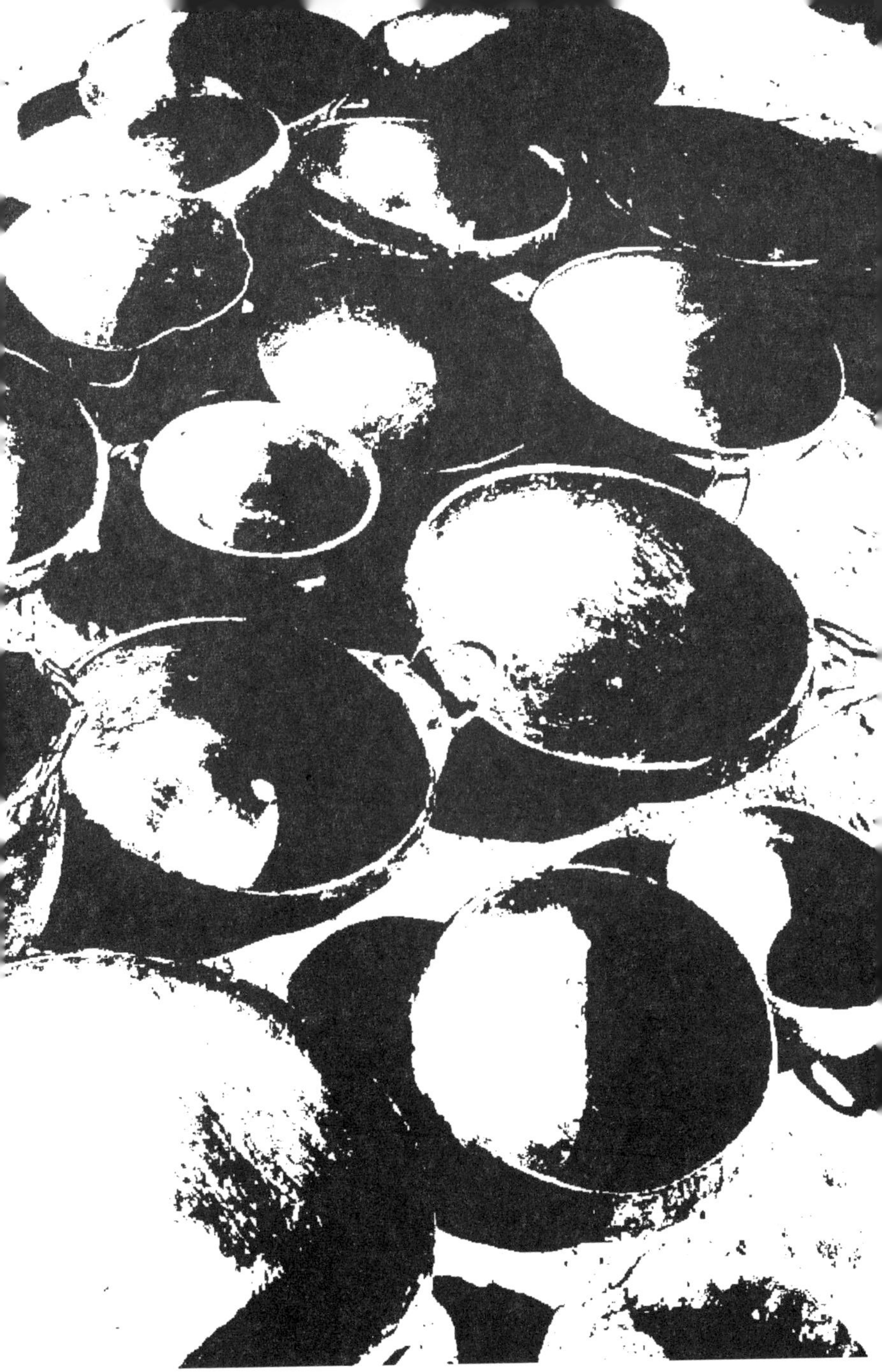

do também nesta boca de cena? Por vezes bem pouco à vontade, nem é preciso insistir nisso. Ao fim de uma campanha de *kutonda*s já conheço toda a gente e vou-me assim apercebendo dos contornos da comunidade, e toda a gente me conhece a mim com o que tal obrigatoriamente significa de simpatias e de antipatias que às vezes se rectificam mas na maioria dos casos se sedimentam, porque como em toda a parte elas são quase sempre imediatas e recíprocas. Há quem integre na sua exibição o bom entendimento que tem comigo, há quem me dê subtis testemunhos de uma cumplicidade discreta mas inabalável, e há também quem não esconda a sua franca hostilidade perante a minha intrusão e me ignore com o mais olímpico desdém. Da condição de intruso também sou doutor e fotografo e filmo muito em situações destas. Já antes te falei nisso, é a maneira de me resolver protegido pelos sinais de uma função passível de ser identificada e reconhecida como trabalho. Entro no jogo adoptando também o recurso universal da máscara.

\*
\* \*

Da forma como tenho vindo a chamar-te a atenção para os aspectos pragmáticos da interacção que uma *kutonda* revela, poderia induzir-te na estreiteza de uma perspectiva que não retivesse sequer a noção de uma globalidade integrada. Uma *kutonda* é sem dúvida um acontecimento que situa no tempo e no espaço a redistribuição de bens acumulados por produtores que através desse procedimento acedem por assim dizer ao estatuto de "big-men", o consolidam ou confirmam. Mas é também uma operação de culto, uma sequência de actos que visa e assegura a comunicação com os antepassados, pejada de símbolos e de assumpções simbólicas e simbolizadas. Além de actualizar as instituições, como te sugeri atrás, actualiza crenças também, traduz uma cosmogonia, representa o modelo de uma ordem total, cósmica e social, transcendental e humana. Preenche os quesitos de uma função religiosa. Trata-se de religião. Através do rito é aberta e garantida às pessoas a possibilidade da intervenção no desenrolar de fenómenos que decididamente as excedem. Fazem-no integrando os antepassados no sistema produtivo.

E mais. Há dois aspectos que, tendo-te arrastado para os terrenos do sacrifício, de forma alguma poderei deixar passar em claro até porque eles me permitem dotar de alguma coerência a minha tentativa, esboçada desde o início, de tornar-te evidente essa outra coerência que assiste a uma sociedade como esta, cercada por uma modernidade, ou uma modernização, que a despreza e estigmatiza. Ela não subsistiria se não lhe assistisse a cobertura de um sistema cultural integrante, e um corpo de códigos, de obrigatoriedades e de interditos, instrumento de controle identificado ao sagrado, ao domínio da religião, portanto, donde retira o argumento e a força da sua indiscutibilidade e o peso do respeito que infunde. Não vamos precisar, para franquear tais questões, de abandonar o tom que temos mantido. Continuaremos a falar de consumo, de carne e de leite. Os detalhes que lhes estão ligados revelam bem de que forma, aqui, os homens e o meio *constituem uma realidade indissociável* que inclui também a relação com o *impalpável*. Por outras palavras: os fenómenos naturais e produtivos são entendidos como expressão de uma boa ou má sorte que depende da intervenção dos antepassados considerados como parte integrante e activa da comunidade. E é pelo sacrifício que se cuida da sorte, que se assegura *a metamorfose das potências errantes em forças submetidas a um movimento circular.*

\*

Do que te fui dizendo ficaste a saber, embora com escasso detalhe, de duas situações em que o *mwarilume* se dirige em voz alta ao espírito do pai do dono de um boi que numa *kutonda* lhe esteja a ser sacrificado. A primeira é a marcação geral com *mpeio* na véspera do abate do animal, a segunda é a cerimónia do *kumakela*, da prova da carne. O antepassado em questão é aí sobretudo invocado para assegurar ordem, alegria e felicidade no decurso de uma festa que vai juntar muita gente e onde a confusão é possível: *chegou a vez em que vamos passar um dia inteiro a comer carne, não é coisa que aconteça assim constantemente, o boi está aí, é grande como um embondeiro, as crianças estão juntas, os homens e as mulheres estão unidos, tu que nos tens ajudado desde que éramos pequenos até agora velhos já de palanguelo* (pau de arrimo), *ajuda para que tudo corra bem, está aí essa multidão de pessoas porque a festa é coisa grande, faz com que tudo corra sem azar, qualquer coisa que apareça e for de mal desvia sempre, esses que vêm e invejam e enfeitiçam, desvia as suas vistas para onde só tem espinhos ou qualquer coisa que lhes morda, e que assim nos deixem em paz.*

Uma terceira ungição da família anfitriã irá ter lugar no fim da festa e aí é manipulada a parte inferior da pata dianteira esquerda do animal, cortada ao nível do joelho e longamente cozida num fogo especial que lhe foi destinado à beira do *elao*, em conjunto com pedaços de carne proveniente de outras regiões da vítima. Entra também a orelha esquerda, carne limpa, carne da pança, tudo aguardou desde a véspera depositado no *elao* para vir a ser cozido junto. É com o óleo que daí resultar que será de novo ungida toda a família. Homens, mulheres e crianças chupam simbolicamente na pata que foi fervida com pêlo e tudo, e são ungidos, nos dois lados da cabeça, na testa, nos flancos e nas pernas, pelos dedos do *mwarilume*, que ao mesmo tempo vai improvisando novas orações. Aí o discurso tende a invocar atenções da parte do antepassado dirigidas a interesses mais alargados e de implicação produtiva: *às vezes quando não estamos a matar, vocês, os mais-velhos lá no outro lado, estão a ficar ofendidos. Dizem que são os filhos que não estão a ligar. Então não abundou a carne aí? Vocês bem sabem que as coisas às vezes precisam ir devagar. Não te honrámos agora, oh mukwanaholongo? Então segura bem os nossos mwingonas e os nossos filhos, para que possam aumentar bem os bois, e assim nos possam vir a fazer também kutondas quando nós abalarmos daqui, o que pode estar para breve. Essas mulheres que nos ajudaram, que acartaram água e lenha, faz com que elas tenham muitos filhos, produzam muitos pastores, vakwita, e esses pastores tratem bem das vacas que hão-de dar muitos du minthos, sem eles a nossa vida desaparece.*

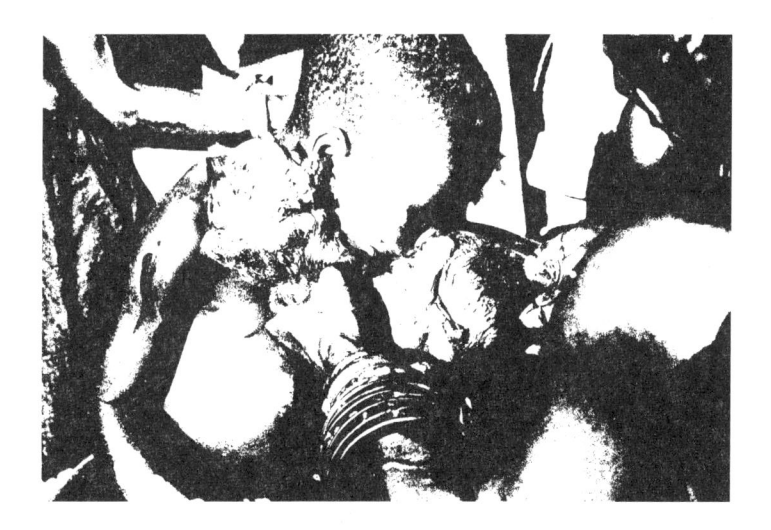

    Parece-me a mim que um tal discurso está é a fazer ver aos antepassados que a assiduidade e o brilho de tais dádivas sacrificiais depende afinal é deles, que da atenção que dispensarem aos vivos dependerá a capacidade de os vivos lhes dispensarem atenção a eles, que a lei fundamental da reciprocidade também se lhes aplica. Não se está tanto a agradecer e a pedir quanto a actualizar, uma vez mais, os termos de um trato, de um contrato. Quando os antepassados criam as condições para isso, os homens não se furtam a promover o contacto com os antepassados, abrem os canais da comunicação para lhes imporem, também a eles, as regras do jogo. Não são os antepassados que as definem e por elas velam, é quem lhes sacrifica. Job não dava para Mucubal. Talvez o Augusto Matraga, de Guimarães Rosa, que se ajoelha no chão e brama ao céu que há-de ir para lá nem que seja a cacete. Esta é uma postura, creio, que está muito de acordo com o *ethos* mucubal. Pois é, o *ethos*... O tempo urge e ainda há tanta coisa de que queria falar-te...

# Tyihelo
*e se resume...*

O sacrifício como eixo de uma religiosidade pastoril, tal a judaica e logo a cristã, que sublimou e asseptizou o sacrifício; uma religiosidade pejada de sagrado; um sagrado que implica e destaca a poluição; interditos que lhe gravitam à volta, regras e disposições, códigos. Numa sociedade que não dispõe de dispositivos institucionais, de instrumentos especializados para a imposição das normas e verificação do seu cumprimento, são estes os códigos que contam. Aqui há códigos balizados por interditos que definem o piso dos comportamentos regulares e as margens para além das quais um sujeito se reconhece operando desvios que o expõem não só ao juízo dos outros mas também, segundo vários níveis de gravidade em que cada um aprenderá a situar-se, a uma deterioração da sua própria qualidade pessoal, da sua *sorte,* enfim. O incesto, por exemplo, é impensável, destrói a qualidade do ser, enquanto o adultério, irregular embora, é socialmente estimulado, indispensável talvez como reforço à produção de filhos, e factor importante de circulação de bois, através das multas, que garantem também a redistribuição de bens acumulados. E no entanto a relação sexual com uma mulher de fora pode conduzir a uma banição, a uma neutralização social do sujeito. Por isso não é preciso sair do recinto físico e empírico de uma *kutonda* para procurar reconhecer a configuração ideológica, e logo cultural, e logo neste caso religiosa, que obrigatoriamente deverá assistir a uma prática diferenciada, a uma dinâmica particular como a dos Kuvale.

Um dos caminhos possíveis poderá ser o de insistir nos interditos, que ali pudémos assinalar sem qualquer dificuldade ou hesitação, e tentar situá-los em relação às várias frentes de controle que asseguram. A carne, imediatamente, a *vithila* e o *hupa* inteiro: o seu contacto com alguém menos puro poluiria o Fogo do sacrificador, a *força* que tem e a *sorte* que confere, e lesaria mesmo o próprio poluidor. Por isso, a primeira pureza exigida é a do homem que abate a vítima e lhe divide e coze a carne. Os desempenhos e as posturas, depois: no espaço de uma *onganda*, que é um espaço sacralizado à volta do dínamo de sacralização que o fogo é, nada é admitido que possa remeter a certas guerras e à morte, por exemplo. O vermelho é cor interdita por todos os fogos dos Kuvale, dizem-me que por ser a cor do sangue, apenas por isso, mas importaria ir mais longe, e uma arma moderna não é formalmente admitida ali. Nas conversas não se fala de guerra e a pele é repartida no segundo dia, sem pressa, porque a pressa é assimilada ao medo e à guerra. Nem ninguém tem boi mocho porque lembra cavalo e cavalo lembra *Kambari kongolo* e a guerra que esses Nama trouxeram até aqui há mais de 100 anos. Nem entra candeeiro nem rádio porque remete à guerra colonial. E não se tapa a cabeça com uma manta porque é isso que se faz, sinal de luto, nos óbitos. Nem homem casado corta carne da espádua de um boi abatido porque é tocando nela, colocada à porta da casa onde está recolhida, que se cumprimenta uma viúva quando as cerimónias de um óbito se encerram. Navegamos em pleno na glória do pensamento analógico, recurso patrimonial de artistas e pastores. E há ainda depois a questão da indumentária: chamado para comungar da *vithila* e estando vestido à maneira dos Brancos, dos Tyimbari, um homem vai trocar de roupa primeiro e põe *tyitato* e *tyikwane,* ou pelo menos *peleko*, um pano à cintura, vai vestir *certo*, *wamanika,* antes de implicar-se nas questões do fogo. Se está de sapatos ou *on kako,* sandálias, de pneu, como cada vez se vê mais, descalça-os e pede ao vizinho os seus *on kako* de pele ou então vai é descalço. E põe um pano na cabeça. Dito assim fica ligeiro, parece uma lista só de curiosidades etnográficas. Mas são expressões de uma elaborada estratégia social, o que te estou a revelar.

Pelo menos, em meu entender e assim muito imediatamente, quatro tipos de *ordem,* estão aqui a ser observados, vigiados e defendidos. Uma ordem institucional integrada, política: a estrutura e a prevalência das *mahanda*, dos *clan*s, e do grupo, através da observância da endogamia grupal. Trata-se de uma regulação, de uma vigilância, que simultaneamente incide sobre o interior e assume o carácter de uma resistência ao exterior. Os rigores aplicados à indumentária ilustram formalmente este posicionamento Uma outra ordem, depois, que regula a relação com o "impalpável", donde emana a *sorte* e o arbítrio que decide dos fenómenos, mesmo os que marcam o curso do tempo e das estações. E, virada ainda para os domínios do "impalpável", uma outra que tem agora em conta a feitiçaria, o acesso a vantagens através da incidência do sobrenatural sobre terceiros. Nenhum dono de *onganda* gostará de ver seja quem for a deitar o olho para o curral dos seus vitelos ou a guardar excremento seco do seu gado. E uma *kutonda*, com tanta gente junta e enquanto projecção explícita de riqueza, é um terreno muito propício ao estímulo do mal. Finalmente uma ordem talvez mais estritamente cívica que as outras: a da lei geral, *tyituho,* que pauta os comportamentos da elementar sociabilidade, incluindo o respeito pelo outro, a cortesia, o por favor, com licença e muito obrigado. Por detrás de cada ordem tem a sua lei. Umas estão mais ancoradas na religiosidade que outras. Algumas poderão até, superficialmente, ser tidas como meramente profanas, é o caso da que rege as relações dentro de cada *mahanda*, dentro de cada linhagem. É esse o terreno do gado de *ehako*, da iniciativa pessoal e do negócio, *onko*. Mas todas acabarão por revelar-se tributárias da do fogo porque é ela que diz respeito à *sorte*, que é religião. E aqui a coisa complexifica-se, como seria de esperar, porque o fogo está ligado à patrilinearidade enquanto a sociedade é politicamente matrilinear, e isso tem sérias repercussões sobre aspectos tão importantes e pragmáticos como o do consumo, domínio que jamais será perdido de vista, nem permite perder de vista a religião quando tão estreitamente lhe está ligado.

\*

O Fogo é a Sorte sim, é isso mesmo. É a matrilinearidade que situa um homem em relação às balizas da sociedade mas é o Fogo que o coloca perante o resto do mundo de que também depende, e de que também dependem até os seus sucessos no meio dos matrilaterais. E o Fogo deixou-lho o pai. Por isso a carne que lhe sacrificou vem para o altar onde arde o Fogo. *Elao* quer dizer precisamente sorte. Nessa carne nenhuma mão impura tocará. No Fogo, então, só toca ele mesmo e quando ausente a sua filha mais velha, outro filho, na falta desta, ou a mulher, já sendo antiga. Tudo pode afectar o Fogo, enfraquecê-lo, quer dizer, interferir na minha sorte. Haverá Fogos melhores que o meu? Há. Mas este foi o que recebi, aquele a que posso recorrer e que devo maximizar. Posso arriscar mexer nele, acrescentá-lo, mas pode também não resultar, diminuí-lo, afinal. Mexendo com o meu Fogo estou aliás a interferir também com o dos meus irmãos. Sendo o mais velho, o primogénito, foi a mim que o nosso pai o legou, sou o chefe do Fogo, o *muni murilu,* Fogo é *murilu.* Posso deixar de sê-lo, ser afastado pelos outros, se o estiver a estragar porque lhe mexo ou porque ando para aí a fazer coisas à toa.

Fisicamente o Fogo, o *murilu o waho,* o *nosso Fogo,* o fogo de cada família, é formado pelo altar, o *elao* onde arde durante o dia, e o *thipo,* o saquinho onde se guardam as "coisas" que lhe pertencem. Nunca espreitei para dentro de uma saquinha destas, nunca me atrevi a considerar bastante a confiança que tenho com alguns mais-velhos. Mas sei que lá dentro estão pelo menos os pauzinhos, *o kutava,* um macho e o outro fêmea com que, friccionando-os, se acende um fogo novo de cada vez que se instala uma nova *onganda,* e as "fubas", farinhas das essências vegetais, as escamas, as unhas, os pequenos corninhos de bambi que compõem toda a gama de matérias e de símbolos que conferem especificidade e valor ao Fogo. São fragmentos dessas matérias, e sei lá de mais o quê, muita palavra, seguramente, que entram no buraco que depois de tapado é o próprio chão onde o fogo assenta e num outro buraquinho onde se metem, embrulhadas em duas folhas de *mutiati*, no topo de um pau, de *mutiati* também mas que não é para arder, é só para estar no chão, com um parceiro dele, um de cada lado do *elao*.

O Fogo, claro, é uma tentação, é um inesgotável filão de hipóteses de tratamento antropológico, um tema propício à divagação criativa desde que se tenha cuidado em não delirar e ver vestais nas *mukadonas* que se ocupam dele, como já li. Do ponto de vista etnográfico não me parece que seja ou tenha sido alguma vez exactamente como Irle, Vedder e Luthig disseram que era, e depois o nosso Pe. Carlos Estermann mais ou menos reproduziu, e daí para a frente e até hoje também todos os investigadores, do mundo inteiro mas sobretudo Alemães, que se ocupam de Hereros. Mas isso poderiam ser, quando muito, questões entre profissionais. O que me leva a falar-te dele, do Fogo, é mesmo a importância que tem na vida comum das populações kuvale.

Esta transmissão de pai para filho, associada a uma regularidade institucional que é matrilinear, e ao casamento com a filha da irmã do pai, dá origem à intervenção de patrilinearidades funcionais, susceptíveis de ser classificadas como patrilinhagens ou mesmo *clan*s. É aí que surge a "double descent" e a tenebrosa complicação teórica que lhe está ligada. Os Hereros, na sua globalidade, são tidos como populações produzindo instituições e estatutos dentro dessa configuração tipológica. Na bibliografia que deles se ocupa os patriliclans levam o nome genérico de *oruzo*, são vários e cada um tem por sua vez o seu nome. Por isso eu acho que haveria muita coisa para rever se se desse o caso de o assunto voltar um dia a encontrar espaço e oportunidade.

Encontrei de facto entre os Kuvale vários Fogos convenientemente identificados que se transmitem de pai para filho. Mas os nomes que têm referem-se à "qualidade" do Fogo, à sua vocação, se estão mais ligados à protecção contra o leão ou contra a guerra, ou mesmo à própria arte da guerra, ou a aumento de bois. Entre tanto nome referido aos matriclans, às *mahanda*, sub-*clan*s, matrilinhagens, proveniências, Fogos daqui e dali, nunca encontrei referências apelativas que me permitissem reconhecer patriclans explícitos e nem sequer um nome genérico que sem equívoco aponte à substância dessa categoria, ao conceito de patriclan. Achei *oluthi*, sim, que corresponde ao *olutho* dos Mumdimbas, ao *orutho* dos Ovahimba, ao tal *oruzo* dos Herero e Mbandero do sul, e até ao *oluse* dos Ovimbundu. Mas o *oluthi* dos Kuvale, tanto quanto apurei e não insisti pouco, está ligado ao Fogo, sim, mas não significa senão talvez, é o máximo que neste momento posso arriscar, *a lei do fogo,* a lei que está ligada ao Fogo de cada família, aquela lei, portanto, aquele conjunto específico de disposições e de interditos, que deveria constituir a norma acrescentada ao comportamento social do meu pai, dos seus irmãos, das suas mulheres desde que casaram e abandonaram o Fogo dos seus pais para adoptarem esse, e dos seus filhos. Iria dar no mesmo se entre *lei* e *clan*, ou linhagem, não houvesse diferença. Mas há, etc., etc.. Entraríamos numa apaixonante discussão teórica... Melhor portanto é voltarmos aos terrenos de uma conversa objectivada: bois, outra vez.

Os *hupa*s, não é, estão ligados ao Fogo, andámos por aí à volta disso. Sim, é verdade, estão ligados ao pai, aos pais. E olha que *hupa* é pouco e *kutonda* também. *Kuiambela* é mais. *Kuiambela,* que textualmente significa refazer uma cobertura de capim, é a maior *patente* entre os sacrifícios dirigidos aos antepassados, e aí sim, podem matar-se até sete bois ou mais, e algum deles, um *nathingue* que seja *betatijwa,* um *dumintho wanavipa,* por exemplo, filho de uma vaca abatida no óbito do pai, pode ser um animal tão embrulhado em interditos que até os seus ossos são queimados e a pele cortada e cozida junto com a carne e toda assim transformada em restos e queimada também para que de forma alguma possa ser aproveitada para usos profanos ou em práticas de feitiçaria. Não te falei já nisso? Participei numa *Kuiambela* no Virei e teria muita coisa a dizer-te a tal respeito. Ligados ao Fogo e constituindo matéria sacrificial há ainda, para além dos *nathingue* que saem de um óbito, os *on kekwa,* ligados a visitas que se fazem aos cemitérios, onde lhes são abertos cortes nas orelhas para que o seu sangue se verta sobre os túmulos dos pais. Tudo isto seria só conversa de Mucubal e de antropólo-

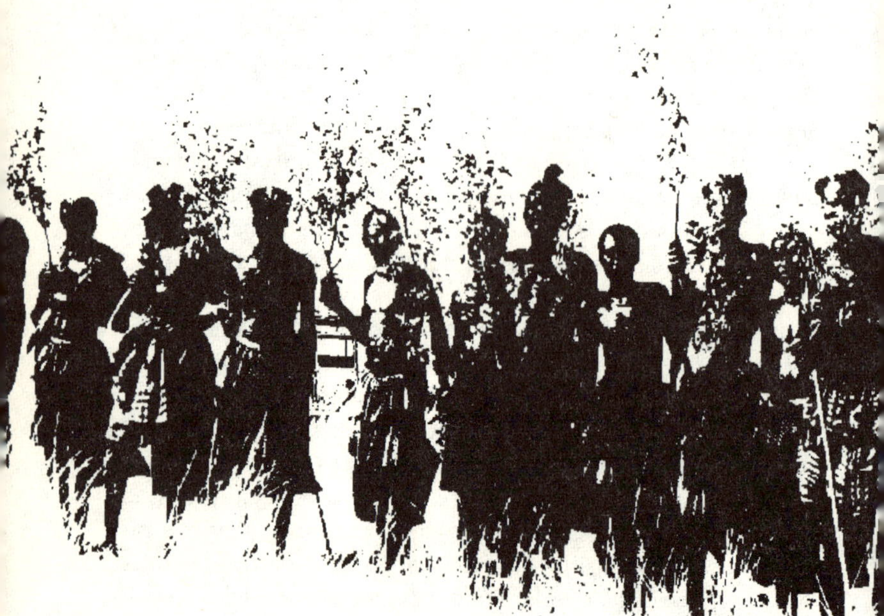

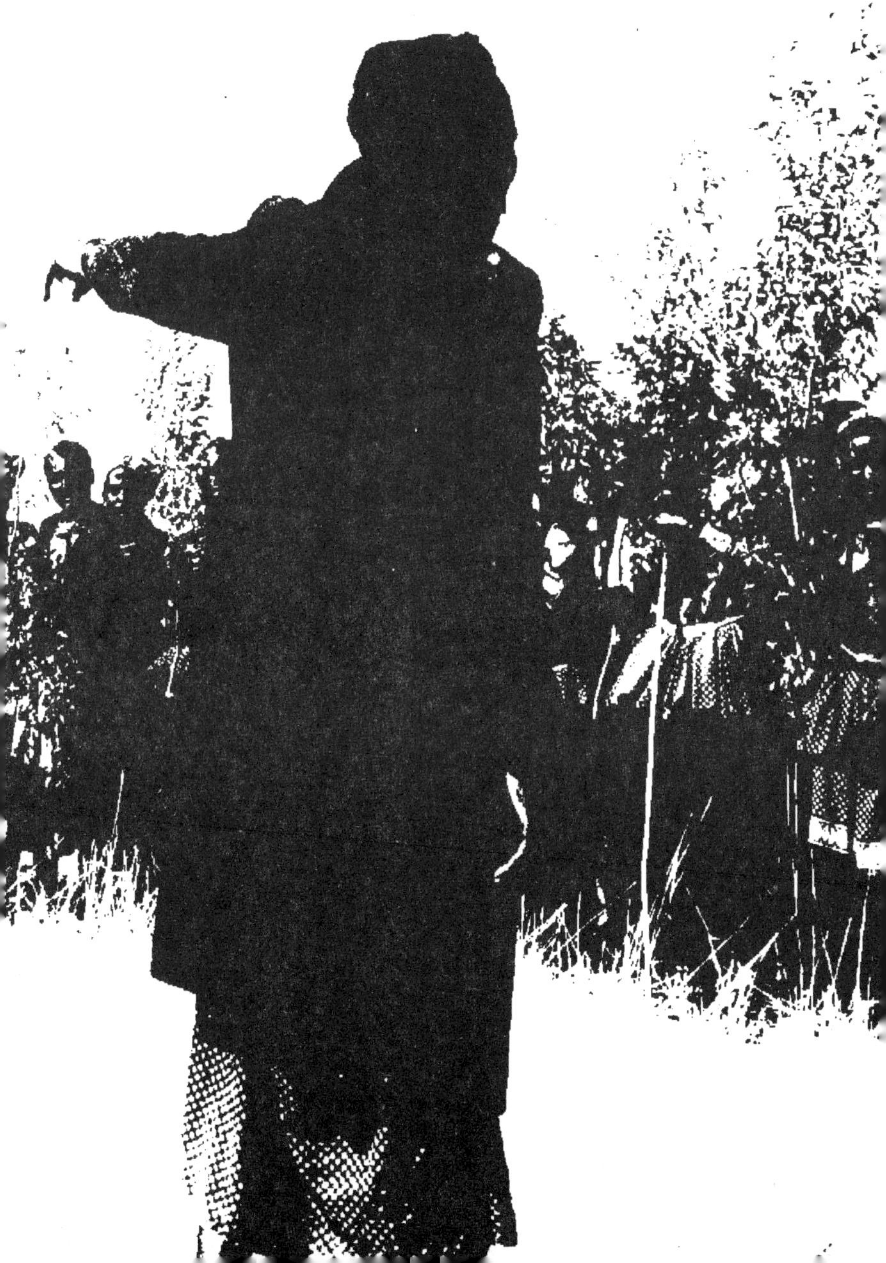

go se esses bois todos, *nathingue* e *on kekwa*, no seu conjunto, não constituíssem a categoria dos *kakethe,* que impõe restrições ao uso do seu leite e da sua carne de forma muito mais severa do que acontece com os *hupa*s normais. Recorda-te do que te disse acerca de os *hupa* serem entendidos como aquela classe de bois que dá o primeiro empurrão à vida de um pastor mucubal e lhe asseguram a mais evidente e eficaz segurança alimentar em tempos de crise extrema, porque de lá não come senão a sua família nuclear. São esses os bois que poderão impedir-te de "morrer de fome", os que te amparam. É claro que um homem visará sempre acumular o máximo de bois de *ehako*, os que resultam do investimento da sua energia física, de meios para adquiri-los que tiver conseguido ganhar cedendo por exemplo a sua força de trabalho fora do sistema, do seu talento ou de circulação de animais decorrente das multas, por exemplo. Mas os *hupa* e os *kakethe* serão sempre a última segurança dos seus filhos, ninguém mais vai comer ali. E no entanto a propriedade tanto dos *hupa* como dos *kakethe* não é de quem está habilitado a poder contar com eles como uma reserva de leite, é da matrilinhagem de quem os cedeu, os transmitiu: a do pai. A haver patrilinhagem, portanto, e eu estou de acordo se for tida como informal, ela faz-se da articulação entre a matrilinhagem do pai e a do filho, e lá voltamos à complicação de que andávamos a fugir. O que a mim me ocorre, assim, é que talvez, às tantas, os especialistas andem a ver sinais de patrilinhagens em manifestações que afinal dizem respeito mas é às matrilinhagens dos pais. Os bois que forem *kakethe* para mim, porque ligados ao meu pai e propriedade da sua matrilinhagem, não o serão para o meu filho, para quem os *kakethe* que há-de venerar serão os que eu lhe transmiti, saídos do meu *ehako*, pertencentes portanto à minha própria *eanda*. Mas isso são, uma vez mais, coisas cá nossas…

Bois que passem mesmo de pai para filho e este não possa passá-los sem ser ao seu próprio filho, existe sim, são os *namurilu* e os *nawanga*. Queres saber o que consegui apurar sobre eles? *Esses bois têm o serviço deles, é dar o sinal… quando as pessoas estão a querer mudar para outro lugar, às vezes pode ir encon-*

*trar lá um problema, o boi mostra que não quer ir, fica já mesmo deitado, não levanta... assim está a dar o sinal e o dono está a ver que o namurilo não aceitou, então ficam no mesmo lugar, se mudar lá vai ter o azar, é utyipo. É um boi mais principal em relação aos outros bois todos, é mais valente... tem indicação... é fêmea, sim... À noite o pai pode mandar os miúdos: vão ver o nawanaga como é que ele está a dormir... Se você lhe encontra a dormir à frente da casa, na porta da casa... por exemplo se ele está deitado e a mão fica um bocado levantada, assim já deu o sinal que uma guerra pode chegar amanhã... E tem outros bois também mais importantes: vinampela. O mais-velho Luhuna tinha os dele, está ligado com o Fogo do Kuroka, com uma casinha chamada tyinampela, era onde é que ele fazia os tratamentos... é uma casinha... .quase essa casinha que está também com o velho I. Então a pessoa faz aí o tratamento de um problema grave... o tal boi, que você faz o pagamento com ele, toma o nome de tyinampela. O conjunto desses bois chama-se vinampela. Para comer a carne e o leite desses bois é como o nawanga e o namurilo...*

Assisti o ano passado à instauração de uma casinha dessas, *tyinampela,* que trouxe aqui ao Tyihelo, na outra margem do Bero, ao lado também da estrada da Tyikweia, o *tyimbanda* maior do Kuroka, o grande mais-velho Miguel, que pouco depois morreu, lembras-te? Veio abrir um Fogo desses para um filho do finado Luhuna. Aí juntou gente de todo o país kuvale e foi nessa altura que *senti* a terra tremer quando ao longo de dois dias os homens dançavam no intervalo da carne que comiam. Mas isso faz parte ainda de trabalho meu em curso e de que só quererei falar-te, quem sabe, quando fizermos alguma outra viagem. Faz parte dos mistérios que preservo, cioso da minha igorância, para continuar a ter motivo de voltar aqui. Não te falei também já nisso?

*
\* \*

É claro que não são tanto as leis como as lógicas, o que me importa mais. E também não vou negar que este tipo de sociedades exerce sobre mim um fascínio que é talvez a razão mais funda para andar por aqui a reincidir em viagens e travessias investido de uma convicção, obstinação, talvez seja mais exacto, que pode levar-me mesmo, movido pela melhor das intenções, a incorrer na ingenuidade de imaginar-te até cativado ainda por uma conversa que se arrasta há treze dias sempre à volta de uma tão escassa minoria de Angolanos. A questão põe-se-me, evidentemente, e acabo de passar duas horas de penosa hesitação, não apenas metodológica mas também pessoal, existencial, se mo permites. Como dizer-te, no escasso fim de tarde que me resta para encerrar esta conversa, porque depois será noite e amanhã cedo tenho que começar a desmontar o acampamento para seguir viagem, como dizer-te a que ponto esta sociedade me fascina não já, ou já não só, ou não apenas, porque sempre assim me aconteceu desde garoto abismado face ao desconhecido que se desenrolava à minha frente, razão bastante para cultivar fascínios, mas ao contrário porque aquilo que consegui desvendar, e de alguma maneira vim a tentar partilhar contigo, me cativa para outros fascínios que não são os da exaltação da descoberta nem os da progressão de um conhecimento que possa de uma forma ou de outra tornar-se aplicável e útil, rentável, para as populações em causa ou mesmo para mim, mas antes o de uma aventura pessoal que me situa, em plena recta final do séc. XX, a pouco mais de dois anos da viragem do milénio e cercado pelo rumor histórico da globalização, empenhado mas é em decifrar os termos da resolução – rigorosamente situados no tempo e no espaço, revelados pela constatação empírica e não pela reconstituição livresca – de uma cultura milenar que todos os dias se reafirma actualizando, desenvolvendo no presente, uma estratégia de integração total entre o meio que lhe assiste, as pessoas que a compõem e o "impalpável" que a envolve, sem no entanto poder descurar nunca a relação com um exterior que a nega e a longo termo acabará por inviabilizá-la? É destas ambiguidades, precisamente, que se alimenta o meu fascínio actual e ao mesmo tempo exumam os ácidos que vêm atacar a minha consciência e produzir as ansiedades que me tolhem o discurso.

Num tempo em que impera o primado da tecnologia e da finança, recorro a sobejos dessa finança e a uns produtos dessa tecnologia, alguns até mais ou menos de ponta como o modesto mas para mim já excessivo computador de que me sirvo, para dirigir-me a ti e a outros sujeitos que como tu só podem, dados precisamente o tempo histórico que vivem e o meio urbano em que se movimentam, experimentar a relação com o meio natural e com as instâncias do além como terrenos perfeitamente demarcados do exercício produtivo da vida – ganhar dinheiro, sustentar-se a si e às famílias dentro dos parâmetros de uma civilização de crescimento – mesmo que todos os domingos vão à igreja e dêem uns passeios ao campo e à praia e até talvez professem alguma devoção ecológica. E para falar-vos de quê, exactamente?

De uma sociedade concreta, que existe e é formada por *cidadãos* como os outros num contexto moderno de Estados-nação, que se produz e reproduz dentro de um esquema de relações directas com o meio natural, terra, vento, água e fogo, plantas e animais, servida de uma tecnologia discretíssima, um escasso intermédio de recursos entre o corpo das pessoas e o corpo das coisas, e extrai a viabilidade e até a prosperidade, quando o século XXI vai começar amanhã, de um saber de tudo isto que não dispensa também a integração produtiva dos antepassados e de outras expressões do impalpável?

Ocorrer-te-á sem dúvida interrogares-te acerca de qual é a maneira como afinal me situo em relação a tudo isto, e como situo uma sociedade como esta face ao todo que Angola é e ao mundo, já que certamente não te passa pela cabeça que pela minha possa passar a ideia de admitir a criação de reservas que declarem intocáveis os pastores e os bois que ficarem lá dentro, dando-lhes assim a oportunidade de preservarem o seu património *cultural e ancestral* a troco de passarem a constituir um inócuo e gratificante espectáculo para o *mundo civilizado,* quer se dêem ou não conta de que a sua singularidade cultural e social se vê assim entretanto incorporada numa *indústria* moderna, a do turismo, opção que, por mais aberrante que possa parecer-te, anda a agitar certos espíritos com poder de investimento ou decisão nesta África Austral, como vou sabendo mesmo sem querer porque, francamente, estou ciente da minha escassíssima capacidade de intervenção e nunca tive grande talento para defender as minhas razões pessoais, quanto mais as causas dos outros. Já comecei a dar-te a resposta, como vês, e não é minha intenção furtar-me a nada. Mas para dizer-te mais terás tu que ter paciência, se é que de facto o teu interesse se mantém, e terei eu que impor-me mais uma hora ou duas de solilóquio com o gravador.

*

Se esta sociedade existe da forma como se revela e como se resolve, à margem de quase tudo e remando contra a corrente do curso da história, é porque dispõe dos recursos e dos meios bastantes para poder realizar-se desta maneira, provendo à satisfação das suas necessidades e perseverando nas suas tendências, sem deixar todavia de ter em conta, muito conscientemente, que existem tendências outras e sem dúvida mais impetuosas e apetrechadas. Ela tenta observar as lógicas dos modelos que a fundamentam, evidentemente, mas não há jamais modelos que se realizem em pleno. As articulações e as opções desenvolvem-se sempre dentro de uma ordem possível e mutável. Ela dispõe de um saber técnico, de uma cultura, de um corpo de instituições e de códigos que lhe asseguram uma fundamentação ideológica sem a qual se desintegraria, ou deixaria de constituir para nós, observadores, um objecto apreensível. Foi através dos dados que nos permitem fixarmo-nos nesta constatação, nesta evidência, que tentei conduzir-te ao longo desta viagem que, espero, não se terá apenas desenrolado pelas picadas da Província do Namibe mas, se a escassez de talento e a indisciplina da determinação não me traíram de todo, terá também enfrentado corta-matos por alguns terrenos virgens da sociabilidade kuvale. Será necessário rever percursos, ensaiar sínteses? O sistema produtivo, para começar. A exploração dos recursos e dos meios funda-se na mobilidade, à qual convém a propriedade plural, enquanto o programa económico visa o equilíbrio de uma economia de subsistência complementada pelas possibilidades de capitalização que o gado garante e pelas modalidades de redistribuição que a segurança impõe. Redistribuição e reciprocidade são transacções que por sua vez se adaptam, ajustam, convêm a um desempenho económico que se opera, praticamente, sem a intervenção de moeda. Pressupõem no entanto uma grande e segura regularidade comportamental dos *agentes*. É sobre isso que velam os códigos. E os códigos, por seu turno, vingam porque *são* a religião e o parentesco, que se confunde com a religião, que os segregam, conferindo ao mesmo tempo às infracções um estatuto de falta capaz de abalar a substância da pessoa inteira, e não apenas privá-la da liberdade física, por exemplo, que aliás não é aqui sequer encarada pelo modelo endógeno. O sistema produtivo pode assim revelar-se-te como uma totalidade integrada. Ainda que decidas investir-te exclusivamente no estudo do sistema produtivo, à medida que fores alcançando resultados irás verificando que todos os outros sistemas acabarão por se te impor em simultâneo. Aqui não há "amigos, amigos, negócios à parte" e nem há devoção religiosa dominical que possa ser tida à margem do empenho nos negócios. Tudo joga. A mobilidade, por exemplo, há-de projectar-se em tudo e tudo se revela, decreta e concebe tendo-a em conta. E como onde há mobilidade há flexibilidade, uma sociedade como esta há-de mostrar-se flexível em todos os domínios, em todas as suas manifestações e respostas. Caso contrário deixar--se-á anular face às conjunturas e às pressões que sempre hão-de exercer-se sobre ela, dado que existe e está viva. E ela só continuará a existir e a manter-se viva enquanto souber adoptar uma flexibilidade que não venha a traduzir-se em demissão ou desajuste estratégico, enquanto for ainda adoptada sem perder de vista os objectivos capitais da sociedade, e accionada de forma a não deitar tudo a perder por significar apenas cedência sem retorno, recuo sem futuro que o justifique.

Flexibilidade operatória foi por exemplo estes homens terem ido, depois da guerra de 40-41, a do *Kokombola*, trabalhar diligentissimamente para os Brancos, que era o que estes queriam, mas cortando-lhes as voltas, apenas trabalhando, sempre muito, para aplicar todos os salários na reaquisição de gado, de tal forma que, quando esses Brancos deram conta, eles estavam cheios de bois outra vez e prontos para irem deixando paulatinamente de trabalhar, de vender a sua força de trabalho, quando afinal aquela monstruosa rusga tinha visado acabar com eles de uma vez por todas ou deixá-los sem bois de maneira a inserir os que restassem no sistema económico colonial, tão ávido de mão-de-obra. Ou, sendo o sistema kuvale tão cioso em relação à endogamia grupal, como já te disse, quando algumas mulheres voltaram do degredo de S. Tomé com bébés ao colo ou grávidas, todas essas crianças foram integradas como Mucubais legítimos, e sabia-se lá então quem é que as tinha engravidado. Deve haver hoje Mucubais com sangue de Chinês ou de Monhé... E também nos dias de hoje se fecham, na mesma, os olhos ao que os jovens que estiveram no exército terão feito lá por fora com mulheres estranhas ao grupo. Põem-nos a tremer, porque é preciso que a sociedade demonstre que dispõe de poder para os banir, é uma maneira de activar o controle, mas fecham-se os olhos porque esses homens fazem falta ao sistema.

O que leva esses jovens, hás-de perguntar-me agora, a reintegrarem-se numa sociedade tão desmunida dos atractivos do consumo moderno que eles experimentaram pelo resto da Angola fora e não só, houve-os até que estiveram a tirar especialidades guerreiras no estrangeiro? É o gado, meu caro. Mesmo pondo a questão em termos de racionalidade económica moderna, um salário comum, nomeadamente na Angola do presente em que ninguém vive do salário, vale sempre menos do que o rendimento dos bois a que vais ter acesso voltando a ser um pastor kuvale, integrado no sistema, vale sempre imediatamente menos em termos de valor de troca e nunca te permitirá chegar a ser um homem "rico", o que aqui é possível, através dos bois, com o que isso significa de prestígio, vantagens, privilégios e realização pessoal, aferida esta, afinal, aos valores culturais que para um homem kuvale lhe definem os termos e as bitolas, e eis-nos finalmente confrontados aos terrenos da cultura e do tal "*ethos*".

Estamos todos preparados para admitir que uma prática e uma cultura são, em condições normais, expressões de uma mesma realidade social. Tanto uma como a outra revelam ou determinam comportamentos que quer da parte daqueles que os exibem, quer dos que os observam, são assumidos ou identificados como traços característicos de um desempenho colectivo, plural, imputável a um grupo, a uma sociedade, a uma nacionalidade. Se entenderes cultura como a maneira padronizada como uma população pensa, sente e age, abres aí lugar para a definição que Gregory Bateson, antropólogo americano dos mais brilhantes, respeitáveis e instrutivos, que introduziu o conceito nas ciências sociais após trabalho de terreno na Nova Guiné a partir do fim dos anos 20, propõe para *ethos* ou *eidos*. O *ethos* de uma comunidade é representado *por certos comportamentos específicos que são a expressão de um sistema padronizado de atitudes emotivas.* Atitudes emotivas, repara bem. Revelações do sentir, portanto, que podem também exprimir sentimentos sobre as actuações dos outros. Outra proposta para a apreensão do conteúdo de *ethos*, também esta de um outro eminente Americano, Clifford Geertz, de quem às vezes releio o tal famoso artigo, "Jeu d'Enfer, notes sur le combat de coqs balinais", quando me acontece achar que ando aqui a consumir-me em problemas e questões que afinal não interessam a ninguém e preciso recobrar o ânimo: o *ethos* de uma sociedade *é a tonalidade, as características da sua vida, o seu estilo e as suas modalidades estratégicas e morais, a sua visão do mundo, a imagem que faz da realidade e as suas ideias sobre a ordem das coisas.* Não, não vou encetar uma dissertação sobre o *ethos* kuvale. Também estou cansado e tenho outras boas razões para isso, que te insinuarei mais à frente. Mas ele existe, sem dúvida, nesta conversa de tantas horas desfilaram sucessivas evidências que o revelam e confirmam. Por exemplo, só e porque me dá gozo: quando me perguntam porque é que tendo um jipe, e andando para cá e para lá, não aproveito ao mesmo tempo para fazer algum qualquer negócio, porque sou caso único entre os motorizados que por aqui aparecem, e lhes respondo que o meu *o hande,* espírito de família, não comporta esse talento de comerciante, toda a gente entende e a conversa fica por ali. Mucubal, de uma maneira geral, também não sente inclinação por comércio de retalho. A referência soberana ao boi só dá para honrar a pastorícia e o resto quase tudo merece mais é desprezo, sobretudo a caça, a agricultura e o trabalho manual.

Há desvios, bem entendido, em relação a todos os padrões e modelos, e da parte de indivíduos, de grupos e até das instituições. Os sobas quase todos, quando podem, fazem uma mão de comércio, há ex-faplas que andam a vender bois de *hupa* que não lhes pertencem, são das linhagens dos pais. E o regimen das multas anda muito *alterado,* exagerado. Há desvios, há rupturas, há erosões inflacionárias dentro do sistema.

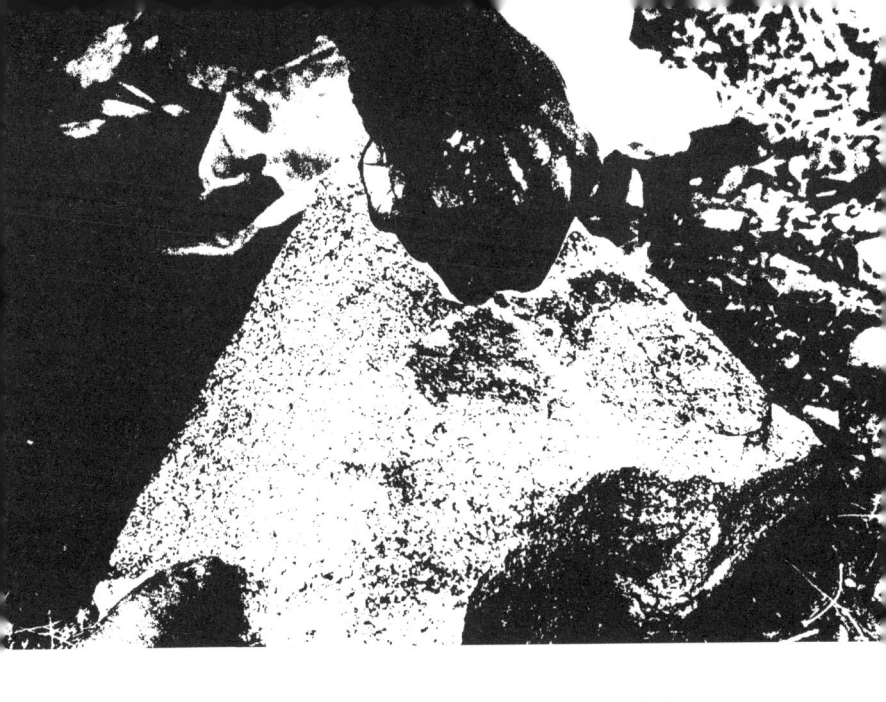

Era por isso que eu queria por fim levar-te à Muhunda, para dizer-te lá um segredo.

# Muhunda
*e se desgasta e o futuro vem aí*

A Muhunda sempre me fez confusão. A última vez que lá estive foi pouco antes do tal *vinampela* do filho do finado Luhuna, já sabíamos que era para ir lá e falámos muito desses bois de *nawanga* e *namurilu*. O Pico sabe muito disso e conversamos longamente no escuro, no quintal das traseiras de uma casa comercial abandonada, ele e o B. deitados no socalco de um telheiro encostado à casa e eu e o Paulino sentados à beira do fogo. Era uma conversa para ter ali, encostados aos limites do mundo. De manhã tinhamos avançado até ao Mutumieke, outra casa comercial fechada, a 30 quilómetros para lá da Muhunda. Feitas as contas, portanto, a mais de 140 daqui, estás a ver que é longe, para sudeste, onde se eleva a terra. Mas aí a terra não se eleva desta maneira que se vê daqui, a escarpa da serra a fazer barreira, do Bentiaba ao Cahinde. A terra ali eleva-se numa aba redonda, é alto mas não enorme e é redondo como a dobra de um glaciar, talvez. Da Muhunda até lá é plano, é ondulado mas sempre raso, e vamo-nos aproximando daquela onda estática como se avançássemos num mar, o céu a abaular por cima do perfil da vaga, o mundo não acaba ali mas é seguramente uma fronteira. A Muhunda é um dos lugares onde me vem ao espírito aquilo a que para uso privado chamo o *andante* do Professor Diniz. Geologicamente a vaga é uma aba do sistema do Congo ocidental! São dois mundos geológicos que ali no Mutumieke se soldam um ao outro, o do complexo de base fica para oeste, é sobre ele que temos transitado, e a Muhunda está no perímetro de uma mancha de litossolos e solos litólicos pedregosos, rocha consolidada, pouco meteorizada mas muito fragmentada, que ocorre no meio da faixa dos solos arídicos que vêm lá desde as Províncias do Norte, os da força catiónica, os da fracção argilosa de natureza sialítica, montmorilonóides, micáceos, impróprios para a agricultura, coisas do Terciário, do Ecocénico e do Miocénico... lembras-te da *música* lá de trás?

Mas é também no sentido socio-histórico que lembra fronteira, terra-de-ninguém. Para lá da dobra é território de Hakahonas e Mungambwes, antes da Muhunda ficaram as densidades demográficas do Kavelokamo e do Virei, aqui é o terreno dos Kuvale mumjombe, mas muita gente, parece, saiu de lá durante as últimas duas décadas. Primeiro terá sido em 83 uma seca mais violenta, muita gente subiu para o Kamukuio, depois foi uma mortandade por volta de 90, muitos mais-velhos morreram, crianças, velhos, meninas, sobretudo meninas, uns fugiram para cima, outros desceram, estão naquela parte do Hamuhapwa, outros no Virulundo, outros no Kavelokamo, outros encostaram à serra e, mesmo se os bois vêm pastar e beber nestes lados, as pessoas continuam fora. E houve também a guerra da Swapo com os Sul-Africanos, aqui encostado chegou a estar quente. A sensação que mantenho da Muhunda, e isso não é verdade, é a de que se trata de um buraco talvez por atravessar-se de facto um buraco, o leito do Viruí quando se vem do lado do Brutuei, depois da Pedra do Vasco, onde o meu pai vinha caçar elefantes. De qualquer maneira a Muhunda será sempre, sobre a esquerda, o lugar mais recuado a norte do Kuroca, e o limite sul do país kuvale. Apoucado assim de gente, como se encontra agora, é um óptimo lugar para manter conversas sobre coisas sérias, na distância, depois de atravessá-las como temos vindo a fazer e antes de voltar à vida nossa verdadeira que implacável nos aguarda na costa.

Retive duas citações, daquilo que tenho vindo desta vez a ler nos intervalos, para tas desdobrar aqui, quase em segredo. Uma delas diz respeito ao ofício de antropólogo e é sobremaneira deprimente. Diz um Francês, que escreve crónicas para o *Le Monde*, que muitos livros de etnologia são histórias de um mundo no fim. Que o etnólogo, nesses casos, desenvolve um trabalho de luto, a ponto de muitos grupos, hoje, aceitarem mal a sua presença sob pretexto que ele é uma ave de mau agoiro, um coveiro de culturas. Não creio, não posso crer, que esse seja o meu caso, até porque esta sociedade não se vai extinguir assim, tem o boi para resistir e por isso é que ando a deitar o olho para a Namíbia, tendo em conta todas as diferenças, históricas, políticas, etc, mas para saber como é que foi e está a ser por lá, onde Hereros também é minoria, está sempre contra o poder porque o poder também está sempre com os outros, mas têm professores na Universidade que ao fim de semana não vão para a praia em Swakopmund, antes vão ver bois seus que estão na mão de parentes. Mas aí de facto a história é outra e o panorama sociológico é diferente, os Herero não formam uma sociedade exclusiva e *encapsulizada* como os Kuvale, aqui votados obsessivamente à pastorícia e voltados sobre si mesmos, que é a única maneira de coexistir com o descalabro angolano. A estes pode sim adaptar-se uma observação que recolho de um agrónomo também francês que escreveu um livro daqueles que dão gosto, sobre uma vida inteira votada ao estudo das savanas africanas. Tendo andado pelo Kénia, onde avaliou experiências de sedentarização impostas aos Maasai, e pela Etiópia, onde lidou com outro grupo de pastores, os Borana, que vivem encapsulizados e recusam que lhes venham abrir furos porque isso lhes perturbaria não só a relação pastos-água como também lhes desorganizaria o sistema social, dos primeiros retrata a miséria a que o progresso os conduziu, porque à volta dos pontos de água que lhes abriram, e onde os obrigaram a instalar-se, o pasto deixou totalmente de existir e quando a bomba avaria não se sabe a quem compete de facto repará-la e nem se está certo de encontrar no mercado a peça que é preciso substituir porque o motor foi importado em circunstâncias desconhecidas, enquanto que o que diz dos segundos é confrangedoramente lapidar: *os Borana são um exemplo de sociedade arcaica votada ao desaparecimento e sobre a qual não é possível intervir nem preventiva nem curativamente, ainda que em doses homeopáticas, sem precipitar-lhe a queda.* Jamais eu me exprimiria de uma forma tão radical assim, mas o meu *Aviso à Na-*

*vegação* equaciona as condições históricas e económicas da actual situação dos Kuvale para concluir, um pouco à minha maneira, com meia dúzia de interrogações que são outras tantas denúncias de algumas aberrações, paradoxos e impasses: entre as populações rurais de Angola, têm passado menos fome as que dependem menos do sistema mercantil, progresso não significa obrigatoriamente prosperidade, e se a ajuda e a intervenção continuam a ser obstinadamente impostas sempre que se forçam as condições para isso, apesar de quem as promove ter obrigação de saber que elas, a mais curto ou longo prazo, da maneira como são aplicadas, jogam no sentido da desestruturação económica e social das populações, então de que serve o conhecimento e que andamos, eu e outros, por aqui a fazer?

Não te vou responder aqui a esta questão. Não me compete produzir respostas políticas, há quem esteja mandatado e seja pago para isso. A mim o que pode competir-me é tentar desmontar toda a complexidade das situações mesmo até para aliviar a carga de responsabilidade dos decidores quando reconheço que não são apenas as suas determinações que accionam o desenrolar dessas tais mesmas situações.

\*
\* \*

As circunstâncias foram querendo que ao longo das minhas sucessivas missões de terreno tenha vindo sempre a acompanhar a consolidação de uma prosperidade kuvale ao mesmo tempo que à volta vou vivendo a progressão do descalabro nacional. O gado aqui não tem deixado nunca de aumentar e isso traduz-se até, para perseverar em matéria já para aqui trazida, no acréscimo evidente de *buluvulus* em acção, que revela uma acumulação de excedentes ao nível de todo o grupo. Dir-se-ia que por este andar o gado acabará até por ser demais e conduzir a níveis de saturação animal e humana com efeitos nocivos sobre o ecosistema. Dir-se-ia sim, mas vamos mais devagar.

Há duas ordens de ameaça que pesam sempre sobre um

sistema como este. Uma delas aposto que não sai também da cabeça do nosso pastor paradigmático, o nosso Mwatyipula, por exemplo: é nela que se inscrevem a seca e as epizotias. A *caonha* às vezes vai longe de mais, o carbúnculo pode manifestar-se, andou por aí essa doença das borbulhas, mas nada de muito, muito maior. E há muitos anos que não ocorre uma seca verdadeiramente devastadora, daquelas que acabam com tudo e levam os pastores a ceder, depois de muito andar conduzindo os animais que ainda sobram, atrás dos pastos e da água que possam restar, a fechar as portas do *sambo* sem se importarem com mais nada, virados para a sua própria fome e abúlicos, atingidos por uma lassidão total e como se, no dizer do tal agrónomo que também acompanhou o desastre do Sahel no princípio dos anos 70 e cuja observação retive, vivessem *uma fábula um pouco estranha em que a moral, a água, passa a ser encarada como coisa inútil, tudo já perdeu o sentido*. Mas uma situação destas poderá acontecer de um ano para o outro. Vão dizer-te então por toda a parte que se trata de uma calamidade excepcional, nunca se viu coisa assim. Mas não, o nosso pastor sabe que não há homem, em vida, que mais cedo ou mais tarde não tenha que enfrentar um ano desses. O seu desempenho, aí, terá ele que situá-lo com grande realismo perante a adversidade, e as equações ecológicas haverão talvez de prevalecer sobre todas as outras. As próprias regularidades comportamentais e sociais terão sem dúvida que afeiçoar-se à situação e atropelar as normas. Tivesse eu, em vez de se me depararem anos de manifesta ou relativa fartura, andado por aqui a devassar ambientes devastados por uma seca maior, todo o meu testemunho ocorreria necessariamente outro e mesmo sobre equivalentes questões haveria de ater-me a outras constatações, de proceder a outras indagações e de operar outras leituras.

A outra ordem de ameaças que pesa sobre sistemas como este é precisamente a que resulta da pressão que sobre eles exerce o exterior envolvente. Não creio que o Mwatyipula ande neste momento muito ocupado a ruminar sobre isto. A sua experiência dos últimos anos não o colocou perante um avanço muito evidente de factores daí advindos, antes lhe terá revelado o seu recuo, e é por isso que eu pergunto sempre se para os Kuvale *o futuro já começou*. Os programas de ocupação empresarial deste território, de vocação pecuária ou mineira, foram interrompidos com a independência, primeiro. Depois veio o desmantelamento ou a inoperância de todas as redes e medidas de comercialização que a par da guerra, ou na consequência dela, conduziram todas as populações rurais de Angola a situações de encapsulização geral, mais ou menos evidente ou chocante. Sofreram imediatamente mais, claro, as que se achavam mais implicadas no sistema global de mercado, e logo em mais estrita situação de dependência orgânica ao exterior. É o caso das populações dos planaltos centrais produtoras de bens de exportação, interna e externa, no quadro da economia nacional, e em grande medida consumidoras de artigos de importação, como sementes, insecticidas, fertilizantes e ferramentas, por exemplo, cuja penúria afectou até a hipótese de uma exclusiva produção de subsistência, ou mesmo de sobrevivência, a que a sua actividade se foi vendo reduzida. Por toda a parte se assistiu à recuperação de sistemas endógenos de produção. Só que em muitos desses casos foi preciso reestruturar-lhes, e por vezes reinventar-lhes, as linhas de força, quer ao nível das interacções com o meio quer ao das relações sociais de produção. Aqui, em meio kuvale, também porque "isto é mesmo um deserto", este processo de encapsulização revelou-se ainda mais absoluto do que em outras regiões de Angola. Mas também, embora isso possa parecer paradoxal para muitos, estas foram das populações que melhor souberam ou puderam resistir ao desastre total que se abateu sobre o nosso país. É verdade que não houve nenhuma seca maior, é igualmente verdade que a não ser a Norte, encostado aos Tyilengue, a guerra não entrou aqui a não ser na decorrência de o Sul de Angola ter constituído, na realidade e quase exclusivamente, o terreno da luta armada que deu a independência à Namíbia e precipitou o fim do apartheid. Mas o que, em meu entender, terá sobretudo contribuído para que os últimos anos tenham sido de menos miséria para os Kuvale do que para outras populações rurais de Angola, assenta no facto de que o consumo alimentar, porque aqui se resolve à volta do leite e da carne, só se revela tributário do exterior no que diz respeito a cereais e bebida. Quanto a bebida, o pouco comércio que aqui foi chegando sempre privilegiou esta vertente do abastecimento e entretanto floresceram as indústrias domésticas de fermentados e destilados a partir de recursos locais. Quanto ao milho, por outro lado, intensificou-se a troca com os agropastoralistas vizinhos, o que pode, julgo, ser entendido também como mais uma imagem da tal encapsulização generalizada, capaz de forjar e de reabilitar circuitos de troca à margem do sistema global e nacional. E no que respeita ao próprio sistema endógeno kuvale, reabilitado e praticamente incólume estava ele já à data da independência e após os anos de recuperação obstinada que se tinham seguido à rusga exterminadora de 40-41.

O que eu constato, e esse será um dos resultados do meu inquérito, é que o próprio modelo endógeno, colocado assim em condições de se expandir sobre si mesmo, sem aparentes pressões do exterior, pode agir no sentido de actuar contra si mesmo. Falei-te ainda há pouco de rupturas e inflações. O facto de jovens ex-faplas andarem aparentemente a extraviar bois de *hupa* é uma ruptura aberta no próprio contexto do modelo. A dimensão que assumem as acusações de feitiçaria é uma expressão inflacionária de consequências assinaláveis. O índice de suicídios que entre os Kuvale me dizem ser elevado, tem aumentado nos últimos anos e pode estar ligado a isso. O montante de gado, por outro lado, que o pagamento de multas por morte de pessoa vem atingindo, leva já as "autoridades tradicionais" com "capacidade legistativa" a decretar que 150 cabeças, como já se verificou lá para o Kamukuio, é francamente de mais, portanto passa a valer para toda a Província que dos 11 animais por morte de homem e 21 por morte de mulher, que era a conta antiga, se passe agora para 21 e 31, respectivamente. Virá ao caso contar-te mais uma "estória", a do suicídio, precisamente, de um importante soba da zona do Munhino que se *pendurou* aqui há uns anos? Talvez sim, porque ela ilustra bem os termos de uma crise que nada poderá deter. O homem apareceu enforcado naquelas árvores que tem no Forte de Sta. Rita, em Moçâmedes, porque depois de ter sancionado o pagamento de uma multa de algumas oitenta cabeças de gado na sequência da morte de duas mulheres, uma delas em estado de gravidez, devida aos disparos de uma arma nas mãos de um sujeito bêbado, o poder administrativo se meteu no assunto e a polícia veio prender o homem. A sua família reclamou. Já tinham pago as mortes de acordo com o modelo endógeno, o seu filho não tinha nada que ver-se agora castigado pela lei do Estado. A culpa era do soba, *você anda muito agarrado com essa política do Mpla, a gente assim não sabe para onde é que há-de virar-se*. O homem olha, *wafa*.

Não te falei há bocado que o sistema endógeno encaixa as coisas umas nas outras, a mobilidade e o resto tudo a complementar-se e a visar uma articulação orgânica coerente e funcional? Pois bem, o caso que acabámos de mencionar revela uma outra ordem, a de inevitáveis contradições históricas que só porque entre nós a história parece ter-se detido em muitos aspectos não assumiram ainda a sua verdadeira dimensão. Colocou-nos perante o confronto entre duas modalidades de controle, entre duas lógicas de regulação, uma observa imediatamente a compensação, a reparação, a outra a punição. Avizinha-se o tempo em que o confronto entre outras lógicas encontrará vasto terreno para manifestar-se. Ao primado da mobilidade contrapor-se-ão as razões administrativas, políticas e desenvolvimentalistas da sedentarização; à lógica dos equilíbrios económicos opor-se-á a do crescimento; à propriedade plural a tentação da propriedade pessoal, privada; aos canais da reciprocidade o das transacções monetarizadas; à acumulação redistributiva a acumulação tesourizante; à integração das instâncias a sua compartimentação (amigos, amigos, etc.); aos consensos institucionais os arbítrios pessoais de quem açambarca o mando... E depois há a questão da escola, e a da discriminação estatutária das mulheres, e a dos *muluhapahe*... e a da própria transição do grupo inteiro da condição de "etnia" à de minoria porque afinal serão chamados a votar, se alguma modalidade de democracia chegar a vingar, mas depois serão representados por quem, lá onde se vai decidir das medidas que hão-de incidir sobre o futuro de uma população inteira que até é pouco numerosa, sim, mas ainda assim é ela que tem assegurado a ocupação, a defesa e sobretudo o aproveitamento económico de um território que é uma das fronteira do país e maior, aliás, que muitos países por esse mundo fora?

E depois há ainda o tal *ethos*, a personalidade do grupo, que ou eu me engano muito ou ainda há-de dar que fazer tanto aos Kuvale como ao Estado. A ligação visceral ao gado, a facilidade com o que o gado é roubado, a assimilação do roubo de gado a acções de guerra, a efervescência guerreira que ainda reina na região tradicional de razia e contra-razia que a estrada de Benguela ao Lubango atravessa, são factores que me obrigam a pensar, e a temer. O aumento de gado nos últimos anos, que o coloca mais ao alcance dos sonhos de qualquer homem do comum, a guerra que se tem vivido e a cobertura que ela tem assegurado a legitimidades mais do que duvidosas que aproveitam não só aos Kuvale, pelo menos nada ambíguos quanto ao desenvolvimento das suas lógicas, tem dado, ficou assinalado atrás, oportunidade ao ressurgimento de cultos guerreiros. É uma questão de cultura, de carácter, de contexto, de "content", outra categoria que não chamo para aqui, de identidade, de *ethos* outra vez, enfim. Não vou, decididamente, entrar nisso agora. Seria passar da análise das expressões à das experiências dos sujeitos observados. É outra coisa. É outra viagem. Seria visar o limite possível, que guardo para outra ocasião, o de explorar a minha própria experiência sobre as experiências alheias. As expressões ainda se podem captar, as experiências digerem-se.

Ainda quererás saber qual é a minha posição no meio de tudo isto? Campanhas, de qualquer forma, não. Estou pronto a esclarecer no que puder mas não me peçam nem que ajude a *domesticá-los* nem que pugne pela causa da preservação dos seus modelos e sistemas, que de qualquer maneira não seria a deles. No que diz respeito às minhas inquietações pessoais a seu respeito, que eu é que sei, tento situá-las num programa de vida que ando a ver se adopto e que tende a inscrever tudo na longa-duração, pré-conquista da eternidade. Estou a investir-me numa *teoria pessoal dos horizontes* onde cabe tudo. Mas isso é também outra conversa. Muito objectivamente em relação ao trabalho que poderei continuar a desenvolver aqui, depois do que apesar de tudo fui conseguindo dizer sobre razões que importam ao presente imediato dos Kuvale e dos Kuvale dentro de Angola, quer tenha sido ouvido ou não, quero ir ao fundo desse filão do gado sagrado e depois, se der ainda tempo, vou é encarar o horizonte dos objectos, da cultura material. Para te voltar a falar, então, talvez exactamente do mesmo mas se possível sem crispação. Não é só a salvação dos Kuvale que está em causa, é a minha também…

*Windhoek, 6 de Maio de 1998,*
*dia em que terminei a transcrição destas k7s.*

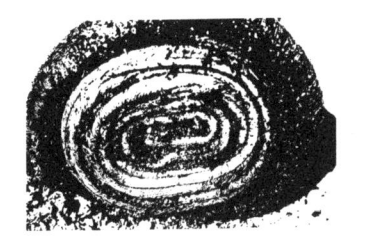

## Post Sriptum

*Porque neste livro, sem notas de rodapé, usei uma forma epistolar ou parecida e há nele referências que importa situar de forma mais precisa, ocorre-me completá-lo com este post-scriptum, destinado ao leitor não especialista mas eventualmente interessado nas fontes que utilizei e em pistas que forneçam abertura para mais informação. Em outros trabalhos meus, que a seguir também serão indicados, constam bibliografias mais elaboradas.*

*Também porque no texto abundam e quase sempre se repetem palavras e expressões em língua olukuvale e termos ligados às referências da antropologia, acrescento um breve glossário.*

Para a história de *Mossâmedes,* da exploração e colonização da zona e da própria história dos Kuvale, servi-me abundantemente dos documentos coleccionados por Alfredo de Albuquerque Felner nos três volumes de *Angola – Apontamentos sobre a colonização dos planaltos e litoral do Sul de Angola,* publicados pela Agência Geral das Colónias em Lisboa no ano de 1940, e dos números 4 da 6ª série e 6 e 7 da 7ª série do *Boletim da Sociedade de Geografia de Lisboa,* publicados em 1886 e 1887. Também recorri aos "Annaes do Município de Mossâmedes" (*Studia,* nº 38, Julho de 1974), ao nº 2 do 1º. volume dos *Arquivos de Angola,* de Dezembro de 1933, onde consta a "Relação da Viagem que fez João Pilarte da Silva às Praias das Macorocas", e ao livro de J-B. Douville, *30 Mois de Ma Vie...,* datado de Paris, 1883. O testemunho de Lopes de Faro consta no *Anuário do Conselho Ultramarino,* Parte Oficial, série I, de Maio de 1855, e o que se refere às informações prestadas por Ferreira de Almeida encontrei-o no seu livro editado em 1880 pela Casa da Sociedade de Geografia de Lisboa, *Mossâmedes – Apreciação sobre as Colónias Portuguesas em Geral e a sua Organização Política – O Distrito de Mossâmedes em Particular*. Consultei igualmente Ladislau Magyar através de páginas traduzidas para português da sua obra *Reisen in Sud-Afrika in den Jahren 1849 bis 1857*. Recomendo um trabalho de análise de publicação relativamente recente (Londres, 1979), *Slaves, peasants and capitalists in southern Angola 1840-1926*, de Gervaise Clarence-Smith, e não posso deixar de mencionar os dois volumes de *O Distrito de Moçâmedes* (1974), da autoria de J.M. de Mendonça Torres, descendente dos "Brasileiros" fundadores.

Sobre a 'guerra dos Mucubais' e os seus antecedentes imediatos encontrei matéria em Sequeira, F. B.,"O Povo Mucubal", *Pecuária*, 4º ano, fascículo único, 1935; Frazão, S., *Estudos Etnográficos dos povos de Angola, II – Associações Secretas Entre os Indigenas de Angola*, Editora Marítimo-Colonial, Lisboa, 1946; Pélissier, R., *Les Guerres Grises, Resistence et Revoltes en Angola (1845-1941)*, Orgeval, 1977; Sotto Maior, A. A. de, *Operações Militares de Polícia para Repressão das Tribus Mucubais Insubmissas na Colónia de Angola*, Lisboa, 1943 e Correia, A.M., "Soldados de Angola (três episódios)" e "Pelas mundas do Hambo à procura dos mucubais", *Revista Militar*, nºs 2-3 e 8-9 do 4º vol. do II séc., 1952.

Em português, sobre a incidência da expansão 'Hotentote' em território angolano, existe um artigo da autoria de Carlos Couto, "Das incursões dos Hotentotes no Sudoeste de Angola (1880-1900)", *Studia* nº 39, Dezembro 1974, e pode consultar-se *Artur de Paiva*, 2 volumes, AGC, Lisboa, 1938. Mas não deverá deixar de ter-se em conta o que a investigação aplicada à Namíbia fornece a esse respeito, nomeadamente o excelente livro de Brigitte Lau, *Namibia in Jonker Afrikaner's Time*, National Archives of Namibia, Windhoek, 1987, e *When War Came the Cattle Slept... Himba Oral Traditions*, Rudiger Koppe Verlag, Koln, 1997, de Michael Bollig.

Para mais informação acerca da Namíbia e dos seus Hereros, bem como dos do Botswana, haverá vantagem em partir de trabalhos recentes como os *papers* apresentados no simpósio "People, Cattle and Land. A symposium on the culture, history and economy of Otjiherero speaking people" que teve lugar em Siegburg, na Alemanha, de 14 a 17 de Setembro de 1997. A partir daí chegar-se-á com facilidade à vasta e rica bibliografia que existe a tal respeito.

Dos Kuvale e de outros Hereros em Angola ocupou-se, evidentemente, o Pe. Carlos Estermann, existem as referências que já indiquei e a tese de Julio de Morais, *Contribuition à l'étude des ecosystémes pastoraux, les Vakuvals du Chingo*, thèse de doctorat, Université de Paris VII, Paris, 1974. De Estermann interessa ler os três volumes da sua *Etnografia Angolana*, publicados em Lisboa pela Junta de Investigações do Ultramar nos anos de 1960 e 1961. O que eu próprio publiquei até aqui sobre os Kuvale foram os artigos "Paix et guerre chez les pasteurs Kuvale. Lettre de Vitivi", *Politique Africaine*, nº 57, Mars 1995, e "O futuro já começou?" Transições políticas e afirmação identitária entre os pastores Kuvale (Herero) do Sudoeste de Angola", *Lusotopie* 1995, mais o livro *Aviso à Navegação, olhar sucinto e preliminar sobre os pastores kuvale*, Inald, Luanda, 1997, que é uma versão do trabalho que fiz para a U.C.A.H., das Nações Unidas, no quadro de um "Estudo sobre comunidades e instituições comunitárias na perspectiva dos pós-guerra", e as comunicações *Fontes, correntes e sujeitos: metáforas e equívocos do passado aplicados à interpretação do presente do SW de Angola* e *Encapsulation, prosperity and hunger amongst the Kuvale of southern Angola*, apresentadas respectivamente ao II Seminário Internacional de História de Angola que teve lugar em Luanda de 4 a 9 de Agosto de 1997 e ao simpósio de Sieburg.

Da extensa bibliografia que consultei sobre sociedades pastoris em África e no Mundo assinalo apenas algumas colecções de artigos e três ou quatro livros, a saber: E. E. Evans-Pritchard, *The Nuer* (consultei a sexta impressão americana, Oxford Press University, New York e Oxford, 1974, a primeira edição é de 1940); *Pastoralism in Tropical Africa*, T. Monod (ed.), International African Institut, London, 1975; *Production pastorale et societé, Actes du colloque international sur le pastoralisme nomade – Paris 1-3 Déc.1976*, sous la direction de l'Equipe écologie et anthropologie des sociétés pastorales, Cambridge University Press, Cambridge, London, New York, Melbourne / Editions de la Maison des Sciences de l'Homme, Paris, 1979; "Nomadic Pastoralists and Social Change, Processes and Perspectives", *Journal of Asian and African Studies*, XVI,1-2, 1981; "Nomadisme: Mobilité et Flexibilité?", *Bulletin de Liaison*, n°8, ORSTOM, 1986; "États et Sociétés Nomades", *Politique Africaine* n° 34, Juin 1989; *Production Pastorale et Societé* n° 20, Printemps 1987; Bernus, E., Pouillon, F., (eds.), "Sociétés Pastorales et Développement", *Cahiers des Sciences Humaines*, vol. 26-n° 1-2, 1990; *When the grass is gone, Development Intervention in African Arid Lands*, ed. P. T. W. Baxter, Seminar Proceedings n° 25, The Scandinavian Institute of African Studies, Uppsala, 1991; Bonfiglioli, A.M., *DuDal, Histoire de Famille et Histoire de Troupeau Chez un Groupe de WoDaaBe du Niger*, Cambridge, Cambridge University Press/ Paris, Editions de la MSH, 1988 e Smith, A. B., *Pastoralism in Africa, Origins and Development Ecology*, Witwatersrand Press University, Johannesbourg, 1992. O resto, e é muito (comportará, nomeadamente, a questão das grandes migrações e da expansão da cultura pastoril em África, conduzirá ao grande debate sobre a natureza da economia e do "complexo" do gado e obrigará a considerar as posições da antropologia face ao imperativo ecológico, por exemplo) virá por simpatia, sendo caso disso.

A pastorícia angolana e a sua relação com outras formas de exploração do meio em que se desenvolve foi no passado tratada por Eduardo Cruz de Carvalho, quer sozinho, "'Traditional' and 'Modern' Patterns of Cattle Raising in Southwestern Angola: A Critical Evoluation of Change from Pastoralism to Ranching", *Journal of Developing Areas*, vol 8, n°2, 1974, quer com J. Vieira da Silva, "The Kunene region: Ecological analysis of a african agropastoral system" *in* F-W. Heimer (ed.), *Social Change in Angola*, Weltforum Verlag, München, 1973. Os trabalhos de A. Castanheira Diniz a que recorri com tanto ênfase são: *Ca-*

*racterísticas Mesológicas de Angola,* Missão de Inquéritos Agrícolas de Angola, Nova Lisboa, 1973, e *Angola: O Meio Físico e Potencialidades Agrárias,* Instituto para a Cooperação Económica, Lisboa, 1991. Também me servi de Urquart, A.W., *Patterns of Settlement and Subsistence in Southwestern Angola,* NAS-NRC, Washington, 1963.

A quem estiver interessado em questões mais estrita e abstractamente antropológicas como castas, sociedades segmentárias, casamento preferencial, 'double descent' ou classes de idade, sugiro uma ou duas entradas para cada matéria e a partir daí será fácil ter acesso a outras. Sobre castas há artigos de Gudrun Dahl em *Production pastorale et societé, Actes du colloque international sur le pastoralisme nomade – Paris 1-3 Déc.1976* e de John G. Galaty e Anders Hjort no *Journal of Asian and African Studies,* XVI,1-2, 1981, referências já acima indicadas. Para as sociedades segmentárias remeto a dois magníficos artigos: um é a introdução de Igor Kopitoff ao livro *The African Frontier, The Reproduction of Tribal African Societies,* Bloomington /Indianapolis, Indiana University Press, 1987 e o outro, mais antigo, tem o título de "The Segmentary Lineage: An Organization of Predatory Expansion" e é da autoria de Marshall D. Sahlins. Vem publicado no *American Anthropologist,* 63, 1961. Casamento preferencial é com Rodney Needham: "The formal analysis of perscriptive patrilateral cross-cousin marriage", *South West Journal of Anthropology* (University of New Mexico), vol. 14, 2, Summer 1958, enquanto 'double descent' é pelo menos com Murdock: "Double descent", *American Anthropologist* vol 42, 4, part 1, October-November 1940; com Goody: «The classification of double descent systems», vol. 2, nº 1, February 1961, e com Leach: "On certain unconsidered aspects of double descent systems", *Man,* vol LXVII, 214, September 1962. Para as classes de idade indico o artigo de Serge Tornay "Vers une théorie des systèmes de classes d'âge", *Cahiers d'Etudes Africai-nes,* XXVIII, 110, 1988 e chamo a atenção para o que Monsenhor Luis Alfredo Keiling revela sobre "A circuncisão entre os Indígenas" no *Boletim da Agência Geral do Ultramar,* Ano 50, nº 51, Set. 1929.

O livro de Roger Caillois a que faço referência a propósito do "jogo" é: *Les Jeux et les Hommes – le masque et le vertige,* Iddés, Gallimard, 1967, e o de Gregory Bateson, quando falo de "ethos", chama-se *Naven* no original. Tenho utilizado a versão francesa, *La Cérémonie du Naven,* editada em Paris pelas Editions du Minuit no ano de 1971. Quem se interessar pelo sacrifício e pelo sagrado ganhará em ler Luc de Heusch, *Le Sacrifice dans les religions africaines*, Gallimard, Paris, 1986 e Mary Douglas, *Purity and Danger*, Routledge & Kegan Paul Ltd., Londres, 1967 (edição francesa: *De la Souillure*, La Découverte, Paris, 1992).

Finalmente as duas referências que introduzo na última cassete: Jacques Meunier, *Le monocle de Joseph Conrad*, Payot & Rivages, Paris, 1993 e Jean-Claude Bille, *Réparateur de Pâturages,* L'Inventaire, Paris, 1994.

# Glossário

*ahumbeto, ahumbavo, ahumbene* – são, entre si, pessoas que pertencem, ou os seus pais pertencem ou pertenceram, à mesma classe de idade.

*buluvulus* – são os rapazes, entre sensivelmente os 12 anos e a idade de casar, a quem estão entregues grandes rebanhos constituídos por gado de várias famílias que transumam para longe e no tempo da fartura de pastos e água vêm concentrar-se em áreas próximas das *ongandas*. *Buluvulu, m'bunlumbulu, bwaluvulu*, é uma pequena mosca (*Trigona beccari alfobasciata*) que faz mel em buracos de troncos de *mutiatis*, muito barulho e causa um grande incómodo.

*bwandyie* – são pessoas cujos pais ou mães se situam entre si na condição de mães ou filhos/filhas classificatórios uns dos outros. Parente, por extensão.

*clan* – qualquer pessoa kuvale pertence a um *clan* (*eanda*) e a uma linhagem dentro desse *clan*. Um *clan* é constituído por pessoas que se consideram parentes consanguíneos a partir de um antepassado comum colocado numa profundidade histórica que o faz perder de vista enquanto figura identificável.

*dyai* – homens com a coragem da guerra, de tirar os bois, o serviço deles é ir agarrar os bois que os espíritos de alguns mais-velhos das suas famílias antepassadas lhes estão a mandar ir raziar. Organizam os seus grupos, tratam as armas e as pessoas, dominam os paus, fazem fronteiras, *ombindi*, ninguém vê mais do lado de lá, barreiras de protecção. São esses que se transformam em mulheres, em meninas, *mukadona*, assim ninguém suspeita da sua passagem. E sobretudo o que eles sabem mais e melhor é mesmo adivinhar, saber o que vai se passar.

*du minthu* – bois adultos castrados que atingem grande estatura e se destinam a funções de representação nos óbitos e a consumos de carne ritualizados e solenes. São esses bois que os comerciantes e a linguagem comum em português designam por bois-soba.

*eanda* ( pl. *mahanda*) – ver *clan*

*ehako,* bois de – gado que tenha sido herdado dentro da própria *eanda*, ou cobrado pela prestação de serviços pessoais, ou adquirido com dinheiro ganho, ou recebido como pagamento de multas.

*elao* – Do lado de fora e à frente de algumas das casas, mas só de algumas, encontra-se um conjunto de pedras e de paus deitados no chão, arrumados de forma a constutuírem um rectângulo de troncos paralelos mais comprido do que largo. No topo que lhe fica mais afastado da casa, ergue-se uma paliçada feita igualmente de paus paralelos mas agora implantados na vertical onde são entaladas enormes armações de boi que provêm de animais sacrificados. Cada uma das pedras e de alguns dos paus e dos conjuntos destes têm nome, e o todo constitui um altar, um lugar de culto, um *elao*. *Elao* é exactamente o nome da pedra onde arde o Fogo de uma família e debaixo da qual estão enterrados, num buraco fundador, os produtos, os pós, as farinhas, as relíquias, as unhas de animais ou as escamas de pangolim, por exemplo, que o dono desse Fogo recebeu, que o seu pai lhe legou, e fazem daquele lugar, e daquela fogueira, objectos sagrados de que depende a sua sorte. Sorte, em olukuvale, é *elao* também.

*endogamia* – obrigatoriedade formal de casar dentro de determinado grupo.

*exogamia* – obrigatoriedade formal de casar fora de determinado grupo.

*Fapla* – Forças Armadas Populares de Libertação de Angola, que foi o exército do Mpla (Movimento Popular para a Libertação de Angola) e por extensão a força armada do poder central em Angola até à constituição das F.A.A., Forças Armadas de Angola.

*Fogo* – Fisicamente, o Fogo, o *murilu o waho,* o *nosso Fogo,* o Fogo de cada família, é formado pelo altar, o *elao,* onde arde durante o dia, e o *thipo,* o saquinho onde se guardam as "coisas" que pertencem ao Fogo. Diz respeito à *sorte*, é a religião.
*Fnla* – Frente Nacional de Libertação de Angola.
*funar* – fazer comércio ambulatório no mato.
*he musungo,* bois de – animais provenientes da *eanda* do pai da mãe.
*hupa,* bois de – animais provenientes da *eanda* do pai.
*kula* – classe de idade.
*kutonda* – *tonda* significa matar e *kutonda* refere-se aqui a situações que disponibilizam muita carne para consumo, em ocasiões de sacrifícios de animais, e constituem a principal expressão de redistribuição dentro do sistema económico local, porque beneficiam por assim dizer toda a população de uma área, e também de ostentação, de exibição de riqueza.
*kanyume* – destilados de fabricação doméstica.
*kazumbis* – espíritos de mortos recentes.
*linhagem* – uma linhagem é um segmento de qualquer *clan*, medido para trás e a partir de uma mãe de agora, até haver memória nominal que identifique as mães que a precedem.
*lombis* – ramas comestíveis como a *om bwa*, a popular gimboa, as verduras que, quando a chuva vem, crescem principalmente no semi-doméstico que são as *ongandas* e os *sambos* abandonados (*etundo*).
*mahungo* – larva comestível de um lepidóptero que cresce na rama dos *mutiatis* no tempo das chuvas.
*maka* – disputa, problema.
*macumukas* – espíritos do planalto que incidem sobretudo sobre mulheres e lhes impõem consumos de carne.
*matepa* – molunga (*Hyphenae ventricosa*), palmeira que povoa as margens dos rios.
*moname* – parentes da mesma *eanda* situados uns em relação aos outros para além da linhagem mínima.
*movimentos* – Mpla, Fnla, Unita.
*mpeio* – caulino usado em marcações rituais.

*Mpla* – Movimento Popular para a Libertação de Angola.

*Munano* – de cima, do alto, do *nano,* pessoa reportada à região ovimbunda.

*mupeke* – *Ximenia caffra*, espécie arbórea particularmente abundante na zona de serra-abaixo e nas margens de alguns rios, com que se faz o óleo que intervém em quase todas as operações rituais dos Kuvale, além de ser um cosmético muito valorizado e com aceitação comercial no exterior, para tratamento do cabelo.

*garrote* – bovino macho castrado, em crescimento.

*mutiati* – *Colophospermum mopane,* espécie vegetal muito abundante e de que a densidade e porte são índices de caracterização para as várias zonas da região.

*mwarilume* – alguém nomeado *ad hoc* entre os *moname* do pai de um morto recente, ou de um antepassado, para desempenhar funções sacerdotais, de oficiante, de porta-voz, em situações como as de óbito ou de sacrifício de animais.

*mwingona* – são os filhos, biológicos, sociológicos ou classificatórios de um homem a quem ele tenha dispensado bois, os tais *hupa,* para ajudá-los no princípio da vida.

*nampingos* – animais que, quando uma pessoa morre, a sua linhagem devolve às linhagens que em vida lhe tiverem dispensado bois de *hupa.*

*mu hoko* – referido às mães, à estória, neste caso de um animal, estabelecida através da linha das mães.

*mutekwa-mukuveto* – netos do mesmo avô materno.

*namatuka* – um dos animais que compõem a prestação matrimonial. Destina-se ao pai da mulher e dá direito à paternidade estatutária dos filhos que resultarem do casamento.

*nema* – bovino fêmea em crescimento, antes da primeira barriga.

*olongo* – kudu, *Strepsiceros strepiceros,* antílope de grande porte com os cornos em espiral.

*ongandas* – do ponto de vista físico uma *onganda* é um grande círculo de ramos de espinheiras ou outras espécies arbustivas. O conceito de *onganda* aplica-se tanto ao terreno doméstico e permanente habitado por uma ou mais famílias kuvale, como à entidade social que esse grupo de pessoas constitui com todos os seus pertences, móveis e imóveis, vivos e inanimados, materiais e simbólicos, filhos, criados, gado, utensílios do leite e Fogo, por exemplo. *Onganda*, desta maneira, exprime também o conceito universal de 'casa'.

*o wina, oyo wina* – animal que faz parte da prestação matrimonial e é entregue à família da noiva, ao seu *o veto*, à sua linhagem.

*pepela* – o tempo da carne.

*sambos* – são recintos constituídos para acolher no seu interior rebanhos e pessoas durante lapsos relativamente curtos de tempo e ao sabor dos imperativos que determinam os calendários, os ritmos e os rumos dessa prática que dá pelo nome de transumância.

*Swapo* – Southwest Africa Peoples Organisation, movimento de libertação da Namíbia.

*thifa* – paliçada de paus verticais que num *elao* estabelece o seu topo mais avançado em relação à porta da casa e onde são entaladas e permanecem expostas as armações de certos animais sacrificados.

*thipo* – é o saquinho onde se guardam as 'coisas' que pertencem ao Fogo. Lá dentro estão pelo menos os pauzinhos, *o kutava,* um macho e o outro fêmea com que, friccionando-os, se acende um Fogo novo de cada vez que se instala uma nova *onganda,* e as 'fubas', farinhas das essências vegetais, as escamas, as unhas, os pequenos corninhos de bambi que compõem toda a ordem de substâncias e de símbolos que lhe conferem especificidade e valor ao Fogo. São fragmentos dessas matérias que entram no buraco que depois de tapado é o próprio chão onde o Fogo assenta.

*turiapamu* – o conjunto das pessoas que se interajudam com regularidade dentro da mesma linhagem (*oyo ma iumu*).

*twinyia* – é um animal macho que faz parte da pestação matrimonial e é entregue ao pai da noiva para consumo imediato.

*tyimbanda, kimbanda,* kimbandeiro – terapeuta ou indivíduo habilitado a dispensar poderes e a assegurar protecções através do recurso a espíritos.

*Unita* – União Nacional Para a Independência Total de Angola.

*Acabou de imprimir-se
em Abril de 2000
na Tipografia Guerra (Viseu)
numa tiragem de 1000 exemplares.*

DEPÓSITO LEGAL 149976/2000